LES FEMMES

ET LA SOCIÉTÉ

AU TEMPS D'AUGUSTE

DU MÊME AUTEUR :

Poésie.

Histoire, Critique littéraire, Beaux-Arts.

Sous presse :

Fontainebleau. — Imprimerie de ERNEST BOURGES.

HENRI BLAZE DE BURY

LES FEMMES

ET LA SOCIÉTÉ

AU TEMPS D'AUGUSTE

CLÉOPATRE
LIVIE — LA FILLE D'AUGUSTE

PARIS

LIBRAIRIE ACADÉMIQUE
DIDIER ET Cⁱᵉ, LIBRAIRES-ÉDITEURS
35, QUAI DES AUGUSTINS, 35

1875

AVANT-PROPOS

Bossuet, dans l'Antiquité, ne voit que le peuple juif ; Dante, lui, ne voit que Rome. Auguste est à ses yeux le souverain légitime par excellence ; . Auguste est de droit divin, et voici par quelle dialectique procède le grand théoricien de la Monarchie. L'Évangile selon saint Luc porte que le Christ a voulu naître sous l'édit de Rome, ce qui nécessairement implique la légalité de cet édit, et, comme il n'y a qu'un légitime souverain qui soit en état de formuler un édit légal, il s'ensuit que César Auguste est le plus légitime des empereurs. Cette qualité appartiendra également à son successeur, car Jésus-Christ, né sous le règne d'Auguste, est mort sous le règne de Tibère, et pour que l'acte d'éternelle Rédemption, pour que le mystère de la Croix soit une vérité, il faut qu'il y ait eu là, pour prononcer l'arrêt de condamnation, un juge institué légalement, sans quoi la mort du Juste, au lieu d'avoir été le juste châtiment de nos péchés, ne serait qu'une simple et vulgaire iniquité. Or, ce juge fut Ponce Pilate, lequel tenait ses pouvoirs de Tibère, empereur par la grâce de Dieu! « Une fois seulement, sous le règne d'Auguste, à l'heure choisie par le Sauveur pour descendre sur la terre, une fois seulement, écrit Dante, il fut donné aux hommes de contempler la monarchie dans la plénitude et la magnificence de son épanouissement. L'univers pacifié reconnaît la loi d'un maître unique, l'humanité respire et frémit d'aise, Paul lui-même nous l'atteste, qui proclame cette période une bénédiction. »

Je me figure Dante (le Dante du traité *de Monarchiâ*) une sorte de pèlerin du Moyen Age circulant à travers l'antiquité classique. Chemin faisant, il distribue sur ce monde du paganisme les foudres et les auréoles catholiques dont sa besace est pleine. La société qu'il parcourt ne saurait l'entamer, il reste ce qu'il est, sectaire, mystique. Il ne connaît que les armes et les récompenses de son temps, exorcise ou damne ceux qui ne répondent point à sa conception politique et religieuse, canonise les autres. Il a des nimbes pour tous les amis, transforme Auguste en précurseur de Charlemagne, avec la dalmatique au dos; il mêle ensemble le paradis et l'élysée, et fait de Virgile un théologal *in utroquè*. Du reste, vue de la sorte, l'Antiquité a bien son charme : c'est le procédé de l'incantation, si l'on veut, de la nécromancie; mais ce jeu d'ombres et de reflets donne à la vieille histoire je ne sais quel rajeunissement qui l'aide à se populariser parmi les générations du quinzième siècle.

De nos jours, la connaissance de l'Antiquité n'est le privilége exclusif de personne; tout le monde y peut aller voir. Les musées, les collections de médailles, les bibliothèques, livrent à chacun leurs trésors, et, grâce à la photographie, les documents les plus lointains nous sont transmis. On pourrait presque se mettre en campagne sans aucun bagage de latin ni de grec, tant abondent les excellentes traductions, tant les commentateurs ont aplani la voie : poëtes, orateurs, philosophes, historiens, nous les possédons tous au grand air. Ce qui flottait à l'état d'ombres dans l'obscur nuage du passé a pris corps et réalité, ces anciens siècles disparus appartiennent désormais au public, et l'homme du monde peut les aborder au même titre que le savant de profession ; bien mieux, je ne jurerais pas qu'il n'y ait pour l'homme du monde un certain avantage que lui vaudra la familiarité dont il usera d'emblée vis-à-vis de personnages avec lesquels un vrai savant de bonne roche n'osera jamais se mettre à son aise. J'ai connu nombre d'honnêtes gens qui refusaient de croire que les Grecs de l'époque de Périclès, et les Romains du siècle d'Auguste fussent tout simplement des hommes comme nous, et cependant l'être humain, hélas ! ne varie guère. Personne, que je sache, ne croit aujourd'hui à ces héros dont aucun inté-rêt mesquin, bourgeois, n'influence les actions ; à ces demi-dieux qui ne se nourrissent que d'enthousiasme, ne vivent que de passion et de gloire.. On bâtissait dans la cité de Romulus comme nous bâtissons sur les bords de la Seine, et les matériaux qu'employaient les maçons de Vitruve n'étaient point différents des nôtres. Les éléphants de Pyrrhus et d'Annibal mangeaient et digéraient comme ceux du Jardin des Plantes, et les fameux pavots sur lesquels Tarquin promenait sa baguette d'augure ressemblaient singulièrement à ces fleurs banales de nos champs que moissonnent les herboristes.

Notre curiosité, qu'elle s'applique à l'avenir ou au passé, n'est point un jeu frivole. Elle prouve d'abord que nous avons le sentiment des choses que nous recherchons, et c'est par le sentiment qu'on arrive à connaître. Serait-ce donc une prétention si téméraire que de vouloir interpréter l'Antique d'après notre impression personnelle? Il s'agit moins de rendre la vérité dans son exactitude absolue que d'animer, de faire vivre ; d'ailleurs cette vérité, qui donc parmi les plus savants se vantera de l'avoir possédée? Écrire l'histoire, c'est donner simplement au public notre manière de voir sur l'histoire. Quand vous seriez le cerveau le mieux doué, le plus profond, le plus sagace de votre temps, vous n'empêcherez pas que d'autres viennent après vous qui liront plus avant dans le cœur de l'humanité, et feront de votre point de vue si respecté jadis quelque chose de suranné, de hors d'usage. Ces événements du passé, sous combien d'influences ne les écrit-on pas, influences de climat, de religion, de patrie, de public et de mode ! Exiger d'un travail historique la reproduction photographique des personnages et des

événements, c'est émettre la plus belle des con-
tradictions, attendu que le passé ne se compose
pas seulement d'éléments matériels ; qu'il est loin
de nous, et que par le procédé photographique
on ne prend sur le fait, on ne fixe que des corps.
Donc, qu'on le veuille ou non, quiconque s'adresse
à l'Antique ne saurait donner que des impressions
de voyage et d'étude. Et si ces impressions sont
vivantes, si l'écrivain a le sentiment et l'amour du
monde qu'il observe, s'il trouve un style et des
images pour nous le représenter tel que son imagination le lui montre, je ne vois guère ce qu'on
pourrait demander davantage. Par exemple, pour
ce qui regarde l'histoire romaine telle qu'on l'écrit
aujourd'hui, où mieux que jamais elle est com-
prise, il est certain que les Romains du siècle d'Auguste et de Tibère auraient quelque peine à se reconnaître dans son miroir. Chacun de nous semble
voir là ce qu'il veut ; c'est affaire de pays, de
mœurs, d'opinion politique. N'avons-nous pas eu
sous l'Empire un moment où les anciens Césars
renaissaient au monde l'un après l'autre, pour
endosser l'impopularité du César moderne ?

C'est que, par le fait, l'histoire est un art
comme la peinture, comme la statuaire, comme

la poésie. Le mensonge absolu n'existe pas, ou, pour mieux dire, au fond de tout mensonge historique se cache un brin de vérité, à ce point qu'en certains moments les procédés même de l'œuvre d'art semblent indiqués. L'écrivain, quoi qu'il fasse, ne saurait s'abstraire de l'événement qu'il raconte ; il croit tenir son sujet, et c'est son sujet qui le tient. Le voilà, malgré lui, composant, arrangeant, forçant la lumière sur tel endroit qu'il s'agit de mettre en relief et plongeant le reste dans l'ombre, — si bien qu'il résulte de cette élaboration quelque chose d'entièrement nouveau, et qui vous rappelle le fait primitif dans sa crudité, à peu près comme une figure idéale placée dans un tableau vous rappelle les traits du modèle qui a posé pour le peintre. L'historien doit connaître les faits, mais il doit aussi connaître la vie, et par sa propre expérience s'être acquis certaines qualités qui lui paraissent bonnes à répandre. Quiconque s'y prend autrement se fourvoie, car ce que nous admirons chez les grands savants, c'est bien moins l'énorme bagage de leur information que ce mystérieux pressentiment qui les dirige à travers leurs études, et dans leur cerveau coordonne les résultats. L'esprit seul a le don d'évocation, et, s'il est vrai, comme on l'a dit, que sans l'œil humain le soleil serait comme s'il n'était pas, si les plus belles mélodies n'existent que parce que l'oreille humaine est là pour les comprendre, on peut affirmer également que les documents amoncelés dans toutes les bibliothèques du monde ne sont que lettre morte tant que l'esprit n'a pas soufflé dessus. Donc, les figures du passé ne sauraient vivre que de la vie que notre cerveau leur communique.

***

Notre méthode ne vaut pas la peine d'être exposée. Savoir par cœur Tacite et les poëtes, avoir tout lu, relu, ne suffit pas ; il faut encore connaître son sujet, l'aimer. Le nôtre nous intéressait de longue date, cette grande Cléopâtre — l'âme de ce livre — du fond de son Orient mystérieux nous attirait. Nous apportions notre émotion, tout ce que nous avions en nous de facultés vibrantes, Plutarque et Shakespeare ont fait le reste. Plutarque est presque un moderne ; parmi les écrivains de l'Antiquité, il n'y en a pas de plus lu et qui soit plus en crédit dans les temps nouveaux. La peinture et la poésie le préoccupent, comme Polybe, il leur emprunte ses images : « Celui-là, dit-il, est le meilleur historien, dont le récit met devant vos yeux les personnes et vous initie aux secrets mouvements de leurs âmes » et il ajoute, en citant des exemples tirés de son auteur, que Thucydide n'a jamais fait autre chose que chercher à remuer chez le lecteur les émotions et les passions ressenties par les acteurs et les témoins des événements. C'est avec l'aide d'un tel maître, et fort de cette autorité que Plutarque revendique pour l'Histoire le droit à la poésie. De là tant de traits si profondément caractéristiques qui, dans ses biographies tendent à nous montrer toujours l'homme plutôt que le héros chef ou simple membre d'un groupe social quelconque. Cette manière particulière au grand psychologue, semble n'avoir qu'un objectif: le vrai humain. Elle prend l'individu en soi ; cette vie individuelle, influencée, modifiée par les rapports extérieurs, les relations, ne désarme jamais; elle a sa part dans les grandes actions et dans leurs conséquences, une part souvent latente, indécouverte, ce qui fait dire à Plutarque dans son Introduction à la *Vie d'Alexandre*, que parfois une chose assez insignifiante en apparence, telle conversation, telle plaisanterie nous en apprennent plus sur un caractère que bien des grands combats et bien des siéges meurtriers. Chez Thucydide, néanmoins, nous ne voyons pas encore la Muse de l'Histoire condescendre à ces détails intimes ; elle garde son autorité, soit qu'il lui convienne en effet de placer dans le milieu social le centre de gravité des événements, soit que ces traits de mœurs et d'analyse échappent à sa pénétration. Plutarque rompt avec cet art sévère, attiré qu'il est par ce que j'appellerais le côté semi-poétique de l'Histoire. C'est moins peut-être à son génie d'observation, à son talent de peintre des caractères, qu'aux moyens qu'il emploie, que Plutarque doit son impérissable succès.

La critique aura beau s'évertuer, jamais elle ne prévaudra contre ces anecdotes frappantes, et ce style de nouvelliste ému qui répond si admirablement au besoin dont nous sommes tous possédés de connaître les grands hommes et de les voir de près. Expliquer l'homme dans son développement, dans sa lutte avec l'esprit de son temps est une noble étude, mais combien pleine de fatigue et d'ennui ? l'observer dans un individu est un art moins austère assurément; n'en médisons pas cependant car cet art, auquel nous devons de si bonnes récréations, a sa place marquée comme intermédiaire entre les sévères travaux de l'esprit et les aimables jeux de l'imagination.

L'histoire et la poésie ne marchent pas l'une sans l'autre ; Niébubr compare Tite-Live aux maîtres de l'École vénitienne. Il en a l'éclat, en effet, la riche abondance ; il a de plus la note sombre, douloureuse. C'est un Véronèse, mais c'est aussi un Corrège ; mettons tout simplement : c'est un poëte, et la poésie dont son œuvre est imprégnée fait si bien corps avec l'histoire, que lorsque la critique cherche à l'en dégager, elle n'y parvient pas. Chez Tacite, la *subjectivité* prédomine ; les colères et les compassions qui ne cessent de l'émouvoir donnent à son style une expression, un sentimental dont l'Antiquité ne nous offre aucun exemple. Et cette alliance continue de l'élément pathétique et dramatique avec la simplicité, l'énergie, la raideur du langage agira toujours irrésistiblement sur le penseur. Tacite est poëte, mais à sa manière ; fut-il apprécié de sa génération comme nous l'apprécions aujourd'hui ? J'en douterais. Les horreurs et les défaillances de son temps éveillent dans l'âme du grand écrivain l'idée, toute moderne, d'expiation et de châtiment. L'historien grandit jusqu'au justicier; il cite les coupables à son tribunal, et c'est au nom de l'Avenir, de la Postérité, qu'il prononce l'arrêt implacable et définitif.

J'ai dit que de mes deux sources, l'une était Plutarque, l'autre Shakespeare.

Aux esthéticiens qui voudraient interdire à la poésie de s'occuper d'histoire, la poésie aura toujours à répondre par cet argument : et Shakespeare ? Ses drames historiques, empruntés à l'Antiquité : *Coriolan, Jules César, Antoine et Cléopâtre,* auront pour point de départ la tradition, la légende, et procèderont des mêmes lois créatrices qui nous ont valu : le *Roi Lear*, le *More de Venise*, *Hamlet*, *Cymbeline* et les autres pièces romantiques. Shakespeare nous fait, de parti pris, le tableau d'une époque; il a sous la main une action, des caractères et des passions, et c'est de ces éléments que va se dégager le monde qu'il nous peint; la nature qu'il observe sur le vif, et dans ce qui l'entoure fournit ample matière à sa glose. Il prétend que ses personnages soient compris de l'homme de son temps, plus près de la nature que n'est le nôtre, et celui-là qui aura fait marcher de front le vrai poétique et le vrai humain ne courra jamais grand risque de mentir à la vérité de l'Histoire.

Certains drames de Shakespeare sont pleins d'histoire sans que la poésie y perde rien ; de même que l'Histoire telle que la comprenaient les plus grands esprits de l'Antiquité, à pu déborder de sève poétique sans jamais cesser pour cela d'être de l'Histoire. « C'est à se demander, s'écrie Niebuhr, ce qui là dedans n'est pas histoire et ce qui n'est pas poésie » et il poursuit admirablement : « Telle est la double puissance d'impression que ces personnages et ces événements produisent sur nous que lorsque — du moins en ce qui concerne l'histoire d'Angleterre — les investigations de la critique semblent donner tort au poëte, sa tradition continue toujours à faire loi. » Shakespeare n'est si grand que parce qu'il est vrai, et son secret pour être vrai, c'est d'être impartial. Il n'a ni préjugé, ni parti pris, se met à la place de chacun ; le mal, lui-même, ne le trouve ni amer, ni passionné. Il laisse agir le fait, se contente de l'exposer avec sa prodigieuse éloquence, et nous le laisse ensuite librement juger par ses fruits. Combien d'historiens, à la seule manière dont ils dispensent, dès le début, la lumière et l'ombre, vous donnent à pressentir leurs sympathies et leurs antipathies. Shakespeare étudie l'acte, moyen historique s'il en fut ; l'acte se développe, amène ses conséquences fatales, et par ces conséquences, vous jugez. Il se gardera bien par exemple, dans *Jules César*[1], de mettre en relief, dès l'abord, les qualités souveraines du dictateur, en vous parlant de son génie, de sa grandeur d'âme, il craindrait de projeter un désavantage sur ses ennemis. De tout ce que Rome pourrait se promettre dans l'avenir d'un pareil homme, à peine s'il en est dit un mot en passant. Ses antagonistes, au contraire, ont le champ libre, vous les voyez agir, discourir en plein tumulte, et vous apprenez ainsi, d'avance, que cette entreprise irréfléchie échouera par la faute de ses propres auteurs : à la conception manque la réflexion, à la réflexion la conception manque. Avons-nous besoin de remarquer ici que dans les autres drames romains, se retrouve une égale empreinte du génie de

1. Voir à l'Appendice l'étude sur *Jules César*.

.l'Histoire. Nous avons cité Niebuhr, nous citerions
aussi bien tel maître de la science historique en
France qui, lorsque nous publiâmes dans la *Revue
des deux Mondes* la *Cléopâtre* qu'on va lire, nous
écrivait : « J'aime beaucoup cette manière que
vous avez d'en user avec Shakespeare. Vous en
faites une source et vous y recourez dans la dé-
tresse. Quand vous avez tout lu, tout compulsé,
quand les documents ayant cours sont épuisés,
essendo carestia, vous vous posez cette question :
que dit Shakespeare ? et vous allez chez lui aux
découvertes. »

Shakespeare agissant comme il fait, procède
selon son art, nous le savons, et sa méthode est
celle d'un poëte, il n'en reste pas moins intéres-
sant d'observer le travail de ce puissant esprit
habile à concentrer, à débrouiller toute une longue suite d'événements, dont il dégage l'unité
dans un tableau sommaire. Ceux qui cherchent à
se rendre un compte défini des rapports existants
entre la poésie et l'histoire, n'ont qu'à se livrer à
pareille étude, il ne perdront ni leur temps ni
leur peine, et verront comment le poëte sait rester
poëte en plongeant au cœur même de l'histoire et
s'y maintenant d'arrache-pied, quelles que soient

ces concentrations symboliques de temps et de lieu que les lois du théâtre lui imposent. Aujourd'hui, nous avons imaginé de traiter l'histoire en pur roman; et cette invention-là, comme tant d'autres bonnes et mauvaises, à sa raison d'être. N'en déplaise aux détracteurs chagrins, jamais le talent littéraire ne brilla d'un plus vif éclat qu'à notre époque; la forme n'a de secret pour personne, et c'est pour se mettre au niveau de l'heure présente que la grave histoire s'est transformée, sentant qu'elle aurait tort à nous venir raconter des choses tant de fois narrées, sans chercher à les relever par la couleur et par le style. A nous de ne pas confondre ces écrits trop nombreux d'où l'âme humaine est absente, avec les rares œuvres inspirées, méditées; où l'imagination ne vient en aide à l'érudition que pour éclairer, interpréter la vérité. Nul, mieux que l'auteur de la *Conquête de l'Angleterre par les Normands*, n'a tiré parti de cette alliance de la poésie et de l'histoire, il la cultivait chez lui et ne cessait de s'en préoccuper chez les autres; jusque dans les romans, son admirable sens critique allait en ressaisir la trace. Le génie de Walter Scott ne fut jamais mieux apprécié que par notre illustre historien : « Mon admiration pour ce grand écrivain était profonde, écrivait-il en 1819. Elle croissait à mesure que je confrontais, dans mes études, sa prodigieuse intelligence du passé avec la mesquine et terne érudition des historiens les plus célèbres. Ce fut avec un transport d'enthousiasme que je saluai l'apparition du chef-d'œuvre d'*Ivanhoe*. Walter Scott venait de jeter un de ses regards d'aigle sur la période historique vers laquelle, depuis trois ans, se dirigeaient tous les efforts de ma pensée. Avec cette hardiesse d'exécution qui le caractérise, il avait posé sur le sol de l'Angleterre, des Normands et des Saxons, des vainqueurs et des vaincus encore frémissants, l'un devant l'autre, 20 ans après la conquête; il avait coloré en poëte une scène du long drame que je travaillais à construire avec la patience de l'historien. Ce qu'il y avait de réel au fond de son œuvre, les caractères généraux de l'époque où se trouvait placée l'action fictive, et où figuraient les personnages du roman; l'aspect politique du pays, les mœurs diverses et les relations mutuelles des classes d'hommes, tout était d'accord avec les lignes du plan qui s'ébauchait alors dans mon esprit. Je l'avoue, au milieu des doutes qui ac-

compagnent tout travail consciencieux, mon ardeur et ma confiance furent doublées par l'espèce
de sanction indirecte qu'un de mes aperçus favoris
recevait ainsi de l'homme que je regarde comme
le plus grand maître qu'il y ait jamais eu en fait
de divination historique. » Dans l'Antiquité grecque poëte avait signifié faiseur, créateur ; dans
notre Moyen Age, il se traduisait par le mot de
trouveur, dans le réveil littéraire de la Restauration, il semble se rapprocher de l'idée et du mot
de chercheur.

**

Assis parmi les ruines du Capitole, l'historien
anglais Gibbon méditait un jour sur la grandeur
et la décadence de l'antique Rome, lorsqu'il fut
arraché de sa rêverie par un concert de voix na-
sillardes. C'était une troupe de capucins qui psal-
modiaient leurs vêpres dans le temple de Jupiter.
Essayez de relire son *Histoire romaine*, en vous
rappelant cette anecdote, et vous y saisirez l'écho
de l'horrible dissonnance dont l'écrivain fut frappé
au moment de sa conception ; à cette harmonie,

à cette lumière, objets de son idolâtrie, à cet
équilibre parfait du physique et du moral, vont
succéder (il l'entrevoit) la grossièreté, la barbarie, la superstition ; de là une amertume profonde, un immense regret élégiaque de ce passé
tristement évanoui, vers lequel il se reporte et
dont la religion rétrospective le rend injuste pour
les forces constituantes de la société moderne.
C'est qu'il y a de ces influences auxquelles on ne
se soustrait point; il faudrait, pour ne les pas subir, n'avoir en soi rien de cette sensibilité vibrante, qui caractérise l'artiste, et l'Histoire,
nous l'avons dit plus haut, est un art comme la
statuaire, la peinture et la musique. Nos lectures,
nos impressions nous acheminent vers des travaux auxquels nous n'eussions peut-être jamais
pensé. Nos œuvres ainsi ressemblent à nos songes,
faits la plupart du temps, de reflets d'images in-
consciemment perçues pendant la veille. On
s'amuse à scander une ode d'Horace, et voilà tout
de suite de longues perspectives qui s'ouvrent
sur l'ancien monde, voilà que vous voyez revivre
la cité d'Alexandre et de Cléopâtre.

« Le plus grand homme de l'Antiquité tout entière, écrit un allemand, M. Johannes Scherr, fut

peut-être le macédonien Alexandre. On conçoit
qu'à la vue de cet idéal jeune homme, les peuples aient raconté que sa mère Olympie, s'était
oubliée aux bras de Zeus, et que de cette union
avec le maître des dieux était issu l'enfant divin. »
Les mythes triomphants inventés à la gloire du
fils de Sémélé, cet autre rejeton de Jupiter, le
Macédonien entreprit de les réaliser ; il y a du
Bacchus dans sa course victorieuse à travers
l'Asie ; vous entendez comme un vacarme de mé-
nades échevelées, de corybantes hurleurs, les
thyrses s'agitent et frémissent, les buccins font
rage et le tout se termine, hélas ! dans le délire
de la domination universelle et de l'orgie. On dirait une sorte d'intermède romantique en pleine
Antiquité, un héros d'Homère, un paladin de
l'Arioste. Alexandre est bien en effet l'un et
l'autre ; il y a plus en lui cependant, beaucoup
plus, il y a le grand civilisateur, l'homme de
culture. Ce buveur déterminé ne se contentera
pas de goûter au nectar de la civilisation grecque;
après avoir bu jusqu'à l'ivresse, il répandra la
coupe sur le monde, et des bords du Nil aux
rives de l'Indus, la précieuse rosée fécondera le
sol. Au bout des lances macédoniennes voya-

geaient par l'Afrique et l'Asie les principes de la culture hellénique, ce génie de la guerre et de la conquête fut également l'imperturbable missionnaire du progrès humain, et son plus beau titre de gloire fut peut-être la fondation de cette ville qui devait s'appeler de son nom et conserver ses restes.

Sur cette langue de terre, qui s'étend entre le lac Maréotis et la Méditerranée, s'éleva la cité d'Alexandre, centre cosmopolite des arts et de la science helléniques, *emporium* du commerce des trois parties du monde, et cela pour des siècles de durée. La dynastie des Ptolémées se voua d'enthousiasme à l'embellissement d'Alexandrie, qu'elle emplit de merveilles architecturales et dont elle fit, pour la splendeur et la variété des monuments, l'accumulation des trésors et l'immensité des voies de circulation une vraie rivale de Rome. Les Ptolémées s'étaient trop avancés en faveur de l'hellénisme pour ne pas avoir maille à partir avec le vieil esprit égyptien, et le meilleur de leur activité se dépensait à maintenir, à raffermir dans leur capitale ce caractère de cosmopolitisme qui servait à leur politique de point d'appui contre l'opposition des conservateurs intraitables. Conserver! cri suprême : *ultima ratio* de tout ce qui s'en va ; conserver quoi? ce qui est mort! « Ces gens-là, s'écriait de son temps Paul-Louis Courier, au jour de la Création, quel bruit n'eussent-ils pas fait? ils eussent dit : Mon Dieu! conservons le Chaos! » Ce passé qu'on divinise ne fut lui-même, à son heure, qu'un progrès sur la période antérieure. Nous voulons bien admettre le cours des choses, mais seulement dans le passé ; dès qu'il s'agit du présent, les aspects changent ; le présent, c'est la révolution, c'est le mal ; on décrète l'immobilité, on se déclare du grand parti conservateur, on est pour les Pharaons contre les Lagides, et pour Jupiter contre Jésus-Christ.

Alexandrie était comme la personnification brillante de la politique nouvelle, comme une ironique et remuante protestation contre l'esprit fermé de l'antique pharaonisme sacerdotal. Dans les deux ports, sur l'immense jetée reliant l'île du Phare avec la terre ferme, sur le canal, les quais, les places, dans les rues, partout s'agitait, fourmillait et grouillait le plus bizarre amalgame de populations. Les trois parties du monde dépêchaient là leur contingent humain, du Caucase, de la Malaisie et de l'Éthiopie, chaque race accourait au rendez-vous universel. Il y en avait de toutes les couleurs et de tous les costumes ; l'Asie, l'Afrique et l'Europe se croisaient, se coudoyaient, confondaient leurs langues et leurs dialectes. Tandis que les barques du Nil amenaient par escadrilles les récoltes de la haute Égypte, de longues caravanes de chameaux arrivaient des bords de la mer Rouge avec leurs cargaisons d'étoffes chinoises et de produits indiens ; d'autres venaient de Syrie par l'isthme de Péluse, d'autres enfin apportaient les fruits exquis des oasis du désert lybien ; recueillis, emmagasinés en de vastes docks, ces tributs, ces trésors de l'Asie et de l'Afrique étaient ensuite embarqués sur des navires stationnant dans le port, pour faire voile vers toutes les côtes de l'Europe. A ces fabuleux avantages, dont elle jouissait comme entrepôt du commerce du monde, Alexandrie, il faut bien aussi le remarquer, voyait se joindre certains inconvénients. C'était par excellence la ville des charlatans, des industriels tarés, des voleurs et des assassins. La canaille universelle y foisonnait, et je laisse à penser ce que devait être, les jours d'émeute, une pareille population

capable de tout derrière ses barricades, même de
tenir en échec un Jules César. Il n'importe, cette
Alexandrie, capitale du commerce et de l'émeute,
était aussi la grande cité de l'intelligence, et la
dynastie des Ptolémées se faisait gloire de continuer la mission du héros que son fondateur avait
servi comme général. A la place de l'hellénisme,
épuisé désormais dans ses hautes sources de poésie et de philosophie, allait apparaître, pour la première fois dans l'ancien monde, une tendance systématique vers les sciences exactes ; on entrait
dans une voie d'études variées, d'application po-
lytechnique ; cette ville devint aussi la bibliothèque de l'Antiquité, et nous verrons Marc-Antoine
essayer de réparer l'irréparable perte de tant de
trésors dévorés par l'incendie, en offrant à son
illustre et savante bien-aimée les deux cent mille
volumes ou rouleaux de la bibliothèque d'Eu-
mène, roi de Pergame. Ces archives de la pensée
humaine étaient précieusement conservées dans
une des ailes du Sérapéum, monument unique où
se symbolisait par l'élégance et le style de l'or-
nementation, la splendeur des statues et des peintures, en même temps que par les proportions
colossales de l'architecture — cette alliance, cette

fusion du génie grec et du génie égyptien, qui fut
l'idéal poétique, politique et religieux des Ptolémées. Le Paganisme, qui va s'écroulant, appelle
à soi la tolérance et même le secours des dieux
étrangers, avec lesquels il se combine. Quel lieu
plus favorable à ce genre de transaction qu'une
ville comme Alexandrie, entrepôt du commerce
du monde et de la science universelle? Ces penseurs, ces marchands, ces mystagogues qui se
donnent là rendez-vous, toutes ces multitudes
ont leurs dieux, et de cette importation, force est
au Paganisme de tenir compte. Il vivra donc de
bonne intelligence avec toutes les mythologies,
toutes les idées, tous les cultes, fusionnant de son
mieux, tant qu'il pourra, et quand il ne pourra
plus, se résignera. Déjà les enfants d'Israël, qui
vont et viennent par milliers, l'ont contraint à
subir la présence de leur Jéhovah. Bientôt il lui
faudra prendre le Christianisme en patience, jusqu'au jour où les chrétiens envahiront ses temples et fouleront aux pieds ses idoles. L'heure
serait pourtant belle à peindre, où, sous l'empereur Théodose, le Sénat romain eut à se prononcer officiellement entre Jupiter et le Christ. Le
père des dieux et des hommes continuerait-il à

régner au milieu de l'anarchie, ou serait-il déposé comme le représentant d'une idée qui a fait son temps ? Le Sénat vota la déchéance, mais à la simple majorité et non pas d'un consentement unanime, comme l'empereur l'eût voulu. Les morts enterrèrent leur mort sans enthousiasme. Mais ces jours-là sont encore loin, le Paganisme a des forces en réserve pour livrer la suprême bataille ; nous allons le voir dans Alexandrie recruter les dieux de la Grèce et de Rome et triompher une dernière fois sous les auspices de la Circé orientale, attrayante et démoniaque personnification d'un âge irrévocablement condamné, où le serpent des vieilles traditions de l'Asie va reparaître. L'aspic qui tua et délivra Cléopâtre ferme la longue domination du vieux dragon oriental. « Le monde sensuel, ce monde de la chair, meurt pour ressusciter plus pur dans le Christianisme, dans le Mahométisme, qui se partageront l'Europe et l'Asie. »

CLÉOPATRE

LIVRE PREMIER

—

LES TRIOMPHES

———

La vérité de l'histoire est souvent dans le cri d'un poëte. Les gros livres ont leur parti pris, leurs systèmes ; les Mémoires mentent ; l'inspiration il la faut subir. Écrivant, nous sommes de sang-froid : celui qui chante ne se possède plus ; on n'est un lyrique qu'à ce prix. Les vrais inspirés perdent terre, et presque toujours en disent plus qu'ils ne voudraient. Qui ne connaît, ne sait par cœur l'ode d'Horace : *Nunc est bibendum, nunc pede libero!..* Il y a plus que la joie de la victoire dans ces fameuses strophes, il y a le cri de libération ; l'âme de tout un peuple. Un immense danger a menacé Rome : ce danger, les dieux l'ont conjuré ; enfin, on va donc revivre. Lisons ces vers comme on les doit lire, en nous reportant au centre

des événements : les triomphes inespérés provo-
quent seuls de tels élans ; cette exaltation capiteuse
ne saurait être que le contre-coup d'une grande
épouvante ; « être furieux, c'est n'avoir plus peur
à force d'avoir eu peur, et dans ces cas-là la colombe frapperait l'épervier du bec[1]. » Vous vous
dites : faut-il que ces Romains aient tremblé pour
triompher si bruyamment ! et quelle ennemie était
donc cette Cléopâtre dont la disparition les soula-
geait d'un poids si lourd ? L'ode d'Horace est
un document que revendique l'histoire ; la supé-
riorité de Cléopâtre y éclate de partout. A travers
les jubilations de cet hymne entonné à la gloire du
vainqueur, vous surprenez chez le poëte un mouvement de sympathie, d'admiration involontaires
pour la grande Égyptienne[2].

D'autres, plus tard, l'insulteront ; un Properce
imaginera que, si les dieux n'ont pas permis qu'elle
tombât vivante aux mains d'Octave, c'est qu'ils la
jugeaient indigne d'orner son triomphe, et ne voulaient point qu'une femme pareille fût conduite par
ces mêmes rues de Rome où jadis passaient les
Jugurtha ; mais Properce est un plat courtisan, un
de ces diffamateurs à la suite, dont le sauveur du

1. Shakspeare.
2. Voir la Note I à la fin du volume.

monde (*servator mundi*) aime à patronner les bons
offices. D'ailleurs Properce avait dix ans lors
de la mort de Cléopâtre ; ses impressions ne
sont que de seconde main. Horace et Virgile ont
assisté aux derniers moments de la République,
Horace a même combattu pour elle. Properce n'a
rien vu de ces glorieux temps ; il est sans modération comme sans élévation d'esprit, et tombe sur
les vaincus, parce que c'est une manière de faire
sa cour au vainqueur. La onzième élégie du livre III
n'a qu'une intention : chauffer, pousser au fanatisme cette haine nationale des Romains contre
Cléopâtre[1]. Le poëte y chante le funeste pouvoir
des grandes dominations féminines, et passe en
revue tous les mythes, tous les fameux exemples,
dont le plus effroyable est naturellement celui
qu'on vient d'avoir sous les yeux.

La flatterie gagne à la main, la belle littérature
s'en va. Il ne s'agit plus que de plaire au maître,
qui sait ce que vaut l'enthousiasme des honnêtes
gens et ne marchande pas. On n'est un parfait pa-
négyriste de décadence qu'à deux conditions, s'a-
platir devant César et jeter de la boue à ses ennemis. Properce remplit ce double emploi ; ceux qui
viennent après lui, historiographes et rapsodes,

---

2. Voir la Note II à la fin du volume.

également ne s'y ménagent pas, car c'est à remarquer qu'à mesure qu'on s'éloigne de la génération
contemporaine de Cléopâtre, et que le despotisme
s'affermit, l'invective, moyen d'adulation, se corse
et s'envenime, — tandis qu'Horace, à l'autorité du
galant homme, joint ici la garantie du témoin. Il a
vu de ses yeux, entendu de ses oreilles. Cette crise
terrible, il l'a traversée, vécue. Horace touchait à
ses trente ans quand éclata la guerre entre Octave
et Marc-Antoine, ou plutôt entre Rome et Cléopâtre, ainsi que les protocoles de l'époque affectent
de s'exprimer. Pendant toute la durée de la campagne, il ne quitta point Rome; on peut donc s'en
fier à son émotion, qui fut, à tout prendre, celle
du Forum, mais qu'il manifeste en des termes
dont assurément le Forum ne se servirait pas, —
car la peur est d'ordinaire pour la multitude une
effroyable conseillère de mauvaises paroles, et
respecter dans sa défaite un ennemi qui nous a
rudement secoué les entrailles n'appartient qu'aux
âmes élevées. Horace donne la vraie note; il
s'emporte au nom de son patriotisme contre l'être
fatal, mauvais démon de César et d'Antoine, et
dont l'ambition téméraire osa prétendre conquérir
le Capitole et l'Empire; *funus at imperio para-
bat;* mais son indignation ne l'aveugle pas, il est
des ascendants prestigieux auxquels l'âme d'un

poëte ne se peut soustraire. Horace a beau s'évertuer, même à l'instant qu'il la maudit, Cléopâtre
le domine; il se débat sous son regard, avoue sa
puissance, et cette créature néfaste (il accouche
du mot), ce *fatale monstrum* reste à ses yeux une
femme de génie.

Sur sa beauté, Horace, pas plus que Virgile,
n'insiste; mais quand on vous parle toujours de la
grâce et du charme d'une femme, quand vous la
voyez enguirlander, asservir à son gré tous les
maîtres du monde, il en faut cependant bien conclure que cette femme était belle, disons mieux,
qu'elle était pire. « Hélène du Nil, » Plutarque
l'appelle de ce nom, ce qui prouve beaucoup et ne
prouve rien; car, si les conditions d'origine et de
climat, si les facultés de l'âme et de l'intelligence
sont un indice, il est certain que la fille de Léda,
nature impersonnelle, passive, et la fille des Lagides, activité, lumière, flamme, orage, ne devaient
pas plus se ressembler au physique qu'elles ne se
ressemblent au moral. Sous quels traits se la figurer? Pas un document vraisemblable; les gigantesques dessins hiératiques de Denderah, d'horribles médailles, où le connu permet de juger l'in-
connu, et qui trahissent leur mensonge par ce
qu'elles nous montrent au revers de la belle tête
d'Antoine grossièrement caricaturée. M. de Pro-

kesch-Osten, parlant du colossal profil du temple égyptien, croit y voir, à travers le système conventionnel, des signes attestant une grande beauté.

« Cléopâtre est représentée en Isis, superbe, séduisante au plus haut degré ; pour l'harmonie, l'abondance de l'ensemble, la beauté physique c'est elle. » Et l'ingénieux amateur, captivé davantage encore par les divers portraits placés au-dessus de l'image énorme, ajoute, non sans une pointe de madrigal : « Il me suffit de contempler cette Cléopâtre pour comprendre la faiblesse d'un César[1]! La coiffure a beaucoup d'élégance et de distinction, les cheveux nattés en filet sur la tête pendent sur la nuque et les épaules en tresses nubiennes ; le visage est noble, fin, altier, une aile se déploie à chaque tempe, et sur le front se dresse un petit serpent ; le sein, les bras sont nus, richement ornés de joyaux ; une ceinture presse la taille au-dessous de la gorge et maintient la tunique étroite qui descend jusque la cheville. Pour le dessin de

---

[1]. Nous voyons quelque part que La Fontaine, en homme de goût et en poëte qu'il était, allait même au-delà de ce sentiment. « Quant à l'amour de Cléopâtre, j'estime autant la » conquête de cette reine que celle de l'Égypte entière, du tempérament dont César était, il en devait devenir amoureux ; je » le loue d'avoir été *formarum spectator elegans*. » (Comparaison d'Alexandre, de César et de M. le Prince.)

l'étoffe, on dirait des écailles d'argent ; aux pieds brillent aussi des bijoux comme en porte encore aujourd'hui la femme arabe. »

Les belles dames de la Fronde ne sont pas les seules qui aient su inspirer des passions d'outre-tombe. J'ai connu jadis à Vienne le baron de Prokesch, c'était un amoureux de Cléopâtre. Mon premier mouvement serait donc de me défier de son impression et d'y voir plutôt le rêve d'un idéaliste qui se monte la tête devant une informe ébauche ; mais la science pure et simple ne tient pas un autre langage. M. Rosellini, dans son ouvrage sur les monuments d'Égypte et de Nubie, admet la possibilité d'une certaine notion conjecturale du type d'après l'examen de cette imagerie.

« Ces traits, écrit-il, sont loin de mentir à l'histoire, et dénoncent assez bien la femme dont l'influence s'exerça si puissamment sur César et sur Marc-Antoine. Quiconque a l'habitude de la physionomie humaine reconnaîtra une âme instinctivement adonnée à l'amour et aux plaisirs des sens, tandis que cette médaille fabriquée sous son règne, et reproduite dans l'*Iconographie* de Visconti, ne nous offrira qu'une grotesque charge où l'œil s'émousse vainement à vouloir ressaisir quoi que ce soit d'analogue à l'être qu'on se représente comme une des merveilles du sexe féminin. »

Attiré naturellement par l'intérêt qui s'attache à ces grandes figures du temple de Denderah, l'archéologue italien poursuit ainsi sa description.

« La reine marche précédée de Césarion, qui porte la coiffure des dieux, le casque orné du *pschent;* sur sa *gonna*, très-courte, on voit l'image d'un roi couvrant de son glaive un groupe de vaincus qui demandent grâce, — sujet reproduit dans presque tous les portraits des Pharaons illustres. Césarion offre à la déesse du temple un sacrifice d'encens; sa main gauche tient la cassolette sacrée, tandis que de la droite il répand les grains de parfum. Au-dessus de sa tête voltige l'épervier de Hat, serrant entre ses griffes l'emblème de la victoire. La reine porte sur son front les insignes d'Athyr, divinité locale ; elle est vêtue d'une robe très-juste au corps, et présente en offrande un collier. Les inscriptions la désignent sous ce vocable : « Cléopâtre, maîtresse du monde, » et Césarion est appelé Ptolémée, César, Philopator et Philométor, selon les titres qu'Antoine lui donna en l'élevant près de sa mère à la régence. Ce qu'il y a de plus frappant, c'est l'exacte ressemblance du jeune homme avec ce que nous connaissons du visage de Jules César : d'où il suit que les Alexandrins, loin d'incriminer la naissance du fils de leur

reine, en tiraient gloirê, comme faisait la reine
elle-même. »

Tout cela ne m'empêchera pas de penser que,
si Cléopâtre revenait au monde, la noble dame
rougirait et s'indignerait de voir sur quels indices
nous la jugeons, et que la postérité en soit réduite
à ne pouvoir, au sujet d'une beauté comme elle,
interroger que le ciseau d'un art provincial de la
haute Égypte au temps de la décadence. Octave,
au moment de quitter Alexandrie, fit emballer pour
Rome, tous les objets précieux. Les statues d'Antoine, descendues de leur piédestal, durent se préparer à prendre le chemin du Capitole ; celles de
Cléopâtre allaient avoir le même sort, lorsque l'in-
tervention d'un puissant personnage les sauva de
l'affront auquel la reine s'était dérobée par la
mort. Cet Alexandrin, courtisan du malheur, comprit qu'il valait mieux s'adresser à la cupidité
d'Octave qu'à sa pitié ; comme il avait autant d'or
que de dévouement, il proposa la somme de
2,000 talents, et les statues de Cléopâtre, ainsi que
ses portraits, restèrent en Égypte. C'est à cet acte
pieux que se rattache peut-être l'absolue disparition de tant de monuments si regrettables. A Rome
probablement, tout n'aurait pas péri ; en même
temps que bien d'autres chefs-d'œuvre, quelques
restes auraient surnagé de ces marbres, de ces

peintures, où le génie grec devait tant de fois s'être appliqué à reproduire cet idéal de formes et de physionomie.

Un linéament symbolique en plein désert, un griffonnage sur le mur d'un temple croulant, voilà donc l'unique répertoire! Béatrice Cenci, dona Lucrezia, Monna Lisa, où sont-ils vos Léonard, vos Raphaël, vos Titien? « Savez-vous que vous finiriez par me rendre jalouse de ce fantôme, disait une femme d'esprit à son amant? Passionnez-vous tant qu'il vous plaira pour des vivantes : si belles qu'elles soient, je ne les crains guère, car je sais que pas une d'elles ne vous aimera comme moi; mais ces figures de marbre que vous animez de toutes les flammes de votre cœur et de votre imagination, je les redoute, et, si vous voulez que je dorme tranquille, ne me parlez plus de votre Cléopâtre! » L'imagination, c'est en effet l'unique ressource; dans l'absence de toute information pittoresque, *essendo carestia*, l'esprit travaille, cherche à reconstruire, des anciens descend aux modernes, pour remonter ensuite par Shakespeare à Plutarque; ne pouvant copier, on recompose, on s'abandonne à cette idée secrète qui vous vient à l'âme. Essayons du système, cherchons l'idole sous les bandelettes sacrées, fouillons comme des sarcophages tous les livres récemment publiés, Drumond, Merivale, Adolphe Stahr ; interrogeons-les, utilisons-les. « Je vais à elle malgré moi, comme l'oiseau va au serpent ! » Ainsi de certains sujets : ils vous attirent, vous fascinent, vous absorbent. Pourquoi parler de rajeunir ? Est-ce que l'idée vieillit jamais ? Les types sont immortels ; on ne les rajeunit pas, on les évoque. C'est affaire d'imagination, d'analyse psychologique et de pur sentiment. « La Muse seule peut prêter de la vie à la mort, » dit l'Euphrosyne de Gœthe, et je complète la pensée, en ajoutant : que de taches peut aussi effacer la Muse !

I

C'était au lendemain de Philippes, Antoine touchait au point culminant de sa fortune. Le petit-fils de Jupiter et de Sémélé, — on sait qu'Antoine, comme César, était de la maison des dieux, — pouvait alors avoir quarante ans, l'âge sous lequel on se représente aisément un descendant d'Hercule ; et sa constitution, que ni les fatigues de la guerre, ni les épreuves du plaisir n'avaient entamée, prouvait aux yeux de tous que depuis le grand ancêtre, la race n'avait pas dégénéré. Comme chef militaire, et aussi comme grand seigneur, la nature l'avait pourvu de ses plus rares avantages, de ses dons les plus aimables et les plus séduisants. Elle lui avait octroyé tout, excepté tout, c'est-à-dire qu'en lui prodiguant tant de choses, la nature lui en avait refusé deux : un bon jugement et cet art de se gouverner soi-même par lesquels seulement tous ces biens portent leurs profits. *Magnum virum ingenii nobilis,* ainsi l'appelle Sénèque, qui d'ailleurs lui reproche son ivrognerie et son libertinage. Faible parfois, méchant jamais, le premier au combat, au danger, patient, solide, imperturbable, en campagne un modèle de soumission à la discipline, le camarade du légionnaire et son idole, de tous les généraux formés à l'école de César, il n'y en avait pas de plus populaire. Il fallait le voir enlever sa cavalerie et se précipiter à la tête de quatre cents hommes sur un carré d'ennemis, qu'il enfonçait et taillait en pièces : c'était un Murat.

Cicéron, dans ses pages de haine, nous le peint comme un composé de tous les vices et de tous les crimes de la terre. Rien n'est plus faux que ce portrait, si peu en rapport d'ailleurs avec les autres témoignages : pourtant, ce sont aussi des ennemis d'Antoine qui parlent; mais de cette his-

toire, écrite par des flatteurs d'Octave, la figure
d'un héros se dégage. Son simple commerce avec
Jules César nous montre une âme capable des
plus généreux mouvements. Quelle excellente
note, et pour le caractère d'un homme, et pour sa
valeur intellectuelle, que cette subordination constante et sans envie à la grandeur! Tant que vivra
César, Antoine estimera que sa place est au
second rang; pour que l'idée lui vienne de jouer le
premier rôle, il faut que l'*autre* ne soit plus là.

Ce qui manquait à cette nature, c'était la volonté. Deux pôles irrésistiblement l'attiraient : le
pôle ambition et le pôle volupté, qui, somme toute,
fut le plus fort et l'entraîna dans le gouffre. Jouir
était l'unique but; le reste, influence, autorité,
renom, ne comptait que pour moyens, tant il est
vrai que les abstinences, les privations, ne retrem-
pent que les natures foncièrement morales, en ce
sens qu'elles imposent à l'être physique des habitudes de soumission, et font prévaloir le principe
supérieur; mais ceci n'est que l'exception. Chez la
plupart des hommes et des demi-dieux, la nature
reprend ses droits dès qu'elle en trouve l'occasion,
et rebondit alors avec d'autant plus d'entraînement et de frénésie qu'elle a été plus violemment
et plus longtemps comprimée et mise à l'épreuve.
Les âpres souvenirs de la faim dont on fut con-

sumé aiguisent les appétits présents, et ces servi-
tudes de la vie, rudement supportées, endurcis-
sent moins le tempérament qu'elles ne le prédis-
posent à la mollesse [1]. Antoine, devant l'ennemi,
pouvait, dans son héroïque retraite de. Mutine,
s'abreuver d'eau croupie et se nourrir de racines
sauvages ; mais ce serait mal comprendre une
organisation comme la sienne que de s'étonner de
voir cet Héraclide oublier dans les excès de la
jouissance les strapaces de la guerre, et perdre de
vue, dans l'orgie de la victoire, les millions d'hommes dont les circonstances viennent de mettre les
destinées entre ses mains. Faites que dans une
pareille nature ainsi placée au sommet du pouvoir, l'action prédomine, et vous avez un Alexandre : l'organisation politique, l'initiative, la régé-
nération dans toutes les branches de la vie so-
ciale, la conception hardie de toutes les théories,
l'appel à toutes les idées pratiques ; — que la même
nature incline au relâchement, à la mollesse, et
vous avez le virtuose par excellence en fait de
jouissances. Car cette pluralité de dons, de facultés, n'aura qu'un art où s'exercer, celui de varier,
d'aviver le plaisir par des inventions toujours
nouvelles.

1. Voir la Note III à la fin du volume.

Antoine et Cléopâtre, faiblesse contre faiblesse,
lierre contre lierre! Ce héros de Philippes, cet Hercule, il lui faut toujours s'appuyer sur quelqu'un :
d'abord, c'est Jules César qui lui sert de support;
puis, c'est Fulvie, un caractère, un grand esprit
par lequel il se laisse volontairement dominer; dans
mainte occasion, Fulvie est l'homme du ménage,
lui la femme. Témoin cette guerre qu'elle entreprend à Rome contre Octave, — héroïque moyen,
moyen désespéré, — pour arracher son infidèle
aux enlacements de la Sirène! Plus tard, il s'é-
taiera sur Octavie; il épousera la sœur de son an-
tagoniste pour avoir la paix, pour gagner un temps
qu'il emploiera à ses plaisirs. Hercule, Bacchus,
autres soutiens sans cesse invoqués, mis en avant
et qui dans Plutarque, comme dans Shakespeare,
s'éloignent à l'heure de l'écroulement.

Chose étrange que l'hyménée de cette nature
toujours ployante avec Cléopâtre, la faiblesse
féminine incarnée. Il la connaît et sait qu'il ne
doit attendre d'elle aucun appui. Mais la plante
parasite l'étreint, l'enveloppe, l'étouffe. Ses
sens, ses instincts, ses penchants, elle accapare
tout, si bien que lui, cette troisième colonne du
monde, incapable de se maintenir debout, perd
jusqu'à la volonté de chercher ailleurs où s'étayer.
Cette passion a l'embrasement et la constance des

dernières amours. « Là où les âmes couchent sur des fleurs, nous irons la main dans la main, et nous éblouirons les Esprits de notre auguste apparition. Didon et son Énée perdront leur cortége et la foule des Ombres nous suivra. »

II

Énorgueilli par la victoire, ivre de sa fortune, le cerveau travaillé d'ambition et les sens plus encore enfiévrés, tel était Marc-Antoine lorsqu'il mit le pied sur le sol d'Asie, où régnait dans sa pompe, sa gloire, son implacable puissance de fascination, celle dont les amours de César avaient fait la dame de beauté du monde antique. Dame de beauté n'est point assez; le terme applicable aux agréments de la personne n'exprime pas ce que ces agréments pouvaient avoir de charme fantastique. Si Cléopâtre n'avait eu que de la beauté, Antoine, ce coureur d'aventures galantes, ce don Juan romain las de conquêtes, ne l'eût pas instinctivement recherchée pour ne plus la quitter ensuite qu'à la mort. Ce qu'il faut voir en elle, c'est la *charmeuse*, un de ces êtres adorables et malfaisants dont la faiblesse tue les forts, et qui

doivent avoir servi de type aux Sirènes, aux Wal-
kyries, car, bien que les poëtes prétendent le contraire, c'est dans l'humanité que se recrutent les
mythologies. Chez Cléopâtre, comme dans lady
Macbeth, une force démoniaque travaille; nom-
mez-la ambition, délire des sens : toujours est-il
que chez la Walkyrie du Nord comme chez la
Sirène d'Orient, une richesse, une puissance surnaturelle d'organisme sauve, au point de vue poétique du moins, ce que le personnage a d'anormal.
La beauté, la grâce ennoblit tout. A ce compte, et
s'il n'existait en ce monde d'autre morale que l'esthétique, Cléopâtre serait sans reproche.

Comme chez Cléopâtre la suprême beauté, la
forme suprême sauve le côté esthétique, de même
chez Antoine, on sent jusque dans la dégradation,
les superbes restes du héros; les restes d'une force
géniale et du naturel le plus noble et le mieux
doué. Généreux et magnifique, il semait l'argent
sans chercher à se le procurer par des moyens
ignobles; il détestait la concussion, vice du moment, et Cicéron, son ennemi mortel, ne peut
s'empêcher de lui rendre cette justice : « Il est
certain qu'on ne saurait l'accuser de malversations
pécuniaires, de vues intéressées, ni d'aucune autre
vilenie de cette espèce. »

Dès longtemps, le sortilége avait agi sur le

triumvir. Moins perverse et moins femme, elle
n'eût pas si prodigieusement troublé, affolé ce
grand libertin, marié à Fulvie, qui n'avait de
féminin que le corps, *nihil muliebre præter corpus
gerens*, Fulvie, l'énergie et l'action en personne,
l'ambition aussi, — virile, soldatesque, souvent
féroce, détestant le neveu de César, qu'elle appelait « ce gamin d'Octave. » Nous autres modernes,
c'est du côté de l'esprit que nous avons poussé
notre débauche; nous voulons tout savoir. Ces
demi-dieux du paganisme romain en train de
s'écrouler, voulaient, eux, tout sentir. Terrible
curiosité que celle des sens, et quel théâtre pour
la satisfaire, l'Égypte avec ses enchantements, ses
débauches déifiées, son libertinage primitif où la
culture hellénique avait importé tous les raffinements de l'intelligence !

III

Pour le luxe, les arts, la science, les plaisirs,
pour cette agglomération, ce tohu-bohu d'éléments
dissemblables qu'on appelle du nom de civilisation, Alexandrie tenait la tête. C'était le Paris de
l'ancien monde, le *vertex omnium civitatum*. Le

fier romain lui-même s'inclinait religieusement
devant ce pays, cette ville dont la grande ombre
des Pharaons séculaires protégeait le passé, et
qu'inondait de ses rayons le soleil nouveau
d'Alexandre. Là se trouvaient rassemblés, dans
des bibliothèques, des musées, tous les trésors de
la littérature et de la poésie; là, sous le regard de
la plus belle et de la plus élégante des femmes,
d'une reine qui mettait son émulation et sa coquetterie à maintenir l'équilibre entre les séductions
de l'esprit et les grâces physiques, — là, splendi-
dement soldés, entretenus sur la cassette de Cléopâtre, philosophes, astronomes, mathématiciens,
médecins et naturalistes expérimentaient, dogma-
tisaient et professaient. Et nous, modernes, ce
qu'après deux mille ans nous possédons aujour-
d'hui des lettres grecques, c'est à ces institutions
des Lagides que nous le devons. Cette gloire du
savant et du bel esprit tenta la plupart des Ptolémées; il y eut chez eux jusqu'à des virtuoses,
témoin le père de Cléopâtre qui jouait de la flûte
comme le grand Frédéric, — et ces goûts n'étaient
point simplement un privilége de la dynastie et
des hautes classes, toute la population y partici-
pait. Race ardente, mobile, ingénieuse, sarcastique, aimant fort le changement, les nouvelles, les
mots, et qui, de l'atmosphère intellectuelle qui

l'entourait, la chauffait, absorbait toūt : bon et mauvais; courant à l'émeute, à la mort avec autant de bravoure et souvent aussi peu de raison que notre Paris actuel[1]. L'élément grec, quoique mêlé, dominait et formait encore le meilleur de cette cohue alexandrine, où le vieil élément égyptien continuait à se montrer réfractaire aux mœurs nouvelles, et qu'infectaient de leur contagion ces hordes mercenaires composant l'armée nationale, rendues encore plus insupportables — par la brutalité des garnisaires romains, — depuis la restauration du dernier roi. Aux uns comme aux autres, une chose était pourtant commune, l'élancement vers toutés les ivresses de la vie, le plaisir sous toutes ses formes, les festins, la danse, les courses, le théâtre, l'orgie du vin et de l'amour. Aux environs de la grande cité, les *maisons de fleurs* remplissaient la campagne. Tavernes, villas et palais, il y en avait pour la plèbe et les gens de *high-life*. Kanope, Éleusis, étaient des lieux renommés dans l'univers pour leurs débau-

---

1. Il y a entre les Français et les Anglais d'aujourd'hui bien des rapports qui, dans le monde antique, existaient entre les Grecs et les Égyptiens. L'Angleterre tient de l'Égypte cet art de s'avancer lentement, posément. Il est absurde, comme on l'a trop souvent avancé, de croire que l'Égypte fut stationnaire; nous autres, par contre, nous avons la mobilité grecque.

ches, et dont les grands viveurs hantaient les mystères avec le fanatisme de la chair. Sur le canal
qui reliait Kanope à la ville montaient et descen-
daient nuit et jour de folles bandes, et de leurs
barques, de leurs gondoles s'exhalaient, au bruit
des flûtes et du cistre, des baisers et des chansons qui n'étaient que le prélude ou l'épilogue de
la fête. De plus en plus illustre et prépondérante,
la capitale des bords du Nil exerçait au loin sur
l'Occident, un mystérieux prestige; on se racontait
ses mœurs, ses divinités et ses monuments. L'Italie se peuplait d'Égyptiens : devins, charmeurs de
serpents, nécromanciens, prêtres d'Isis et de Sérapis, habiles à s'emparer de l'imagination des grands,
par toute sorte d'évocations surnaturelles pratiquées dans leurs maisons de campagne aux nuits
de pleine lune. Des récits merveilleux se répan-
daient sur ce pays. Quiconque entendait chanter
la statue de Memnon en avait pour cent ans d'existence, et celui-là posséderait toute puissance sur
les choses visibles et invisibles, toute domination
sur les esprits des quatre éléments, qui découvrirait
la fameuse bague opâline du Pharaon Sésostris.

Antoine avait jadis entrevu la reine, lorsqu'il
commandait un corps de cavalerie dans l'armée
de Gabinius en Cilicie. Il l'avait ensuite retrouvée
à Rome pendant sa liaison avec Jules César. Si le

rêve de ces amours, qui devait remplir le monde,
fut alors ébauché, les circonstances ne permettaient guère d'espérer qu'il se réalisât. Les choses
avaient désormais changé de face ; César était
mort, la victoire de Philippes, les événements
avaient fait d'Antoine un triumvir, et de ce triumvir le maître de tout l'Orient. Quoi d'étonnant que
dans ce cerveau de satrape l'ancien rêve reparût,
et cette fois avec l'intensité du désir qui n'a plus
à s'occuper de l'impossible ? De son côté, Cléopâtre
le voulait ; il convenait à cette main d'enfant de
ployer sous le joug ce dompteur. Ce que la coquetterie d'une femme peut en certaines occasions faire
d'un homme et d'un grand homme, César le lui avait
appris. N'était-ce pas le moment de recommencer
l'épreuve et de rejouer avec un autre la partie si
fatalement perdue aux ides de mars ? Ainsi, dans
le silence de son cœur, parlait déjà l'ambition, et
la Célimène du Nil n'en avait dans ses mouvements que plus de liberté pour viser, atteindre et
saisir sa proie, qui d'ailleurs ne demandait qu'à se
laisser prendre.

IV

Depuis Rome, ils ne s'étaient donc pas revus.

Elle avait de ses nouvelles pourtant, et d'Alexandrie suivait la marche du héros, qui, après avoir parcouru en triomphateur Athènes et les villes de la Grèce ; après s'être vu dans Éphèse décerner les honneurs divins sous le nom de *Dionysos*, venait de s'installer sur les bords enchantés du Cydnus pour y tenir cour plénière et recevoir l'hommage des princes de l'Asie.

Tous en foule arrivaient à l'obéissance ; elle seule, la plus ardemment attendue, ne paraissait point, et ne daignait pas même s'excuser par ambassadeur : attitude d'autant plus arrogante que la conduite de cette reine pendant la dernière guerre prêtait à l'inculpation ; mais Cléopâtre connaissait son Marc-Antoine, et se disait qu'avec une nature aussi pressée que celle-là, le plus infaillible des stimulants devait être la temporisation. Son calcul ne la trompait pas. Cette abstention prolongée, si fort qu'elle affectât l'orgueil d'Antoine, le blessait moins en somme qu'elle n'irritait son désir de voir la reine. Rien ne l'empêchait d'exercer sur elle son autorité discrétionnaire ; il pouvait la mander par ordre ; il la fit très-humblement inviter à venir, et ce fut le Quintus Dellius des odes d'Horace, — un de ces beaux esprits sans mœurs ni caractère, vivant dans les honneurs et la fortune en trahissant tous les partis, — Quintus

Dellius mort plus tard, l'intime ami de l'empereur Auguste, qu'Antoine, alors son maître, chargea de cette commission délicate. Cléopâtre l'attendait, et si roué que fût l'entremetteur, il ne lui dit que ce qu'elle savait d'avance, en lui parlant et de sa beauté et de la suprême domination qu'elle allait exercer sur Antoine aussitôt qu'elle apparaîtrait. Pressée de tous côtés, et par les lettres du triumvir et par ses ambassadeurs, elle promit, mais sans consentir à préciser l'instant de son arrivée. Cléopâtre se réservait d'offrir à l'Alcibiade romain un de ces spectacles imprévus comme ses yeux n'en avaient pas encore rencontré, même en Asie.

Assis à son tribunal au milieu de la place publique de Tarse, Antoine, environné de dynastes et de mages, rendait la justice, distribuant les peines et les grâces, lorsque soudain une nouvelle se répand, et voilà toute la multitude qui se précipite électrisée vers le fleuve, dont la ville entière couvrait déjà les bords. Le triumvir, resté seul ou à peu près, envoie savoir ce qui se passe, et son messager lui rapporte ce bruit : Aphrodite s'approche en grande pompe, et vient, pour le salut de l'Asie, rendre visite au divin Bacchus.

C'était elle, en effet, l'Aphrodite du Nil, la reine des rois, qui venait à la conquête du triomphateur.

Elle remontait le Cydnus dans sa galère étince-
lante d'or ; les voiles qu'enflait la brise étaient de
poupre, les rames à poignée d'argent s'agitaient
en cadence, battant les flots harmonieux. Quant à
elle, couchée sous les tissus d'or de son pavil-
lon, dans la molle posture que les peintres donnent à Vénus, on l'eût prise pour Vénus même.
Qui ne connaît le merveilleux récit de Shakespeare,
auquel la palette de Plutarque semble avoir prêté
ses couleurs ?

« Ses femmes, pareilles à des Néréides, épient
des yeux ses désirs ; au gouvernail, une d'elles,
une sirène, dirige l'embarcation. La voilure de
soie se gonfle sous la manœuvre de ses mains
douces comme des fleurs, qui lestement font leur
office. De l'embarcation émanent invisibles des
parfums délicieux qui viennent sur les quais voi-
sins enivrer les sens. La ville envoie son peuple
entier à sa rencontre, et Antoine demeure seul
assis sur son trône, dans la place du marché, sif-
flant à l'air, qui, s'il avait pu se faire remplacer,
serait allé, lui aussi, contempler Cléopâtre et aurait
créé un vide dans la nature ! »

A peine débarquée, Antoine l'envoie compli-
menter et la prie à souper. La reine s'excuse en
ajoutant qu'elle sera charmée de recevoir d'abord
chez elle le triumvir. Antoine était galant et savait

vivre; il accepte. Je me tais sur les splendeurs de
ce festin improvisé; je laisse les anciens et les modernes décrire ces magnificences, ces prodigalités
invraisemblables. L'émerveillement de l'histoire,
il n'est ni dans ce luxe de vaisselles, de tapis et de
pierreries, ni dans ce train d'un service près duquel tout le faste romain semblait de la rusticité;
il est dans la puissance de cette femme, dont l'as-
cendant s'exerce à volonté, et qui, d'un regard,
d'un sourire, va disposer à merci d'un soldat, d'un
vainqueur. Antoine l'avait citée à comparaître
comme accusée, et, sans l'avoir, pour ainsi dire
encore vue, il tombe à ses pieds.

Elle avait d'avance décidé que sa beauté, sa
grâce, ne seraient cette fois que de simples forces
de réserve; c'était par les charmes de l'esprit, les
séductions de l'intelligence, qu'elle voulait combattre et vaincre. Elle en avait assez du renom
d'enchanteresse que l'univers lui prodiguait; il lui
plaisait, pour le moment d'apparaître, à ce romain,
sous les traits d'une grande reine, ayant les traditions du trône et sachant en parler la langue. Se
défendre des torts qu'on lui reprochait, elle n'eût
daigné; au lieu de s'excuser, elle récrimina, citant
les nombreuses tribulations qu'elle avait encou-
rues de la part de Cassius en lui refusant à trois
reprises les secours qu'il réclamait d'elle, parlant

de sa flotte de la Mer ionienne, qu'elle s'apprêtait
à commander lorsqu'une maladie, survenue à la
suite de tant de fatigues et d'ennuis, l'avait arrêtée
au milieu de ses projets, et finissant par dire qu'a-
près la conduite qu'elle avait tenue, c'étaient des re-
mercîments et des actions de grâce, non pas des
reproches et des accusations, qu'elle se croyait en
droit d'attendre de Marc-Antoine et de ses collè-
gues. L'effet sur Antoine fut surprenant. En l'a-
bordant, il n'avait vu que sa beauté, et maintenant,
en l'écoutant, il oubliait de la contempler. Par la
tête, les sens et le cœur, la déesse l'envahissait si
bien, qu'à dater de cette heure il l'adora, comme
un homme de quarante ans, au faîte des passions
et du pouvoir, adore une femme.

Œil qui fascine et griffe qui tue, Cléopâtre avait
de la race féline la souplesse, l'élégance et cette
férocité inconsciente qui, chez le jeune tigre jouant
avec sa proie, a tant de grâce. Se sentant la maîtresse, elle voulut aussitôt des gages, et dans le
premier sourire de cette bouche aimable, avant
même de l'avoir effleurée, Antoine surprit des caprices de vengeance que le triumvir s'empressa
de satisfaire. Arsinoë, sœur de la reine, s'était
jadis déclarée sa rivale au trône ; Mégabyse, grand-
prêtre de Diane à Éphèse, avait traité en majesté
cette rivale d'un moment ; l'amiral Sérapion avait

désobéi. Arsinoë, réfugiée à Milet dans le sanctuaire d'Artémis, fut enlevée et mise à mort ; Mégabyse, emprisonné, n'eut la vie sauve que par l'in-
tervention suppliante des Éphésiens, et sur un
ordre d'extradition, les Tyriens renvoyèrent l'amiral rebelle en Égypte, où son châtiment l'attendait.

L'entrevue aux bords du Cydnus, bien que rapide, avait donné tout ce que l'habile Égyptienne
s'en était promis. Cléopâtre rentrait dans sa capitale, le cœur fier de sa victoire et des conséquences
que cette victoire allait avoir. Son trône était de
nouveau raffermi, sa primatie entre tous les mo-
narques d'Orient reconnue et consolidée. Les anciens rêves de toute-puissance, jadis caressés au
temps de César, pouvaient renaître, et, qui sait?
agrandis encore par le ressort de cette imagination
incandescente. Pour les moyens d'action, le pouvoir, le génie militaire, n'était-ce pas un autre
César qu'elle avait à son côté? Et si le caractère
était moins grand, l'esprit moins vaste, ne devait-
on pas se féliciter même de ces désavantages, qui
lui permettaient de gouverner Antoine au gré de
sa volonté, de son désir, de ses caprices? Du reste,
il y a tout lieu de soupçonner que déjà la question
politique n'était plus seule en jeu. Entre ces deux
natures si peu dissemblables et qui invinciblement

s'attiraient l'une l'autre, les courants magnétiques avaient agi. Antoine était doué d'une de ces beautés viriles qui ne manquent jamais d'exercer leur prestiges sur les Cléopâtre et les Marie Stuart, organisations physiquement subtiles, délicates, sûres de dominer quand même par leur prétendue faiblesse, et trouvant en dehors de beaucoup d'autres sensations plus secrètes un certain raffinement d'orgueil dans la force apparente de l'homme qu'elles ont choisi. Ajoutez à cela l'héroïsme du triumvir, ses succès parmi les femmes romaines, ses mille aventures de par le monde, et jusqu'à ses fantasques transformations par le costume, qui tantôt vous le montraient vêtu à l'athénienne et tantôt à l'asiatique.

. Ces premières rencontres à Tarse font songer au tableau de Virgile. On revoit Énée et Didon avec Éros entre les deux, qui, sous les traits non plus d'Ascagne cette fois, mais du jeune Césarion, dérobe au doigt de Cléopâtre l'ancien anneau du divin Jules, pour y substituer l'anneau brûlant d'Antoine. La liaison commença-t-elle à Tarse? On en peut douter. Cléopâtre, qui dès la première entrevue s'était donnée à César, connaissait mieux le prix de ses faveurs; l'enfant avait grandi, c'était aujourd'hui une reine de vingt-six ans, et, bien que ses débuts dix ans plus tôt ne fussent point d'une ingénue, les événements, le séjour à Rome, l'usage du trône, lui avaient enseigné certaines bienséances pratiques. Ses mœurs n'en étaient pas beaucoup meilleures, seulement elle avait rayé de son programme, du moins avec les puissants de ce monde, ces avant-propos qui ne mènent à rien. Son ambition, son orgueil, lui suggéraient que, jusque dans les désordres d'une grande reine, la politique doit avoir sa part d'intérêt, et l'occasion se subordonner à la volonté. Tout porte à croire qu'il n'y eut alors que des préliminaires de posés, et que Cléopâtre ne devint la maîtresse d'Antoine que l'hiver suivant, dans Alexandrie, où l'on se donna rendez-vous en se quittant.

V

L'antiquité a beau parler de sortiléges, de phil-tres, de démons ; il n'y eut, dans cette romanesque aventure, d'autre démon que le tempérament d'Antoine, d'autre philtre que son amour, le plus dévorant, le plus profond, le plus implacable dont l'ancien monde nous ait transmis la chronique. Alexandrie paya la dette de Tarse, et avec quel luxe et quel art ! Antoine n'avait encore connu que

le plaisir, on l'initiait aux mystères de la volupté.
De ce concert de toutes les ivresses réunies, dont
la *maestra* souveraine dirigeait les modulations,
quelques sons à peine articulés ont tout au plus
traversé les âges, et c'en est assez pour que l'imagination s'enflamme. Comment décrire tout ce que
notre romantisme moderne emprunte là de ces
tableaux où les sens et l'esprit font échange de
délices? Qu'est-ce que Renaud, Armide? Pro-
menez-vous avec Arioste et Gluck dans leurs jardins enchantés; leurs fontaines jaillissantes, les
échos vous jetteront les noms d'Antoine et de Cléopâtre, les arbres vous montreront les chiffres en-
trelacés des deux amants, et vous songerez moins
à la magicienne du poëme qu'à celle de l'histoire,
dont Shakespeare a dit : « L'âge ne peut la vieillir,
ni l'habitude de la voir émousser pour vos yeux
l'attrait de la séduction toujours nouvelle. Les
autres femmes rassasient les appétits auxquels
elles donnent pâture ; mais elle, plus elle satisfait
la faim, plus elle l'aiguise, et les choses les moins
nobles prennent en elle un tel air de dignité, que
les prêtres saints la consacrent jusque dans ses
désordres! » Il faut lire la première scène de ce
drame d'où j'extrais ces lignes. Pour peindre cette
Cour d'Égypte, les mœurs de son temps permet-
tent à Shakespeare l'expression âpre et triviale-

ment pittoresque dont s'indignerait le public si
respectable des ballets d'aujourd'hui.

Coleridge place *Antoine et Cléopâtre* au rang
des plus beaux chefs-d'œuvre de Shakespeare. Il
fait de cet ouvrage un pendant à *Roméo et Juliette*;
l'amour physique, sensuel, opposé à l'amour instinct et passion. De toutes les pièces historiques,
il l'appelle « de beaucoup la plus merveilleuse, »
et, sous plus d'un rapport, j'accepterais cette opinion. Dès l'exposition, les grandes perspectives
s'ouvrent sur ce contact de Rome avec l'Orient;
de la frugale Europe avec l'Asie luxurieuse, qui
devait entraîner la ruine du monde romain : tout
cela rapide, tumultueux, *enlevé*. Le mouvement
des choses provoque en nous un mouvement
d'idées; en quelques phrases, souvent en quelques
mots, de grands faits sont résumés, et quelle
variété d'incidents, de personnages! la politique
et la guerre interviennent dans les affaires domestiques, se lient aux plus grands intérêts de cœur.
Votre émotion reste concentrée sur deux personnages, et le lieu de la scène s'étend depuis le pays
des Parthes jusqu'au cap Misène. Au point de
vue esthétique, Shakespeare a produit des œuvres
plus complètes, et dans lesquelles les types qu'il
étudie, avec son art ordinaire, ont sur le héros et
l'héroïne qu'il aborde ici, l'avantage (comme dans

Jules César) d'offrir autre chose qu'un idéal de décadence. Mais, pour la pure et simple intelligence de l'histoire, je pense, avec Coleridge, que Shakespeare n'a jamais été si loin et c'est à de telles sources qu'il faut venir apprendre comment on extrait l'esprit de la chronique.

C'est Plutarque mis en action ; vous vivez à la Cour d'Egypte au moment de cette fantastique lune de miel ; vous respirez l'atmosphère de la grande cité gréco-orientale, paradis d'un monde qui, revenu de son idéal de jeunesse, a fait de la jouissance physique le suprême objet de son culte et se dit que la toute sagesse consiste à savoir fêter l'heure présente. « Il gaspillait, écrit Plutarque en parlant d'Antoine, il galvaudait le bien le plus précieux donné aux hommes : le temps. » Toute l'exposition de Shakespeare roule sur ce mot. La parole est aux courtisanes, aux eunuques, aux devins; frivolité, superstition, montrent leur vieux compagnonnage; l'immoralité s'affiche avec la belle humeur d'une conscience honnête. On a franchi la période transitoire de l'hypocrisie, fort vilaine période, à laquelle succède un nouvel état de nature qui s'appelle la naïveté dans le vice.

VI

Cléopâtre employait sur Antoine tous les moyens de captation. Elle se mêlait à ses jeux, à ses exercices, l'accompagnait au gymnase, à la chasse et jusque dans son camp au milieu de ses officiers, joyeuse de vider une coupe à la santé de son héros, de son vainqueur.

Incapable d'aimer, pourquoi l'eût-elle été? Quand il serait vrai que le seul intérêt et la seule ambition l'eussent jetée dans les bras de César, quelle raison peut-on voir là pour décréter que le cœur d'une pareille femme fut de ceux qui ne s'émeuvent point? Entre cette adolescente spoliée, chassée par ses frères, qui venait, sans réfléchir à la disproportion d'âge, ressaisir par un coup d'audace sa couronne sur le lit d'un grand homme usé, vieilli dans le plaisir, accoutumé déjà depuis longtemps à prendre tout ce qui s'offrait à lui, et la personne de vingt-six ans, consciente, accomplie, qui pose devant nous, les conditions sont loin d'être les mêmes.

Pour la gloire et la puissance, Antoine sans doute à ses yeux vaudra César, car on conçoit qu'une imagination qui ne demande qu'à s'exalter

confonde aisément les lauriers de Philippes avec
ceux de Pharsale; mais eût-il été moins illustre
cent fois, Antoine, fils d'Hercule, avait en son
pouvoir pour s'emparer d'une Cléopâtre et la passionner, des avantages et des facultés dont toute la
gloire du monde ne saurait tenir lieu, et que le fils
de Vénus, si tant est qu'il les eût jamais eus,
ne possédait, hélas! déjà plus à l'époque où l'étoile
des Lagides projeta sur lui son éblouissement.
Non, dans cet hymen qui riva l'une à l'autre leurs
destinées, il y eut chez Cléopâtre plus que l'ivresse
des sens et que l'ambition : son cœur aussi fut engagé. Antoine n'était pas un dameret, et probablement ne mit point au jeu tant de malice :
l'adorer éperdument n'eût point suffi ; mais il sut
la rendre amoureuse, et par là se fit aimer d'elle.

Que cet amour, qu'il devait, devant l'univers,
payer d'un si terrible prix, lui ait également coûté
bien cher dans le train journalier de la vie, un
pareil fait n'a rien qui puisse étonner. Les Céli-
mènes de l'histoire l'emportent sur les grandes
coquettes de la vie ordinaire par le merveilleux de
la catastrophe; leur écroulement entraîne un
monde, et pendant trois mille ans on en parle. Les
autres meurent bourgeoisement d'une fluxion de
poitrine, et personne, hors du quartier, n'y prend
garde; mais pour ce qui touche aux petites misè-

res de l'existence qu'elles vous font mener, cela doit
au demeurant se ressembler beaucoup. Scènes de
jalousie et de colère, évanouissements, menaces
de rupture, larmes et pâmoisons, c'est toujours à
peu près le même air, et qui n'en vaut pas mieux,
je suppose, parce que la virtuose qui l'exécute
porte un bandeau royal à son front et des perles
de six millions à ses oreilles. D'ailleurs, de ce
qu'une femme joue la comédie, on aurait tort de
conclure que cette femme n'aime pas. « Vois où il
est, qui est avec lui, ce qu'il fait. Tu sais que je ne
t'ai pas envoyé. Si tu le trouves triste, dis-lui que
je danse; si tu le trouves gai, raconte-lui que je
suis subitement tombée malade. » Je cite Shakspeare, et j'y retournerai : c'est la vraie source;
bien rarement son point de vue à lui prête à la
controverse, lorsque dans le doute il devine ; mais
pour la vivante peinture des caractères, le mouvement scénique, il semble qu'on y doive recourir
comme à des documents certains. Dire que c'est
Plutarque mis en action n'est point assez dire, c'est
Plutarque mis en poésie ! Je laisse de côté tout ce
va et vient pittoresque, toute cette variété, cette
pompe et ne songe qu'à la douceur, à l'harmonie
de ce langage si harmonieusement approprié à la
bouche qui le parle.

« Le charme de son discours pénétrait les âmes :

dans la conversation, sa beauté empruntait à sa voix un nouvel attrait, et sans qu'il soit question de l'agrément de son entretien ni de sa facilité à manier toutes les langues, tous les dialectes, on l'eût écoutée causer pour la seule magie de son organe. »

Shakespeare s'est accordé si bien là-dessus avec l'histoire, qu'il a fait de tout son rôle de Cléopâtre un chant d'oiseau, une musique. Cléopâtre joue la comédie en ce sens que la plupart du temps ses mouvements, ses gestes, ses discours, sont en parfaite contradiction avec le sentiment qui l'affecte. Elle pleure quand elle aurait envie de rire, et rit quand ses larmes l'étouffent; mais presque toutes les femmes qui aiment en sont là. Bien qu'elle s'efforce de ne livrer que ce qu'il lui convient de laisser voir, on sent à travers les mille feintes de son jeu percer toujours une émotion, ce quelque chose du cœur qui parle au cœur. Il y a de la vérité dans son mensonge, comme du mensonge dans sa vérité. Ainsi, lorsqu'en proie au dévorant souvenir d'Antoine et faisant sur elle-même une sorte de mélancolique retour, elle dit à Charmion : « Regarde-moi, regarde-moi comme je suis, bronzée par les amoureuses morsures de Phébus, ridée par le temps; ah! César au large front, lorsqu'il t'arriva d'aborder sur ce rivage, alors j'étais digne d'un roi ! » qui la prendrait au mot serait malavisé, car la belle dame s'amuse et sait d'avance que ses femmes et son miroir vont lui répondre qu'elle ment.

Ces crises incessamment renouvelées, loin d'user la passion du triumvir, l'attisent au contraire, l'irritent et sont le véritable philtre répandu dans la coupe qu'il boit avec ivresse. Inquiéter, harceler, enfiévrer l'heure présente en ayant soin de tenir hors de page l'immuable sécurité du sentiment où l'avenir commun est enchaîné : double jeu de fieffée coquette et de femme qui aime. Plutarque observe spirituellement qu'avant de tomber aux mains de sa royale maîtresse, Antoine avait appris à vivre à l'école de Fulvie, qui lui avait formé, assoupli le caractère de façon à mériter toute la reconnaissance de ses maîtresses. Je doute cependant qu'Antoine eût jamais supporté de sa turbulente moitié tout ce qu'il supporta de Cléopâtre. Il n'y a que les amours criminelles pour se payer de semblable monnaie et tourner à délices et ravissements ce qui empoisonnerait même la lune de miel d'une existence légitime. Gentillesses féroces, à plaisir réitérées, coups de griffe sanglants auxquels un sourire agréable doit répondre ! Cette Fulvie sacrifiée, et dont le dévouement incommode parfois, mais sans bornes, n'a pu sortir de sa mémoire, il lui faut l'entendre narguer à tout propos. « Que dit la femme mariée? Elle est peut-être en colère. Plût au ciel qu'elle ne vous eût jamais donné la permission de venir ! Qu'elle ne dise pas que c'est moi qui vous retiens ici : je n'ai pas de pouvoir sur vous ; vous êtes à elle ! » Et quand le malheureux, apprenant que Fulvie est morte, cède au premier accablement de sa douleur, de son remords, quelle suite, quel croisement de reproches déraisonnables[1]! Ce mari pleurant sa femme n'est qu'un traître envers sa maîtresse, et, s'il ne la pleure pas, on lui jettera au visage ce compliment : « maintenant je vois, je vois par la mort de Fulvie, comment la mienne sera reçue ! »

Cléopâtre tient à la possession de son amant avec l'indomptable furie d'une nature habituée à ne reconnaître au-dessus d'elle ni morale ni Dieux. Elle veut d'Antoine, non pas seulement sa puissance politique, ses trésors, elle veut aussi son intelligence et son cœur, son génie et sa fortune. Elle a tout épousé, et Shakespeare, avec cette profonde perception psychologique qui fait de lui un

---

(1) Les larmes données par Antoine à Fulvie n'apparaissent que dans Appien et ne sont point dans Plutarque. Encore une divination de Shakespeare, qui, on le sait, n'a connu que Plutarque.

guide si parfait dans ces labyrinthes de l'histoire,
Shakespeare donnant à deviner, accusant chaque
nuance, vous montre une Cléopâtre d'ensemble,
vous met devant les yeux la figure dans son plein,
sans même indiquer par quels côtés chez elle l'intérêt personnel se mêle à la passion, et dans quelle
mesure cet amant et ce héros agissent sur son esprit, ses sens et son cœur, qu'ils occupent et cap-
tivent à la fois. C'est dans la fusion, l'assimilation
organique de ces divers genres de mobiles que
réside l'attrait merveilleux du personnage. A ces
petits manéges de boudoirs, à ces artifices de
gipsy couronnée, succèdent çà et là de fulgurantes
explosions, et la femme passionnée excuse alors,
relève, ennoblit presque la courtisane.

Comment douter encore de l'amour de cette
femme après la scène du messager? Depuis de
longs mois, les deux amants sont séparés. Antoine,
rappelé en Italie à la mort de Fulvie, est allé se
réconcilier avec Octave, qui, pour sceller la paix
du monde et comme un suprême gage de nouvelle
amitié, vient de lui donner sa sœur Octavie en
mariage. Cléopâtre ignore tout; on annonce l'arrivée d'un messager apportant des nouvelles de
Rome. Ici la transformation est complète; plus de
minauderies, rien que le simple élan du cœur, la
vraie nature. Quelle frémissante agitation, quelle

angoisse dans cette attente! Dès les premières paroles, sa curiosité s'élance follement au-devant de la
certitude, mais la crainte la force à reculer. Enfin
l'horrible lumière éclate à ses yeux; elle apprend
la trahison d'Antoine, son mariage. Sur qui se ven-
gera-t-elle d'un tel désastre, là, dans le moment
même, sinon sur le pauvre diable chargé de l'en
instruire? Il en coûtera cher au malheureux d'être
ainsi venu se jeter au travers des rêves de cette
imagination. Elle l'accable d'invectives, de menaces, de coups, c'est comme la manifestation plastique de cette nature incontinente et désordonnée à
l'excès; s'il parvient à sauver sa vie, ce colporteur
de mauvaises nouvelles aura du bonheur. Elle-
même ne fait que tomber d'un paroxysme dans un
autre; puis, au sortir de l'attaque de nerfs obligée,
la voilà soudain qui veut qu'on lui décrive les traits,
la beauté d'Octavie, les moindres particularités de
sa personne.

« Quel âge a-t-elle? quelles sont ses inclina-
tions? et n'oublie pas surtout la couleur de ses
cheveux. »

Sir James Melvil, envoyé l'an 1564 par Marie
Stuart, reine d'Écosse, à sa bonne sœur Élisabeth d'Angleterre, donne l'historique suivant de
la manière dont il fut reçu.

« Sa Majesté commença par me demander comment s'habillait ma souveraine, *quelle était la couleur de ses cheveux,* et laquelle des deux avait, à mon sens, la taille la mieux faite? Ensuite elle voulut savoir à quoi la reine Marie occupait son temps. Je répondis que la reine, au moment où je l'avais quittée, revenait de chasser dans les *highlands,* mais que, lorsque les affaires lui en laissaient le loisir, elle aimait beaucoup à se distraire en jouant soit du luth, soit du virginal. — Et joue-t-elle bien? — me demanda Élisabeth. Je répliquai : — Oui, très-bien pour une reine. — Le même jour, après dîner, lord Hunsden me conduisit dans une galerie dérobée pour entendre jouer Sa Majesté, assurant qu'il agissait ainsi de son propre mouvement et sans y être autorisé. Après avoir écouté quelques instants, je soulevai la tapisserie qui servait de portière, et, voyant que la reine me tournait le dos, je pénétrai dans la chambre, et continuai à prêter l'oreille. Élisabeth jouait remarquablement bien. Sitôt en m'apercevant elle s'arrêta, parut un peu surprise, se leva et vint à moi en me menaçant gracieusement de la main comme pour me donner une tape. — J'ai pour habitude de ne jamais jouer devant les hommes, me dit-elle; je ne joue que lorsque je suis seule et pour dissiper la mélancolie. — Je tâchai de m'excuser de mon mieux,

je parlai de la Cour de France, où j'avais longtemps séjourné et où de pareilles licences ne
sont point mal vues, et j'ajoutai que j'étais prêt
à me soumettre humblement à telle peine qu'il
plairait à Sa Majesté de m'infliger. Elle s'assit
alors sur un coussin, et, comme je m'agenouil-
lais par terre à ses pieds ; elle insista pour me
faire aussi m'asseoir. Ce n'était point tout. Elle
voulait avoir mon opinion sur son talent, et que
je lui dise si je trouvais que c'était elle ou ma
souveraine qui jouait le mieux. La position devenait délicate ; je m'en tirai en lui donnant le
prix. »

J'ai cité ce trait, parce qu'il prouve une chose,
que dans toute reine il y a une femme, et qu'en
dépit des siècles et des climats, des royaumes et
des mœurs, chez les Ptolémées-Lagides comme
chez les Tudors, toutes les rivalités de femmes
se ressemblent à l'endroit de la curiosité.

Les scènes de colère et de jalousie, l'impa-
tiente Égyptienne dut les renouveler souvent
dans ce long abandon. Désespéra-t-elle jamais ?
Entre cette Ariane et son Thésée s'étendaient les
mers, se dressait, belle et sympathique, imposante par son droit, dangereuse par le prestige
des contrastes, la plus chaste et la plus simplement aimable des épouses ; mais le serpent du

Nil savait le pouvoir de ses morsures. Cléopâtre, jusqu'en ses plus démonstratives défaillances, comptait sur les indélébiles souvenirs de volupté dont elle avait enflammé l'imagination d'Antoine, et qui tôt ou tard le lui ramèneraient, souvenirs d'ailleurs fort habilement entretenus par de secrets agents, courtisans, affranchis, serviteurs chargés d'évoquer partout le nom de l'absente et de multiplier les favorables allusions. Comme il s'agissait de l'éloigner tout d'abord de Rome, les marchands d'oracles ne se gênaient pas pour faire parler les astres. « L'éclat de ta fortune brille au plus haut, disait son devin, mais l'étoile de César (Octave) cherche à l'obscurcir; c'est pourquoi je te conseille de te tenir aussi à distance que possible de ce jeune homme, car ton démon à toi redoute celui de César, et plus il a de puissance et de domination lorsqu'il règne seul, plus il sent sa force et son courage s'amoindrir dès que l'autre s'approche de lui. » Lire Plutarque en ce chapitre, c'est lire un roman.

Antoine et Octavie passèrent en Grèce les deux premiers hivers qui suivirent leur mariage. A ce soldat épicurien, le doux laisser-aller des mœurs athéniennes convenait. Il visitait les philosophes, les rhéteurs, portait le costume du pays, vivait en simple particulier. Sa maison était ouverte à

tous, plus de licteurs autour de lui quand il sortait : quelques intimes seulement et deux ou trois
domestiques. Il présidait en gymnasiarque les
fêtes et les jeux publics, goûtait fort les flatteries
des Athéniens et s'en amusait avec sa jeune
femme, dont il s'occupait très-tendrement. Ces
descendants des héros de Marathon l'ayant par
flagornerie affublé du titre d'époux de Minerve,
leur déesse, Antoine, toujours libéral et grand
seigneur, paya le compliment d'un million de
drachmes, à quoi un membre du conseil muni-
cipal répondit spirituellement : « O maître ! Jupiter prit sans dot ta mère Sémélé. »

C'était sa fantaisie en Grèce de jouer au dieu
Bacchus, au fils d'Hercule; mais cette manie ne
tenait que l'hiver; dès le printemps, tout de suite
il reprenait la vie des camps. Mimes et chanteurs disparaissaient pour céder la place aux
licteurs, aux généraux; les audiences, les négociations étaient reprises. On construisait des
vaisseaux, on armait; Dyonisos redevenait l'imperator et poussait ses aigles contre les Parthes.

VII

Longtemps avait dormi cette malheureuse pas-

sion de Marc-Antoine, et il paraissait presque
que les bons avis triompheraient du sortilége,
lorsqu'au retour en Syrie le feu se ralluma. Les
rapports de confiance rétablis, du moins par les
semblants, avec son perfide collègue, le triumvirat renouvelé pour cinq ans, Antoine revenait
prendre le gouvernement de l'Asie romaine, qui
était sa part d'empire, et poursuivre ses projets
de guerre contre les Parthes. Observons que la
passion d'Antoine trouva dans cette circonstance
un bien puissant réactif; mais il faut ajouter,
pour être juste, que cette circonstance, il ne la
créa point à plaisir. Son amour n'eût pas existé
que les événements ne lui eussent point dicté
d'autre conduite. C'était donc bien sa destinée
qui pour la seconde fois le poussait vers Cléopâtre.

Ce qui devait arriver arriva. Ils se revirent;
dans cette rencontre, éperdue, Cléopâtre oublia
tout, et son amant ne se souvint que de ce qu'il
avait à réparer. Antoine avait cette sensibilité
d'âme particulière aux grands libertins. Il était
bon, humain, magnifique; les soldats l'adoraient,
et si jamais mœurs plus scandaleuses que les
siennes ne furent données en spectacle, encore
doit-on lui tenir compte d'une qualité fort rare
chez les anciens : il n'était pas étranger au remords, sa conscience lui reprochait les vices de

son tempérament, ce qui ne le corrigeait point
sans doute, mais ce qui montre un naturel
exempt de cruauté. Octave, au contraire, sobre,
doucereux, réservé près des femmes, *nam pul-*
chritudo intra pudicitiam principis fuit, Octave
avait le goût des proscriptions, aimait le sang,
comme plus tard Saint-Just et Robespierre,
deux grands modèles aussi de chasteté, de tempérance, et deux grands scélérats pour tout le
reste. Antoine était ce que j'appellerais un viveur
lucide; il pouvait faire la débauche sans perdre
absolument connaissance. Au plus profond de
cette âme enténébrée de paganisme, on perçoit
je ne sais quel clignotement du sens moral; rien
ne dit que cent ans plus tard, la foi chrétienne
aidant, ce pourceau d'Épicure n'eût pas fini
comme un saint Jérôme dans quelque Thébaïde.
Malmené par Fulvie, il pleura sa mort; c'était
le tour d'Octavie d'émouvoir maintenant ses
scrupules de conscience. La noble dame, après
avoir accompagné son mari jusqu'à Corcyre, était
rentrée à Rome dans la maison du grand Pompée,
devenue, depuis Pharsale, propriété d'Antoine,
et ne s'occupait plus que du soin de ses enfants,
qu'elle élevait avec ceux de Fulvie. Toutes les
vertus, tous les agréments faits pour rendre un
homme heureux, elle les possédait; seulement il

eût fallu que cet homme ne fût pas l'excentrique descendant de Jupiter et de Sémélé. A cette nature surabondante, géniale, accoutumée au bel esprit, au sans-façon des mœurs athéniennes, tant de pudeur, de rigorisme, ne pouvait longtemps convenir. Cette atmosphère de préjugés l'opprimait, l'étouffait, lui qui partageait toutes les idées d'indépendance du grand Jules.

Combien ne se sentait-il pas plus à l'aise près de l'*autre!* Là du moins il échappait aux obséquieuses protestations d'un entourage hostile, là son imagination trouvait à qui parler. Puis cette reine d'Égypte, que Rome appelait sa concubine et qui lui avait donné deux enfants, était-elle en somme moins sa femme que la veuve de Marcellus, qu'il avait épousée étant grosse et par dispenses du Sénat? Cléopâtre était pour lui plus qu'une amante, qu'une épouse, elle était son œuvre, sa création; s'il relevait de son amour, elle relevait, elle, de sa puissance. Il l'avait assise sur le trône, grandie à la hauteur où le monde la voyait, et de la même main qu'il l'avait faite, il pouvait la défaire. D'ailleurs, entre tant d'avantages, elle avait surtout celui de n'être pas la sœur d'Octave, car ses nouveaux rapports de famille, loin d'atténuer l'antipathie d'Antoine, n'avaient servi qu'à l'accroître; c'était la secrète animosité du pressentiment qui désormais l'échauffait contre ce pâle et imberbe jeune homme de vingt-quatre ans auquel tout réussissait, et qui, sans aucun mérite civil, sans ombre de valeur militaire, marchait déjà son égal, pour ne pas dire plus, et le battait en politique comme au jeu.

VIII

L'enchanteuse ressaisissait à pleine main les rênes d'or de son char de victoire. Antoine, à son côté, plus affolé que jamais, s'intitulait le premier de ses esclaves, et, costumé à l'orientale, le sabre recourbé des Mèdes à la ceinture, trônait au prétoire et dans les cérémonies en satrape asiatique. Sa gloire était d'abdiquer la toute-puissance aux pieds de cette femme et de n'être que le mari de la reine, le *roi consort*, lui triumvir, lui que Rome et les dieux du Capitole avaient investi de leur majesté souveraine! César, insultant au sentiment public, avait jadis poussé l'audace jusqu'à installer en plein temple de Vénus l'image de cette étrangère maudite, de ce monstre, *monstrum illud*, comme l'appelle Horace. Le scandale était dépassé. Les soldats romains, confondus avec des

Nubiens, des eunuques, portant sur leurs bou-
cliers le chiffre de l'Égyptienne, lui servaient de
gardes d'honneur dans les revues qu'elle passait
à cheval en compagnie de Marc-Antoine. Ici l'extravagance prend les proportions du mythe. Évidemment, cette fameuse perle dévorée en un
festin n'est qu'un symbole. Ils eussent à ce train
absorbé le monde. Et quelle chose merveilleuse il
faut cependant que soit l'amour pour faire que
deux êtres si coupables, si chargés de responsa-
bilités terribles, trouvent la postérité moins sévère que miséricordieuse, et vivent à travers les
âges, amnistiés, plaints et célébrés dans la cause
même de leurs fautes. « Nul tombeau sur la terre
n'enfermera un couple aussi fameux, et la pitié
qu'inspire leur histoire égale la gloire de celui
qui les a réduits à être plaints ! » Quand César-
Octave s'exprime ainsi au dénoûment, c'est Shakespeare qui parle par sa bouche au nom de la conscience humaine.

A la distance où, grâce à Dieu, nous sommes
d'une société qui pouvait supporter de telles aber-
rations, le spectacle a bien sa grandeur. Jamais,
depuis que le monde existe, cet éternel drame
de l'amour ne fut représenté d'une façon plus héroïque : ces acteurs, qui dépassent la Fable de
cent coudées, ont une authenticité chronologique;

aussi belle qu'Hélène, Cléopâtre a toute la mobilité d'esprit, toute l'éducation de la femme moderne, et la puissance de l'homme qui l'adore est, comme son amour, sans mesure. Pour satisfaire les infinis caprices de sa déesse, Antoine n'a pas besoin d'être un demi-dieu; tel que Pharsale et Philippes l'ont fait, les Olympiens sont ses vassaux. Il peut tout ce qu'il veut, tout ce que veut Cléopâtre, et tailler en Asie autant de royaumes nouveaux qu'en demande sa reine est aussi facile à sa munificence que d'étoiler cette tête vipérine d'une escarboucle de cent millions.

Ce fut ainsi qu'il lui donna la Phénicie, Cypre, une partie de la Cilicie et toute une province de Judée renommée pour la culture des essences, rendant la terre des parfums tributaire de sa dame de beauté, et répondant à qui osait se plaindre que savoir conférer était plus encore que savoir prendre l'attribut de Rome et de sa grandeur universelle; — politique du reste assez habile, puisqu'en même temps qu'il enrichissait sa maîtresse, il fortifiait la puissance d'une alliée: Rien n'est plus erroné que de se représenter Cléopâtre sous les traits d'une bayadère adonnée aux seules jouissances du moment et ne connaissant d'autres occupations que la galanterie et le plaisir. Cette voluptueuse avait son ambition, et, pour remplir ses vues, sa *faiblesse* s'appuyait sur la force d'Antoine, comme elle se serait appuyée sur le bras de César, qui, n'en doutons pas, s'il eût vécu, eût épousé non seulement la cause, mais la femme.

Étendre jusqu'aux anciennes limites l'empire de ses aïeux, rétablir à tout jamais son indépendance, était la pensée avouée ; mais combien d'autres desseins plus vastes, plus hardis ne caressait-elle pas ! Quels rêves de domination ne s'agitaient dans cette jolie tête nonchalamment inclinée sous le peigne d'or de la coiffeuse Iras ? « Aussi vrai qu'il m'arrivera un jour de régner au Capitole ! » on ne parlait à Rome que de cette nouvelle forme de serment usitée par l'insolente courtisane du Nil.

Tout n'était peut-être pas calomnie dans ces bruits qui, fomentés, propagés par les soins d'Octave, soulevaient d'indignation la grande ville. En effet, depuis les jours heureux de jeunesse et de fortune où, maîtresse déclarée du dictateur, elle s'était vue adulée par la noblesse et le Sénat, Cléopâtre n'avait jamais oublié Rome.

César, un an après avoir quitté Alexandrie, l'aimait toujours. Il veut qu'elle assiste à ses quatre triomphes, la fait venir à Rome, et il est entendu que ce voyage aura pour motif avoué

une alliance à conclure avec le Sénat et le peuple
romain. Elle y apparut donc en souveraine d'un
pays indépendant, environnée d'une Cour nom-
breuse et magnifique, et le jeune roi d'Égypte,
son époux, l'accompagnait. C'était le bruit public
que César, à défaut d'héritier légitime, adopte-
rait Césarion auquel il avait d'ailleurs déjà permis de porter son nom. Rome, à la vérité, s'in-
dignait à la seule idée de certains projets de
mariage avec l'Égyptienne, avec cette fille d'un
pays et d'un peuple abhorrés, méprisés entre
tous pour leur religion bestiale, leurs mystères
orgiaques, leurs eunuques. Mais César se mettait
au-dessus de l'opinion. Cependant Cléopâtre se
voyait sur un terrain hostile ; tant d'honneurs et
de marques de déférence dont l'entourait César,
tant d'hommages que la société romaine affectait
de lui prodiguer ne l'aveuglaient pas ; elle se
sentait haïe et méprisée par le peuple, qui sourdement grondait, par cette aristocratie qui ne la
caressait que pour la mieux trahir et ne lui pardonnait pas ses plans ambitieux. Il résultait donc
des circonstances que la politique de Cléopâtre
devait être de pousser le génie de César du côté
de l'Orient. Elle y travaillait de tout l'effort de
son influence, estimant qu'à moins de le tenir là,
elle ne serait jamais sûre de rien. Et tous les

rivaux de César, tous ceux qui pour un motif ou pour un autre avaient intérêt à l'éloigner de Rome et d'Italie, sans être de connivence avec la reine, poussaient, comme on dit, à la roue. La guerre contre les Parthes était résolue. On avait fixé pour l'embarquement le quatrième jour après les ides de mars; Cléopâtre triomphait et déjà se voyait, dans ses rêves, associée à la destinée, au pouvoir du maître de la terre, lorsque, quelques jours avant le départ projeté, le 15 mars de l'année 44 av. J.-C., vœux, calculs, espérances, un orage dispersa tout. Sur la villa royale des bords du Tibre, la nouvelle du meurtre de César vint tomber comme un coup de tonnerre.

Cléopâtre fit tête à l'événement; le courage ni le sang-froid ne l'abandonnèrent. Son premier soin devait être de quitter Rome, où sa personne ne se trouvait plus en sûreté. Elle le fit, mais sans trop de hâte. Dépossédée du côté de son ambition, elle voulait au moins assurer sa part d'héritage au fils qu'elle avait donné à César.

Un mois seulement après la catastrophe, Cicéron, alors dans sa terre de Sinuessa, sur la voie Appienne, apprend, par une lettre d'Atticus, que Cléopâtre a quitté Rome, et il répond à son ami par un : « Cela m'est bien égal » tout ironique. *Reginæ fuga mihi non molesta est.* Ce qui semble l'intéresser davantage, c'est un bruit d'après lequel la reine aurait essayé de faire déclarer son fils co-héritier de César. Cicéron n'a point l'air d'y croire beaucoup, à ce bruit, et cependant il aimerait le savoir vrai, espérant sans doute que le désaccord n'en serait que plus grand entre Octave et Antoine. Le fait est que Marc-Antoine, pour évincer Octave, avait déclaré au Sénat, comme une chose certifiée par tous les amis du dictateur, que César avait reconnu Césarion comme son fils, s'appuyant, lui Antoine, dans cette déclaration, du témoignage de Caïus-Oppius, confident intime de César et son homme d'affaires. Il est vrai que, plus tard, ce même Caïus-Oppius, devenu le partisan d'Octave, trouva juste et salutaire de se dédire et d'énoncer une assertion tout opposée, dans un écrit contre lequel protestait d'ailleurs la ressemblance de l'enfant. Elle habitait alors, de l'autre côté du Tibre, dans ces jardins de César qui s'étendaient au pied de la colline, à la place même que ceux de la villa Pamphili occupent à présent, et tenait une Cour des plus brillantes. Encombrer les antichambres de la reine d'Égypte était un honneur fort à la mode et fort goûté de ces fiers consulaires, qui savaient par là se concilier les bonnes grâces du nouveau maître. Cicéron se faisait présenter, et, quitte à l'accabler plus tard d'allusions acerbes, commençait par dépenser en menue monnaie de flatteries son éloquence et sa littérature [1].

IX

Tous ces souvenirs ramenaient Cléopâtre vers un passé qui d'un jour à l'autre pouvait cesser d'être un mirage. Rien ne l'empêchait de revenir sur ses pas au bras d'Antoine, et de compléter avec lui l'œuvre de domination souveraine ébauchée avec Jules César. Elle voulait y rentrer, dans cette

1. « Je déteste la reine, elle le sait et sait pourquoi, » écrit-il plus tard à Atticus. Quelles étaient ses raisons? Un manque de mémoire, une distraction de Cléopâtre, hélas ! peut-être un simple bâillement saisi pendant qu'il discourait. Il en faut si peu pour blesser certaines vanités toujours sur le qui-vive. Ce qu'il raconte, c'est que la reine lui avait promis divers manuscrits pour sa bibliothèque, et que jamais ces manuscrits ne lui furent envoyés. D'autre chef, la *maison* de la reine s'était, sans le vouloir, rendue coupable de *lèse-famosité*. Un chambellan ayant fait mine de l'aborder, Cicéron lui demanda ce qu'il voulait, et ce personnage commit l'impertinence de passer en répondant « rien, j'avais à parler à Atticus. » N'y avait-il point là de quoi justifier d'implacables rancunes? Tant que César vécut, Cicéron, le plus prudent des hommes, tint sous clé le trésor de ses animosités; mais sitôt après les idès il y fouilla, et alors à pleines mains.

Rome, mais pour abattre sa puissance, pour y
promener son char de triomphe sur les ruines de
cette aristocratie vénale dont son père avait subi
les extorsions, et pour transporter ensuite dans
sa chère Alexandrie le siége du gouvernement du
monde. A défaut de César, elle avait l'épée d'Antoine et son génie ; à elle seule, à Cléopâtre, appartenait désormais le triumvir. Ses conquêtes,
sa gloire, ne le regardaient plus ; il ne devait agir
et vaincre qu'au profit exclusif de l'idole, et c'était
en s'aidant de ces avantages qu'elle comptait, à
côté du héros, et forte de tous les droits d'une
épouse légitime, gravir chaque degré du trône
entrevu sur les hauteurs du Capitole.

Projets superbes, auxquels manqua l'esprit de
conséquence et de ferme propos ! Cléopâtre eut
bientôt fait de subjuguer Antoine, mais là s'arrêta
son action ; elle ne réalisa donc que la moitié de
son programme, qui était de régner sans partage
sur le triumvir. Une fois en possession du moyen,
elle oublia le but. On perdit terre dans les ivresses
du moment, et les grandes perspectives dispa-
rurent, effacées par les vapeurs de l'éternelle
fête. Plus égoïste qu'Antoine et sachant mieux
calculer ses intérêts, elle se montra également
sans volonté contre le plaisir. Le même démon
les possédait l'un et l'autre, ils se ressemblaient

trop. « L'homme que la servitude entreprend, dit Homère, perd la moitié de sa virilité. » Antoine lui appartenait corps et âme, en esclave, et Cléopâtre, débordée elle-même par cette folie des sens, paraissait n'avoir plus qu'une ambition : être la maîtresse de son esclave !

Jamais amant ne fut plus magnifique. La reine avait le goût des belles-lettres, il enrichissait le musée d'Alexandrie de 200,000 papyrus enlevés à la bibliothèque des rois de Pergame ; elle aimait les arts, et il dépossédait le sanctuaire de Samos pour lui donner un groupe de Miron. Rome criait au sacrilége ; il laissait dire, et, sentant de loin gronder ses colères, leur préparait de bien autres motifs d'explosion. Au retour d'une campagne victorieuse en Arménie, n'eut-il pas l'incroyable idée d'offrir à cette magicienne le spectacle d'un triomphe ? Un général romain triompher hors de Rome, cela ne s'était jamais vu. Pour Rome seule on devait vaincre ; elle seule avait le privilége de conférer au vainqueur la suprême récompense. Aller à l'encontre de ce principe, autant valait proclamer l'indépendance des provinces et ne plus voir de différence entre le peuple romain et les barbares ! Antoine, qui sait ? ne voulait peut-être pas autre chose. Depuis longtemps, il méditait de rompre avec le Capitole, de

forger un rival au vieux Jupiter, et, pour atteindre
son but, il lui fallait grandir le prestige d'Alexandrie aux yeux des populations orientales et les
convaincre que le Nil et l'Oronte ne méritaient pas
moins que le Tibre, placé à l'extrémité de l'empire. Déjà redoutable sous les derniers Lagides,
l'Égypte était devenue une menace, un danger
pour Rome et l'Occident. Par des sorties militaires presque toujours brillantes et que suivaient des traités avantageux, Antoine avait mis
sa reine à la tête d'une confédération de rois; leur
marine était sans égale, et c'étaient des légions
romaines qu'il commandait, lui soldat romain,
imperator, le premier homme de guerre de son
temps! Cléopâtre voyait chaque jour s'accroître
ses États : des îles, des provinces, cadeau sur cadeau! Antoine semblait ne prendre que pour lui
donner, et certes la spéculation avait son bon côté,
car il se disait que ce qui appartenait à la reine
appartenait à Marc-Antoine, et qu'il se retrouve-
rait encore fort à son aise dans le cas où rien ne
lui resterait que ce qu'il aurait donné, — ce qui
prouve que c'est une assez vieille histoire que de
rentrer dans son bien en épousant la femme avec
laquelle on s'est ruiné.

A ce triomphe dans Alexandrie, rien ne manque;
on y trouve la solennité romaine, la pompe orien-

tale, le goût des Grecs. Artavas, le roi d'Arménie,
y paraît enchaîné, mais avec des chaînes d'or :
*catenis, sed ne quid honori deesset, aureis
vinxit.* Et c'est aux pieds de la reine d'Orient que
toute cette gloire est déposée par son chevalier,
par le Renaud de cette Armide. Il reconnaît
solennellement devant tous, à cette occasion,
Cléopâtre reine des reines, et pour son successeur
légitime, Césarion-Ptolémée (il avait alors quatorze ans), issu d'un mariage avec le dictateur, ce
qui, dans l'avenir, détruisait les droits d'Octave.

X

Octave, pendant ce temps, créait à Rome ce
qu'on appelle un mouvement d'opinion. Ses écrivains, ses poëtes, recevaient le mot d'ordre : il
s'agissait d'exploiter les faits au point de vue des
préjugés romains, et, la matière étant déjà si belle,
il est vraiment curieux que tant d'imaginations
aient pris à tâche de l'illustrer; mais pour se rendre agréable à César, rien ne coûte; Au fond, ce
qu'on voulait des deux côtés, c'était la succession
du grand Jules, la souveraineté universelle sans
partage. Au Capitole, comme sur les bords du Nil,

on comprenait qu'un pareil antagonisme ne pouvait désormais se prolonger ; la question de vie ou de mort était posée. Il fallait une *journée*. Octave s'y préparait en levant des troupes, Antoine armait à force. Ni l'un ni l'autre n'avait cependant jeté le masque. Le vrai motif restait encore sous-entendu ; mais les griefs personnels, les prétextes activement disséminés, commençaient à charger l'atmosphère d'une électricité *louable*. Quelle chance, en effet, pour ce roué tacticien d'Octave d'avoir à jouer la partie qui s'engageait là ! Cette lutte toute d'égoïsme et d'ambition, les circonstances lui permettaient de la présenter à l'opinion comme une simple affaire de patriotisme ; s'il entreprenait de combattre Antoine, cette guerre n'avait qu'un seul objet, l'existence même de l'empire. Indifférent aux querelles d'intérêt, peu soucieux de sa propre fortune, il ne livrait bataille que pour Rome, son honneur et sa suprématie dans le monde. Venger les mœurs et les institutions nationales, défendre la religion des ancêtres contre d'ignobles Égyptiens voués au culte des animaux, humilier leur odieuse reine, implacable ennemie du nom romain, il n'a, quant à lui, jamais connu d'autre programme. L'Italie et Rome doivent se le tenir pour dit, — ce qu'elles firent. C'est bien là le thème qui circule dans la littéra-

ture du temps, littérature qui naturellement donna
le ton à la prose comme à la poésie des âges sui-
vants; d'où l'on peut conclure que, sans être de
grands modèles d'honnêteté, Antoine et Cléopâtre
n'ont peut-être point mérité tout le mal qu'on a
répandu sur leur compte, puisque leur histoire
n'a été écrite et qu'ils ne furent racontés et chan-
tés que sur la recommandation très-particulière
de l'homme qui les a vaincus.

La sorcière d'Égypte, le *monstre*, sert de point
de mire à toutes les colères; Antoine est moins
vilipendé; sa qualité de Romain, son titre d'ami,
de vengeur de César, ses lauriers de Philippes le
protégent. Le malheureux n'est plus qu'à plaindre;
la conscience de lui-même l'a désormais abandonné, il a bu sa folie dans un philtre. Représen-
tons-nous le sentiment d'horreur qu'à la Cour de
Philippe II eût inspiré le mariage d'un grand
seigneur espagnol avec une Juive. La conduite
d'Antoine soulevait aux yeux des Romains une
égale réprobation, et le sournois Octave n'avait
garde de négliger un seul des avantages de son
jeu. Chaque affront infligé à sa sœur était pour
lui un capital qu'il faisait valoir à gros intérêts.
Cette grande dame, cette épouse délaissée, formait avec les enfants d'Antoine un groupe à la
fois sympathique et pittoresque. Les Romains se

sentaient émus, attendris à la vue de cette auguste femme chargée de toutes les afflictions qui contristaient la République, et dont on ne pouvait prononcer le nom sans éclater aussitôt en récriminations contre son mari coupable et contre l'Égyptienne, sa rivale détestée. Il est certain que tout ce beau puritanisme prête quelque peu à l'étonnement dans une ville qui voyait chaque jour passer les divorces d'un œil assez indifférent, et que ni l'exemple de César, ni celui d'Octave n'avaient scandalisée ; mais on peut répondre qu'ici l'aversion excitée par la personne même de Cléopâtre dominait tout : il n'était plus question pour les Romains de divorce, mais de *ce* divorce qui, mettant à l'écart une patricienne de sang illustre et de mœurs irréprochables, allait lui substituer une courtisane dont l'avénement menaçait la liberté de Rome.

Antoine, à qui tous ces bruits revenaient, ne faisait qu'y puiser un aliment de plus à sa flamme, et répondait aux reproches d'Octave avec une certaine affectation de cynisme soldatesque.

« Qu'est-ce donc finalement qui t'indigne contre moi ? Tu m'en veux de mes rapports avec la reine ; mais elle est ma femme (*uxor*), et ce n'est pas d'hier, puisque voilà neuf ans que cela dure. Et toi-même n'as-tu donc de relations qu'avec

Drusille? Je gage ta vie et ta santé qu'avant de
lire cette lettre, tu n'étais pas sans avoir connu
Tertulla, ou la Terentilla, ou la Rufilla, ou la
Salvia Titissennia, ou toutes les quatre ensemble. »

Cette lettre, empruntée par Suétone aux archives de la maison de Jules, et datée de l'an 39,
prouve qu'à cette époque Antoine avait formel-
lement répudié Octavie [1]. La querelle s'accen-
tuait, et chaque jour marquait un pas vers la
rupture. Comme jadis, au temps de César et de
Pompée, l'esprit de parti remuait la ville. Les
signes précurseurs, oracles, prodiges, commençaient à parler. Antoine perdait du terrain. Un
seul moyen lui restait de rétablir sa popularité :
éloigner Cléopâtre. Ses amis voyaient le tour
que prenaient les choses. Les uns l'en infor-
maient par lettres, d'autres arrivaient en per-

[1]. Les mariages se faisaient et aussi se défaisaient par politique. Ce n'est donc point avec nos idées modernes qu'il convient d'envisager la situation. Julie, fille de César, épouse
Pompée; Octavie, sœur d'Octave, épouse Antoine étant grosse
et venant de perdre Marcellus, son premier mari, depuis
quelques mois seulement. Parler de la sainteté du mariage
à propos de telles unions serait donc se méprendre. Qu'on
invoque l'idée morale, je le veux bien, et encore! Quant à
l'idée sacramentelle, toute chrétienne, elle y manque absolument.

sonne. Antoine conservait encore assez de bon sens, mais la reine, même de lui, ne voulut rien entendre. Vainement il représenta que cette séparation serait courte, que nulle puissance au monde ne le forcerait jamais à la quitter; que peuvent de telles assurances contre les prières et les larmes d'une femme si éperdûment adorée? Cléopâtre n'avait oublié ni les charmes d'Octavie, ni la fragilité du cœur d'Antoine. Ce qui s'était vu déjà pouvait se reproduire; l'altière Égyptienne était résolue à tout entreprendre plutôt que de servir une seconde fois de gage à la réconciliation des triumvirs et d'être sacrifiée à la paix du monde. Son amour, plus encore que le soin de son ambition et de sa propre sûreté, lui dictait cette conduite. Antoine était un homme qu'il lui fallait en quelque sorte garder à vue, et qu'elle ne tenait que par la continuelle incantation de sa présence. Elle avait résolu de le suivre partout, quoi qu'il advînt, sans vouloir réfléchir à ce que, la présence d'une femme comme elle devait nécessairement causer d'embarras dans l'exécution d'un plan stratégique. Elle maintint sa volonté contre tous les avis. A Éphèse, où Marc-Antoine rassemblait la flotte, Domitius Énobarbus, la voyant apparaître, s'emporte comme un lansquenet; mais Antoine, au lieu de la renvoyer en Égypte attendre la fin de la guerre, s'élance au-devant d'elle et rabroue son général.

XI

Jamais le monde romain n'avait assisté à de pareils armements. Octave commandait à l'Occident tout entier; derrière lui se levaient l'Italie, la Gaule, l'Espagne, l'Illyrie, la Sicile, la Sardaigne et ses îles; du côté d'Antoine étaient la Thrace, la Grèce, la Macédoine, l'Égypte, toutes les provinces romaines de l'Asie et la plupart des dynastes orientaux restés indépendants. Cent mille hommes de légionnaires aguerris, douze mille cavaliers formaient le noyau de son armée, autour duquel venaient se masser d'innombrables auxiliaires. Cinq cents vaisseaux de guerre, y compris les fameuses galères égyptiennes, composaient sa flotte, bien montée et bien pourvue d'engins de toute sorte.

Les forces d'Octave, beaucoup moindres, — elles ne dépassaient pas 250 voiles, — avaient l'avantage d'être manœuvrées par d'incomparables marins. Parmi ces hommes rompus à la navigation, habitués au succès, se trouvaient presque tous les anciens pirates de Sextus Pompée, et

l'on peut aisément se rendre compte des empê-
chements et des périls dont ces hardis équipages
menaceraient les énormes bâtiments égyptiens,
si, par un coup-de maître, on les amenait à
rompre leur ligne, ce qui fut le trait décisif de
la victoire d'Actium. Ajoutez à cela que ces forces,
si admirablement appareillées, étaient dans la
main d'un amiral de premier mérite, qui s'appelait Agrippa, et commandait *sous les ordres* de
César-Octave, lequel, à défaut de talents et de
vertus militaires, avait du moins cette qualité
de savoir s'effacer, de laisser faire. Comment un
général tel que Marc-Antoine, disposant d'une
si belle armée, en vint-il à opter pour le combat
naval quand tout lui semblait conseiller de livrer
bataille sur terre? Cléopâtre ne voulait se séparer de son amant; il lui fallait être là près de
lui, sinon à son côté. On se battit sur mer, parce
qu'elle y trouvait une occasion d'assurer mieux
son poste de combat. Qu'on ose donc parler encore de la destinée d'Antoine, comme s'il y avait
une destinée pour l'homme alors qu'une femme
est dans son jeu! D'ailleurs, sur mer, la fuite
n'était-elle pas plus facile en cas de désastre?

« O mon *imperator*, pourquoi veux-tu confier
ta fortune à ces misérables planches? Laisse tes
Égyptiens et tes Phéniciens combattre sur la mer,

et donne-nous le champ de bataille en terre
ferme, où nous autres nous savons vaincre ou
mourir. »

Ainsi parlait à la dernière heure un vieux centurion de Pharsale et de Philippes tout criblé
de blessures. Antoine soucieux l'encouragea d'un
geste amical, et, sans lui répondre, passa.

Pendant ce temps, Octave accostait un ânier :

« Comment te nommes-tu?

— Je m'appelle Bonaventure, et ma bête s'appelle Victoire! »

LIVRE DEUXIÈME

—

ACTIUM

—

I

C'était le 1er septembre de l'an 38 avant Jésus-
Christ. Le combat, vigoureusement engagé, faisait rage de part et d'autre, et se prolongeait
depuis plusieurs heures, implacable, mais encore indécis. Cléopâtre, avec ses soixante galères,
avait pris position à distance, dans l'intérieur du
golfe dont la flotte d'Antoine défendait l'entrée.
Intrépides à l'attaque, prompts à la retraite, les
vaisseaux octaviens multipliaient leurs évolutions, qui ressemblaient à des charges de cavalerie poussées à fond de train contre des masses
inexpugnables. Des deux côtés, les forces se ba-
lançaient, ou, pour mieux dire, se neutralisaient;
car, si les flottantes citadelles d'Antoine avaient

le mérite de ne point se laisser entamer, elles avaient aussi cet inconvénient que leur masse même les condamnait à ne poursuivre aucun avantage sur un ennemi qu'il fallait se contenter de repousser toujours, sans jamais pouvoir l'anéantir.

La Reine courait un danger, celui d'être enveloppée dans la mêlée. Ce danger à chaque instant semblait la menacer de plus près. Le rempart interposé par les vaisseaux antoniens avait peu à peu fléchi : le combat n'en avait pas fait un pas de plus, mais elle se sentait moins protégée, et déjà se voyait tombée aux mains de son redoutable ennemi. Cléopâtre était femme; l'attente, le doute, l'inaction, la peur, tout la troublait, l'effarait. Soudain une brise favorable se lève, sa tête n'y tient plus : elle donne le signal du départ. L'*Antonia*, sa galère amirale, file au travers d'une trouée ouverte entre les combattants, et, ses voiles dehors, sa banderolle de pourpre au vent, suivie de la flotte égyptienne, s'envole « comme un oiseau affolé » dans la direction du Péloponèse. L'ennemi s'étonne, les amis se regardent consternés; est-ce une fuite? Personne n'y veut croire.

Et Antoine?

Ici se dresse une de ces énigmes psychologiques dont la solution défie l'entendement hu-

main. Écoutons les témoins : Plutarque d'abord,
ce grand devineur des secrets de la conscience.

« À ce moment, dit-il, Antoine montra qu'il
avait absolument perdu possession de lui-même.
Le général avait disparu aussi bien que l'homme.
On a prétendu que l'âme d'un amoureux habite
dans un corps étranger[1] ; Antoine s'élança sur la
trace de cette femme, comme s'il n'eût fait qu'un
avec elle, et comme si de ses mouvements à elle
ses mouvements à lui eussent dépendu. A peine
vit-il cingler le navire, il oublia tout ce qui se
passait, et, plantant là combattants et blessés,
il se jeta dans une trirème rapide, emmenant
Alexas et Skellius à la poursuite de celle qui,
perdue, allait l'entraîner dans sa perte. »

Velleïus est plus laconique :

« Cléopâtre, la première, prit la fuite ; Antoine,
plutôt que de continuer à se battre au milieu de
ses soldats, préféra accompagner la reine. L'*imperator*, dont c'eût été le devoir de châtier les
déserteurs, déserta lui-même sa propre armée. »

Et la bataille n'était pas perdue ! Dion Cassius
donne une autre version qui pourrait bien être
la vraie :

---

1. « Reine d'Égypte, tu savais trop bien que mon cœur était
lié par ses fibres à ton gouvernail. »

« Lorsque la flotte égyptienne s'éloigna, l'idée ne lui vint pas que ce fût sur un ordre de la reine; il crut à une panique générale, et s'élança pour rallier l'escadre et la ramener au combat. »

Peut-être espérait-il, avec cet appoint, décider la victoire. C'était trop tard. Cléopâtre refusa de rentrer dans l'action, ses officiers déclarèrent qu'ils n'obéiraient à d'autre volonté que la sienne, et le malheureux Antoine n'eut qu'à se laisser emporter à la dérive. On a parlé de trahison. Quel intérêt Cléopâtre avait-elle à trahir Antoine à ce moment ? Antoine qu'elle aimait, son époux, le père de ses enfants, l'homme à qui elle devait tout, et sur le génie et la puissance duquel reposait encore son avenir? Et cette ignoble trahison, que pouvait-elle en somme lui valoir? Quoi ? Le pardon, les bonnes grâces d'Octave, dont elle avait offensé la sœur, traversé les plans, et qui, dépositaire de tous les préjugés, de toutes les rancunes du peuple romain et de l'armée, la haïssait encore plus peut-être qu'il ne haïssait Marc-Antoine. Non, dans ce désastre d'Actium, le crime ne fut pour rien; de trahison, il n'y en eut pas, il n'y eut que la faute d'une femme, et cette faute datait du jour où Cléopâtre, s'obstinant à ne pas vouloir laisser Antoine agir seul, entrava, compromit et perdit tout par sa présence.

Le mouvement d'opinion qui souleva Rome et l'Italie, la défection de tant de partisans, le sourd mécontentement de l'armée, la lenteur des opérations, les défaillances d'Antoine, combien de funestes conséquences l'éloignement de la reine n'eût-il pas évitées! Ce n'était point assez d'avoir exigé qu'on se battît sur mer, elle voulut être à la fête, à la peine, et sa présence, disons le mot, ensorcela la bataille; mais de trahison, il n'y en eut point cette fois. Est-ce à prétendre qu'il n'y en ait jamais eu?

« Les femmes ne sont pas fortes dans la meilleure fortune; mais la nécessité déciderait au parjure la vertu même d'une vestale. » C'est l'idée de César-Octave, virtuose passé maître dans l'art de spéculer sur les faiblesses et les vices de ses adversaires. Attendre et voir venir, à ce métier-là on gagne peu de gloire; mais en revanche comme le temps travaille pour vous! Ainsi lui sont tombés entre les mains Sextus Pompée, Lépide. Le visage humain ne ment pas : j'examine, j'étudie les bustes du Vatican, de la villa Borghèse; les statues du cabinet des bronzes à Naples, de la galerie des Offices à Florence. J'observe cette figure dans les trois périodes de la vie : l'adolescent du musée Chiaramonte répond à l'homme mûr de la villa de Borghèse, au vieux potentat de la galerie des Offices. Les traits, ordinaires au début, prennent avec l'âge l'expression bourgeoise et madrée d'un vilain compère : nulle trace d'héroïsme, de dignité vraie, pas l'ombre d'idéal; égoïsme, finasserie, *acquisivité*, mauvaise foi, histrionisme, un Médicis avant la lettre! Si la noblesse de l'âme entre pour quelque chose dans la beauté de l'homme, Auguste est laid. Ce visage embarrassé, sans cesse à l'affût, écœure les honnêtes gens, et c'est pour le coup que Marie Stuart s'écrierait : « O Dieu! quel méchant renard me promet ce museau! » Le voilà toujours avec sa feinte bonhomie, qui s'approche maintenant pour saisir sa double proie. Il compte que la frayeur, la vanité, une insatiable ambition, lui livreront la femme, et commence par disjoindre à l'instant les deux causes. Suivez à travers leur obscurité les négociations entamées après la catastrophe, et qui se prolongent aussi longtemps que l'agonie des deux victimes. Octave met sa diplomatie à ne traiter qu'avec la reine; vainement le héros vaincu envoie des propositions d'arrangement, vainement il charge son fils Antyllas et d'une mission et d'une énorme somme : on prend l'argent, et le jeune homme est congédié sans réponse.

Que faire en pareille impuissance? Provoquer son ennemi en combat singulier, le défier en champ-clos? Suprême incartade des paladins désarçonnés, que César-Octave repoussera avec le même sourire dont, environ quinze cents ans plus tard, les tenans d'armes de l'empereur Charles-Quint retrouveront l'expression narquoise sur les lèvres du roi François Iᵉʳ. « Ah! que ne peuvent-ils, lui et César décider cette grande guerre en combat singulier! Alors, Antoine; mais... maintenant! Venez, sortons! » Je confonds à plaisir dans mes citations Shakespeare et Plutarque, parce que rien n'est dans Plutarque qui ne soit dans Shakespeare. Je dirai plus, ce grand souffle de chevalerie qui parcourt l'épopée dramatique du poëte anglais lui vient de Plutarque. Ce romantisme n'est pas de Shakespeare, il ne l'a point inventé; ce romantisme est l'histoire elle-même, qui, cette fois, au lieu de se copier, anticipe. Ce Marc-Antoine, hier maître de la moitié du monde, roi de tous les rois de l'Asie, ne comptant ni ses flottes, ni ses armées, et maintenant vaincu, proscrit, ne possédant plus rien que ce qu'il a donné, *hoc habeo quolcunque dedi;* cet Antoine du soir d'Actium, assis, courbé la tête dans ses mains au coucher du soleil, ressemble au roi don Rodrigue après sa défaite.

Et ce duel, en diverses circonstances deux fois proposé par l'un et par l'autre des deux antago-

nistes, et deux fois également repoussé tour à
tour, parce qu'on ne peut se donner « l'assurance
du champ, » comme disait au vainqueur de Pa-
vie le vainqueur de Marignan! On sourit en lisant
dans Corneille : « Curiace, gentilhomme d'Albe. »
Antoine n'est pas un chevalier de la Croisade,
mais c'est un romain chevaleresque : tête noble
et cœur chaud, tout amour, flamme et dévouement pour sa dame; Renaud triomphant et mourant pour Armide et par Armide : «O toi, lumière
du monde, enlace de tes bras mon cou recouvert
de l'armure, saute jusqu'à mon cœur en traver-
sant cuirasse et tout, et là triomphe en t'asseyant
sur ce cœur palpitant de joie. » Armide, Mélu-
sine ! Cléopâtre est tout cela et quelque chose de
plus encore dont l'antiquité ne s'était point dou-
tée, et que, seule entre les nations modernes, la
France, par un mot plein de charme, d'élégance
et de mysticité, a su définir en s'écriant : « C'est
une dame! »

II

Là-bas est la mer Rouge, plus loin Gidda, quelle
distance faudrait-il parcourir avant de trouver le
Gange? Cette fuite romanesque un moment sé-
duisit Cléopâtre. Elle voulait faire passer sa flotte

par delà l'isthme de Suez, s'embarquer avec tous
ses trésors, elle et son amant, sur la mer Rouge,
et chercher aux Indes un refuge contre la guerre
et la servitude. Bravant les trois cents stades qui
séparent la Méditerranée du golfe Arabique, elle
se jette à corps perdu dans l'entreprise. Les choses semblaient réussir, le transport des vaisseaux
s'opérait avec succès, quand le traître Didius, à
la tête de hordes arabes, vint mettre partout le
pillage et le feu. Vainement on eut recours aux
princes confédérés. C'était parmi ces Mages et
Satrapes du Sud à qui tournerait à l'ennemi.
Hérode l'Iduméen, roi de Juda, pouvait encore
tenir la campagne, et cet homme gorgé de biens
et de faveurs par Antoine, sa créature, lorsque
celui-ci fait un appel suprême à son dévouement,
refuse de marcher, comptant sur cette défection
pour rentrer en grâce près d'Octave. Il y eut mieux,
Alexas, le propre confident, l'envoyé d'Antoine,
au lieu de ramener ce traître, l'imita, mais de
cette lâcheté du moins il ne tarda guère à porter
la peine; ayant cru sur la foi des promesses
d'Hérode et de sa perfidie envers Antoine et Cléopâtre, pouvoir reparaître devant le neveu de César,
Octave, dont il avait offensé la sœur et qui savait
se souvenir des injures, lui fit trancher la tête.

La fuite aux Indes mise de côté, on imagina de

nouveaux plans. Se diriger vers l'occident, gagner
l'Espagne, la Gaule, où Marc-Antoine comptait de
nombreux partisans, et là recommencer la guerre
en prenant l'ennemi à revers. L'idée était cette
fois moins aventureuse, Octave la jugea même
assez sérieuse pour s'en préoccuper. Mais il s'a-
gissait surtout pour les deux vaincus d'Actium de
traîner les choses en longueur, d'égarer, de tromper l'adversaire sur leurs véritables projets. Or,
quel meilleur expédient dans la situation que
d'ouvrir des négociations en vue de la paix.

Antoine et Cléopâtre étaient prêts aux plus
grands sacrifices. Octave écarte de la discussion
l'ancien triumvir, son beau-frère, et ne consent à
parlémenter qu'avec la reine. Qu'elle dépose les
armes, qu'elle abdique, et; dans sa justice, il avi-
sera. A la vérité, ce langage impitoyable était
pour le public; en secret, on insinuait certains
moyens de conciliation : « défaites-vous, délivrez-
moi d'Antoine, et vous aurez la vie sauve, et vous
serez maintenue sur le trône. » César avait toute
raison d'agir ainsi. Antoine vivant lui était une
gêne; un danger : *Sollicitudo martis actiaci* (Pline).
Ce grand vaincu l'importunait; il ne savait qu'en
faire ; on n'enchaîne pas un général romain à
son char de triomphe. D'ailleurs, le général hu-
milié conservait un reste d'armée; il pouvait sou-

tenir des siéges, disputer le sol pied à pied, et
s'en aller ensuite porter la guerre en Espagne ou
dans les Gaules. Quant à la reine, il fallait sur
toute chose éviter de la pousser aux extrémités.
Ses immenses trésors, si convoités, elle les avait
enfouis dans les cryptes funèbres du palais, et
menaçait, à la première alerte, de les anéantir
avec elle-même par le feu.

Cléopâtre ouvrit-elle l'oreille aux insinuations
de César! Tant de maux soufferts, de lassitude,
l'épouvante de ce qui l'attendait à Rome, lui con-
seillaient une perfidie; *regina ad pedes Cæsaris
provoluta tentavit oculos ducis frustrà*. Qu'elle y
ait songé, je ne dis pas : il y eut certainement là
ce qu'on appelle un moment psychologique; mais
l'idée du crime fut surmontée, point assez tôt
pourtant pour qu'Antoine n'en ait rien su. Elle et
lui ne se voyaient plus. Abandonné, trahi de partout, le malheureux s'était choisi près du temple
de Neptune, sur le môle, une demeure écartée, et
vivait là sombre, farouche, amer. Méditations tardives de l'accablement, vains retours vers l'irréparable! Il s'accusait, déplorait les fautes commises,
se reprochait d'avoir eu trop de confiance dans sa
propre fortune et trop déprécié la force de son adversaire; et ce combat follement livré sur mer,
cette fuite honteuse, restée inexplicable même

6

pour lui ! A ces remords, à ces déchirements, se
mêlait la pensée de Cléopâtre, qu'il envisageait
désormais comme la cause de tous ses malheurs,
sans pouvoir la haïr; de cette femme qu'il mau-
dissait en lui pardonnant et qu'il aimait toujours.

Actium lui a coûté l'honneur et la puissance; à
peine a-t-il remis le pied en Égypte, sa résignation
l'abandonne. Il sent que c'en est fait pour lui de
Cléopâtre; l'ombre même de ce bonheur va disparaître. Inquiétude au sein de la félicité, en plein
amour, défiance et soupçon; en plein calme, effort
et labeur : éternel dommage des affections où la
dignité manque!

J'ai dit qu'il la connaissait; elle aussi le connaissait bien. L'un et l'autre, ils savaient à quel
point était fragile leur nature. C'est dans les jours
heureux que Cléopâtre se défie; Antoine, au contraire, ne commence à douter qu'avec l'adversité.
Il se croit trahi, vendu par Cléopâtre à son atroce
ennemi, songe à se venger d'elle; s'il la tuait? la
jalousie le mine, le dévore, comme Hercule, le
grand ancêtre, il porte la chemise de Nessus. Elle
aussi, perd la tête, oublie toute prudence, tout
calcul en faisant répandre la nouvelle de sa mort!
et lorsqu'elle prévoit ce qui va résulter de ce
bruit, il est trop tard pour en conjurer les consé-

quences, car, à l'idée d'être séparé d'elle, l'infortuné ne saurait survivre.

Il souffrait de la voir si calme, si parfaitement libre d'esprit, tandis qu'un pareil désespoir le consumait. Cette froideur, cette souplesse de complexion l'irritaient. Ne pouvait-elle donc, elle aussi, regarder en arrière, se reprendre au passé, le regretter? Non, ses yeux semblaient n'en vouloir encore qu'à l'avenir; loin de se retourner, elle allait de l'avant, et négociait pour son salut, pour sa couronne, avec le mortel ennemi d'Antoine. De là ces colères sourdes et ces féroces jalousies qui grondaient au cœur du vaincu d'Actium. Vivre ainsi plus longtemps dans le voisinage de l'infidèle eût dépassé le courage d'Antoine. Il rompit le jeûne, reparut au palais, tendit la main et fut le bienvenu. A dater de ce moment, les nuages cessèrent, et la salle de festin s'anima de nouveau. L'un et l'autre s'étaient compris et savaient à quelle divinité leurs libations allaient être désormais consacrées. Leurs amis le savaient aussi, et ces banquets suprêmes, auxquels l'idée d'une commune mort présidait, égalèrent en raffinements les plus splendides fêtes d'autrefois. La reine avait vu clair dans le jeu de César-Octave. Ces différentes missions d'agents publics ou secrets, parmi lesquels ils s'en trouvait qui devaient,

comme Thyréus, transmettre les déclarations
d'amour du vainqueur, toutes ces allées et venues
n'étaient point de nature à tromper longtemps
une grecque aussi intelligente, aussi avisée que
Cléopâtre. Elle se connaissait trop bien aux choses de galanterie pour croire à la passion de cet
homme aux yeux ternes, à la face de marbre, qui
adorait sa femme et qui était le frère d'Octavie.
Que le neveu de Jules César cherchât une maîtresse dans Cléopâtre, on ne peut qu'en douter;
ce qu'il y a de certain, c'est que dans cette égyptienne il trouva son maître, et que ce fut la comédie du trompeur trompé.

De cette femme, de cette reine, dont il se disait amoureux, ce qu'il voulait, c'était non pas
en triompher, mais la faire servir à son triomphe. Il comptait que de cette présence un impérissable éclat rejaillirait sur son char de victoire. Promener dans Rome cette égyptienne
chargée de chaînes d'or, *ne quid deesset honori*,
cette altière et fameuse ennemie des dieux du
Capitole, c'était évidemment le comble de l'habileté politique, puisqu'on écartait par là tout mécontentement rétroactif, toute rumeur défavo-
rable, et que, la haine et la vindicte se concen-
trant sur une seule tête, la multitude oublierait
que la guerre qu'on venait de faire était une

guerre civile, et que le véritable vaincu de la
journée était le plus illustre et le plus populaire
des généraux romains et l'ancien collègue de
César-Octave au triumvirat. « Il ne m'aura pas
pour son triomphe[1]! » pensait-elle en voyant à
l'œuvre l'enjôleur. Ses trésors, autre objet d'em-
pressements hypocrites; elle voulait aussi les
lui dérober.

Dans le temple d'Isis, attenant à la cita-
delle royale, était un vaste mausolée fortifié;
là s'entassèrent jour et nuit des richesses fabu-
leuses : lingots et monnaies d'or et d'argent, mon-
ceaux de perles et de pierreries, vases murrhins,
parfums et tissus précieux; tous les sanctuaires,
tous les palais, toutes les banques, tous les maga-
sins d'Alexandrie avaient accru de leurs envois
particuliers ce colossal dépôt de merveilles. Cet
imprenable monument, où l'on n'entrait que par
le haut, et dont les portes de fer une fois barrées
ne s'ouvraient plus, devait servir de suprême
refuge à la reine au cas où des conditions humi-
liantes lui seraient définitivement imposées. Du

---

1. C'est le mot qu'elle se plaisait à murmurer au moment
où César redoublait d'industrie autour d'elle, affectant de ne
lui témoigner que douceur et petits soins ; *Nam et T. Livius
refert illam, cum de industria ab Augusto indulgentius tracta-
retur, identidem dicere solitam :* Οὐ θριαμβεύσομαι. (Porphyre.)

fond de ces catacombes, qu'emplissaient des montagnes de souches résineuses, de bûchers arrosés d'asphalte et de poix, la volonté d'une femme défiait le maître du monde et pouvait lui ravir son butin. Également résolus tous les deux à sortir de la vie, Cléopâtre seule hésitait sur le genre de mort. Antoine avait le recours du soldat, et, s'il tardait à trouver sur le champ de bataille ce qu'il y cherchait, son propre glaive ne lui faillirait pas; mais Cléopâtre, l'athénienne Cléopâtre, quelle mort inventera-t-elle qui réponde à ses goûts de volupté, d'esthétique? La souffrance lui fait horreur, elle ne veut rien qui la défigure. Éteindre l'âme sans que la divine harmonie de ce corps charmant en soit troublée, à quel souffle mystérieux demander ce prodige? Elle y rêva longtemps, en artiste, en reine qui, jusque dans la mort, se souvient qu'elle est femme et prétend ne perdre devant l'Histoire aucun avantage de sa beauté. Sur la question des poisons, c'était une savante; et là je ressaisis encore l'affinité avec nos princesses du temps des Valois, — race élégante, fine, dangereuse, adonnée aux curiosités malsaines, volatilisant la mort pour la répandre autour de soi.

III

Un peu avant la bataille d'Actium, il y eut de
la part d'Antoine un certain refroidissement.
Déjà l'heure des défections commençait à sonner ;
Énobarbus passait à l'ennemi. Antoine, inquiet,
ombrageux, se défiait de la reine, craignait qu'elle
ne l'empoisonnât, et à table ne touchait à rien
qu'après elle. Un soir qu'elle avait docilement
satisfait aux exigences de ce nouvel ordinaire, et
goûté d'abord à chaque mets, à chaque vin, Cléopâtre détacha de sa couronne une rose qu'elle
effeuilla dans sa coupe, et, tendant ensuite la
coupe à Marc-Antoine, l'invite à boire avec elle.
Antoine accepte et va porter le breuvage à ses
lèvres, mais elle, soudain, l'en arrachant :

« Arrête ! Marc-Antoine, et vois quelle femme
tu soupçonnes ; vois que ni les moyens, ni les
occasions ne me manqueraient pour te tuer, si je
pouvais vivre sans toi ! »

La fleur était empoisonnée ; un esclave qui
vida la coupe mourut à l'instant foudroyé. Ce trait,
raconté par Pline, prouve au moins que la reine
d'Égypte avait toujours vécu en assez bons rap-

ports avec les forces léthifères de la nature, et se
connaissait en toxiques, comme nous dirions aujourd'hui. Elle eut recours à de nouveaux essais;
elle instrumenta sur des criminels voués au dernier supplice, qu'on enlevait à leur geôle pour
les soumettre à ses observations. Voilée, impénétrable comme Isis, elle assistait au spectacle
divers de leurs agonies. Aucune expérience ne
lui plaisait; les poisons violents agissaient trop
brutalement, les doux trop lentement; d'ailleurs,
partout la contorsion des muscles, la lividité,
l'horrible.

Alors Olympus, son médecin, lui parla des serpents. Elle dit : Voyons! On évoqua l'aspic. Les
premières morsures donnèrent des résultats
charmants : c'était une mort tout agréable, un
simple et facile assoupissement dont on ne se
réveillait plus. Point de convulsions, une molle
sueur vous baignait le visage, puis venait l'alan-
guissement des membres, de l'esprit, et ceux que
le sommeil gagnait ainsi trouvaient l'état si doux
que, pareils à de réels dormeurs, ils se montraient
récalcitrants à toute pression exercée pour les
rappeler au sentiment de l'être. Cléopâtre était
rassurée. A une vie de gloire, de jouissance et
d'oubli comme la sienne, un seul genre de mort
pouvait en effet convenir. Elle tenait son moyen

de salut et de liberté, et n'attendait plus désormais que le moment de l'appliquer [1].

IV

La catastrophe approchait à grands pas. Péluse était prise et rasée, Octave campait sous les murs d'Alexandrie. Antoine, en ces extrémités, fit des prodiges. Gœthe a dit judicieusement que le plaisir exclut l'action. Rien de plus vrai : la jouissance atrophie, annule l'homme ; mais le beau côté de cette nature d'Antoine, ce qui la rend plus romanesque encore que dramatique, c'est que le plaisir l'entraîne sans l'épuiser; la jouissance est un des puissants mobiles de ce caractère, elle n'est point, tant s'en faut, tout ce caractère. L'intelligence, le courage, le rayonnement des facultés et des talents, l'art de savoir se plier à toutes les situations, à tous les rôles, ces donslà, aux yeux des hommes, réussissent toujours, même quand ils se rencontrent chez un débauché ou chez un coquin.

Antoine avait cette nature de Protée. Dans Plu-

1. Voir la Note IV à la fin du volume.

tarque, ainsi que dans Shakespeare, les traits les
plus contradictoires caractérisent sa physionomie.
C'est un sybarite et c'est un soldat; un épicurien
pour le luxe et le bien-vivre, un stoïcien pour la
capacité d'endurer toutes les privations. Mélange
de faiblesse et de bravoure, à Mutine l'adversité
le grandit, à Actium elle l'abat du premier coup,
et maintenant nous assistons au réveil du lion.
De tels hommes, l'inconséquence même, semblent
conserver à travers tout l'empreinte géniale,
et c'est cette force qui vous attire, vous séduit. Chez eux, la puissance naturelle prime la
volonté, la furie des aptitudes les entraîne à ce
point qu'on dirait qu'ils ne sont pas libres d'agir
autrement qu'ils ne font. De ce buveur, de cet in-
souciant, le héros tout à coup se dégage. De
même que Cléopâtre a sa beauté, son charme
inéluctable, il a, lui, sa bravoure et son génie.
Damnables tous les deux par devant l'éternelle
morale, ils se recommandent à toutes les indulgences de l'esthétique, et Gœthe, qui ne hante
guère que ce tribunal-là, se montre évidemment
trop sévère. Prisonnier avec une poignée de
vieilles troupes dans une capitale devenue hostile,
qui déjà crie à la trahison et que l'armée et la
flotte de César entourent de partout, Antoine rassemble quelques escadrons, fond à leur tête sur

l'ennemi, le disperse et rentre vainqueur. Cléopâtre vole au-devant de son chevalier, et donne à baiser ses belles mains royales aux plus vaillants d'entre leurs amis.

La victoire et lui ne devaient jamais plus se rencontrer sur un champ de bataille. Le soldat finissait comme il avait débuté sous Gabinius, par une charge de cavalerie. Le lendemain, « jour de royal péril, » Octave, au moment de livrer le double assaut qui va mettre à sa discrétion la cité du grand Alexandre, voit arriver un messager. Encore un duel qu'Antoine lui dépêche. Cette fois, le neveu de César daigne rompre le silence, et répond avec un froid sourire : « A quoi bon ? Antoine n'a-t-il pas devant lui assez d'autres chemins ouverts pour sortir de la vie ? »

La dernière partie est jouée et perdue ; l'édifice s'écroule, écrasant de ses débris le couple illustre. Sur mer, les équipages, au lieu de combattre, ont mis la rame en l'air et fraternisent avec l'ennemi. Octave, profitant du désarroi général, pousse ses troupes vers la ville. Cette superbe cavalerie, hier si brave, aujourd'hui prise de panique, se débande, fuit et laisse là son chef désarçonné. Antoine se relève, sa résistance est culbutée, les Romains lui passent sur le ventre. Crier à la trahison, tous les vaincus en sont là ; c'est une suprême consolation et si facile ! Antoine rentre dans les murs au milieu d'une poussée de fuyards, ne voit que poings levés et menaces, n'entend que malédictions sur son passage, ou plutôt, il ne voit et n'entend rien, se précipite vers le palais, s'informe éperdu de la reine ; on lui répond que la reine est morte. Cléopâtre, courant s'enfermer au mausolée, avait en effet laissé pour lui cette nouvelle. On a dit qu'elle redoutait ses mauvais traitements ; mieux vaut admettre que, résolue elle-même à mourir, elle pensait qu'il se tuerait et qu'elle n'en serait alors que plus libre et plus à l'aise pour préparer et consommer l'inévitable sacrifice. Il arriva ce qu'elle avait prévu : de tels amants ne survivent pas l'un à l'autre. Antoine demande la mort à son affranchi ; Éros veut obéir ; mais ne peut, et de son glaive levé sur son maître se perce lui-même le cœur. « Bien, mon Éros, merci, dit l'imperator, voyant rouler à ses pieds la pauvre victime, tu me montres comment je dois m'y prendre. » Et il se frappe.

V

Cléopâtre avec ses femmes était assise à l'étage

supérieur du mausolée : un bruit de foule s'agite
au dehors ; la reine met la tête à l'une des ouver-
tures de la muraille, et dans ce corps défait,
sanglant, porté par des soldats, reconnaît Marc-
Antoine. Le malheureux n'avait réussi qu'à se
blesser à mort. En apercevant Cléopâtre, il veut
revivre, tend les mains vers elle, vers la lumière.
A force de cordages, d'échelles, on le hisse.
Charmion, Iras, toutes sont à la manœuvre, la
reine les dirige, les aide, son sang-froid décuple
sa vigueur. Le douloureux fardeau monte, monte ;
il arrive. Une fois encore, avant de mourir, Antoine embrassera Cléopâtre. Elle le reçoit expi-
rant, le couvre de larmes, de caresses, l'appelle
son époux, son maître, son imperator. A la vue
de ce cher et glorieux sang qui ruisselle, tout
l'ancien amour s'est réveillé, les calculs personnels
ont fait place au seul désespoir, à l'immolation.
Elle s'arrache les cheveux, déchire ses vêtements,
lacère sa gorge de ses ongles. Courtisane ou
grande reine, assurément cette femme-là savait
aimer.

Octave ne s'y méprit point, il sentit que sa
proie lui échappait. Renonçant à la persuasion,
il usa de la menace ; sous la peau du renard,
le tigre apparut, montra ses griffes. Césarion et
Antyllas étaient gardés au camp romain comme

otages. César-Octave informa sa captive que la mère lui répondrait au besoin des folles insoumissions de la princesse, et que, si Cléopâtre attentait à ses jours, les enfants royaux seraient mis à mort. — Ces enfants! le tyran fit bien voir plus tard qu'il ne les avait pas oubliés. C'est même une de ces cruautés trop peu maudites par l'Histoire que le meurtre de ces deux pâles héraclides, agneaux bêlants égorgés sur le degré même du sanctuaire qui leur servait d'asile. Et penser que, de ces deux victimes, l'une était le propre fils du grand Jules, sa vivante image! Mais l'Histoire ne peut s'occuper de tout, elle recherche les horizons où son œil plane ; la politique l'accapare. L'Histoire n'a de faible que pour les forts et ne fait pas de sentimentalité. C'est œuvre aux poëtes d'exprimer la vibration de la conscience humaine. Soyons élégiaques, puisque c'est notre manière à nous d'émouvoir la pitié et de flétrir le crime. Ces bas-côtés que l'Histoire néglige, parcourons-les, puisqu'il nous appartiennent, disons : Cet homme a tué ces enfants! et si les philosophes taillent leur plume pour nous venir une fois de plus démontrer que le vainqueur d'Actium avait de bonnes raisons d'agir ainsi, qu'il ne pouvait, lui neveu et fils adoptif du divin Jules, laisser subsister dans Césarion la plus menaçante des pro-

testations contre ses droits d'héritier légitime,
laissons les philosophes discourir, et, mus par le
sens inné du vrai, obéissant aux *voix* qui parlent en nous, continuons à dire : Cet homme,
criminel à tant de titres, serait déjà un grand
scélérat quand il n'aurait fait que livrer au victi-
maire ces deux pauvres enfants oubliés dans un
coin obscur de l'histoire.

Immolés tous les deux à la cruauté d'Octave,
Césarion et Antyllas ne périrent pas de la même
mort. Peu de temps avant la catastrophe d'Alexandrie, l'un et l'autre avaient été déclarés ma-
jeurs, et désignés comme héritiers présomptifs du
trône d'Égypte. Césarion, sous le nom de Ptolémée, devait partager la régence avec sa mère.
Il avait dix-huit ans, et pour l'air du visage, la
tournure, c'était son père ; raison de plus pour
Octave de chercher à s'en défaire. Cléopâtre, qui
se doutait de l'intention, avait eu soin, à l'approche du vainqueur, d'assurer le salut de cet
enfant. Son précepteur, un grec nommé Rhodon,
eut mission de l'accompagner à la frontière sud,
pour gagner de là l'Éthiopie et fuir, en cas
de besoin, jusqu'aux Indes. C'était compter sans
Octave, qui de loin surveillait sa proie, et
trouva moyen de s'en saisir en corrompant le
précepteur. Ce traître persuada au jeune prince

de rentrer dans Alexandrie, où César-Octave
l'appelait, l'attendait pour le prendre en grâce et
en amitié, et plus tard l'installer sur le trône.
L'infortuné revint et fut égorgé. On se raconta
dans Rome qu'en effet Octave d'abord avait voulu
le laisser vivre, mais que le stoïcien Arius (du
musée d'Alexandrie, son camarade d'études et
ami) trancha d'un mot la question en lui souf-
flant au Conseil la parodie d'un vers d'Homère :
« trop de *césarité* peut nuire » (οὐκ ἀγαθὸν πολυ-
καισαρίη). Homère dit : οὐκ ἀγάθον πολυκιρανίη. — Fils
d'Antoine et de Fulvie, Antyllas avait déjà payé sa
dette. Lui aussi, son précepteur Théodorus, —
encore un grec, — l'avait trahi. Il s'était réfugié
dans le sanctuaire d'un temple élevé à César par
Cléopâtre ; on l'en arracha malgré l'asile, malgré
ses prières, sa jeunesse. Il était plus jeune que
Césarion ; ni sa parenté avec le vainqueur, qui
l'avait fiancé tout enfant à sa nièce Julia, ni les
fameuses larmes données à Marc-Antoine par Octave, ne le sauvèrent du supplice. Il fut enlevé à
sa retraite et décapité ; mais du moins le misérable précepteur porta la peine de son crime.
Antyllas, au moment de sa mort avait au cou un
joyau de grand prix. Théodorus, cela va de soi,
se l'adjugea. Le vol fut raconté à César-Octave,
et le voleur mis en croix. Quant aux trois en-

fants que Cléopâtre avait, eus d'Antoine, comme ils n'étaient point d'âge à inquiéter le vainqueur, on en fit butin à triomphe.

VI

Cependant Cléopâtre, du fond de son mausolée, dominait la partie. Seule arbitre après tout de sa destinée, maîtresse de l'heure, elle pouvait en finir dès qu'il lui plairait et disparaître dans l'incendie de ses trésors. Octave qui voyait le danger de la situation, essaya de le déjouer; il y réussit, non point complètement, puisque la reine parvint à se tuer, et le frustra du plus fier ornement de son triomphe; mais les trésors furent préservés, chose énorme. Il s'agissait, par un habile coup de main, d'enlever la reine à sa retraite. Antoine mourant avait recommandé à son amie de s'adresser pour le règlement du sort de ses enfants à Caïus-Proculeïus, gendre de Mécène et favori d'Octave. Il l'estimait un galant homme, incapable de la trahir, ce qui fut fait pourtant, et du ton le plus dégagé. Cornélius Gallus et lui, après s'être distribué les rôles, se rendent au mausolée. Une suite d'affidés les accompagne à distance. Gallus,

un autre bel-esprit, un auteur de poésies légères,
l'ami de Virgile et d'Ovide, qui plus tard gouver-
nera l'Égypte au nom d'Octave et terminera par
le suicide une vie d'intrigues et de présomptueuse
agitation, — Gallus fait appeler la reine à l'une
des portes basses du monument. Pourquoi cet entretien si prolongé? quelles négociations nouvelles
le rusé fabricateur de trames noue-t-il du dehors
avec la fille des Lagides, qui, debout, l'oreille
collée à la plaque d'airain, écoute et répond du
dedans sans se douter que pendant ce dialogue
Proculeïus monte à l'échelle par l'autre côté et
s'introduit avec ses hommes dans la place? «Reine!
royale reine, te voilà prise! »

A ce cri de Charmion et d'Iras, Cléopâtre soudain se ravise; un homme la saisit et la désarme.
C'est l'honnête Proculeïus, ce chevalier romain,
l'ami d'Antoine. Étranges mœurs de cette époque! tout le monde trahit tout le monde. Nul idéal
d'honneur, de dignité; au premier échec l'armée
se débande, les antichambres se vident; forces
militaires, trésor, administration, entourage même
tout est à refaire. A la journée d'Actium, les dé-
sertions commencent avant l'engagement. «Avant
même d'être engagée, dit Velleïus, la bataille était
gagnée par Octave. » Où sont-ils ces vieux Romains de la République que l'idée de patrie exal-

tait? Ces masses belligérantes du triumvirat appartiennent bien moins à Rome qu'à l'aventurier qui leur donne la victoire et les gorge de butin. Nous reverrons pareil spectacle au seizième siècle; légionnaires d'Antoine ou d'Octave et lansquenets de Waldstein, pirates de Sextus Pompée et forbans anglais écumant les mers espagnoles, simples variétés d'un même type! Les dévouements, lorsqu'il s'en rencontre, relèvent de l'intérêt plus que du sens moral proprement dit.

Égoïsme, lutte pour la seule possession, la jouissance matérielle. C'est l'histoire de cette société romaine. C'est la dissolution d'un état social, depuis le haut jusques en bas. Pendant que les maîtres absolus d'un monde qui n'est plus gouverné par les idées, mangent et boivent, la foule, prosternée, recueille les miettes de la table et les satellites s'empressent pour tout faire, persuadés qu'en pareil cas les plus vils services mènent plus loin et plus sûrement que le talent et le génie, qui ne servent qu'à nous créer des envieux.

Légionnaires d'Octave et d'Antoine, pirates disciplinés de Sextus Pompée, ces gens-là n'appartiennent plus à Rome, ils sont au général qui leur donne la victoire, le pillage et la jouissance, le général, l'imperator, n'est plus qu'une manière de directeur d'une compagnie d'actionnaires; on

joue sa vie et sa fortune sur son crédit; on compte
sur les dividendes, car il s'agit simplement de se
partager le monde. Aussi longtemps qu'on paie,
tout marche, mais que le chef commette une faute,
où que le sort le trahisse, bonsoir ! « Je n'ai plus
envie de m'attacher à ta chance moisie. Qui cherche et ne saisit ce qui s'offre à lui, ne retrouvera
plus l'occasion. » Ainsi parle Ménas voyant Sextus
Pompée manquer de courage pour anéantir par
trahison ses adversaires [1]; et la preuve qu'il ne
fait qu'exprimer là une idée commune à tous, c'est
ce qui arrive à Actium, lorsque les Antoniens dé-
sertent en masse et vont grossir les rangs de l'armée d'Octave. « Une place inférieure peut faire
contraste avec un exploit trop grand, » dit Ven-
tidius; donc abstenons-nous de bien faire, et nous
n'en serons que mieux récompensé.

Shakespeare ne s'y est pas trompé. Prenez son
Énobarbus : il fait de cet homme robuste, coura-
geux, intelligent, mais sans conviction et sans
idéal, une des figures les plus originales de son
drame, et néanmoins toujours vraie selon l'Histoire [2]. Énobarbus connaît son temps et le juge
avec la netteté d'observation d'un esprit naturelle-

1. Voir la Note V à la fin du volume.
2. Voir la Note VI à la fin du volume.

ment doué et auquel a seule manqué la culture de l'éducation. Il prévoit la désorganisation qui va suivre, désapprouve tout ce qui se fait sous l'influence d'une femme; son coup de boutoir ne ménage personne, pas plus la Reine que ses suivantes, pas plus son général Marc-Antoine que les eunuques du palais, ce qui ne l'empêche pas d'obéir à tous ses instincts matériels et d'écouter en premier lieu son intérêt, quitte à se repentir ensuite, à se tuer, accablé par la magnanimité d'Antoine lui renvoyant ses trésors. De toutes les jouissances qu'il condamne, il prend sa bonne part, se gaudit avec ce monde dont les agissements sont loin de lui sembler exemplaires. Il goûte en amateur aux bonnes choses; la table de Cléopâtre et d'Antoine n'a pas de gourmand plus raffiné que ce soudard. Iras et Charmion le laissent dire et faire; sur Cléopâtre comme sur l'entourage, il a son franc-parler, son ironie souvent amère. « Dès que Cléopâtre va saisir le plus petit bruit de cette affaire (le départ d'Antoine pour l'Italie), elle en va mourir immédiatement. Vingt fois je l'ai vue mourir pour des occasions bien moins importantes! » Et cependant, merveilleuse influence de la toute-beauté, cet atrabilaire, ce bourru, quand il *s'enlève* au sujet de Cléopâtre, vous a tout l'air de chevaucher Pégase!

Alors qu'une femme peut ainsi par sa seule atmosphère enivrer, *extasier* les natures les plus âpres,
les plus rebelles, quelle sera sur ses amants l'infinie puissance de son magnétisme! Soldat d'une
époque devenue la proie des seuls instincts matériels, Énobarbus a pourtant le cœur bon, dé-
voué plus que d'ordinaire dans une société où
nulle idée morale ne subsiste. Ce reître est atta-
ché corps et âme au chef qu'il s'est choisi, et
c'est de cet attachement réfléchi, loyal en somme
tant qu'il dure, qu'après sa déchéance sortira son
désespoir, sa tragique apothéose. A peine l'acte
consommé, le sentiment de son infamie l'empoigne
et ne le lâche plus. Sans doute il eut mieux valu
ne pas déserter, éviter d'abord le crime pour ne
pas avoir à s'en infliger soi-même le châtiment,
mais la chose est dans les mœurs du temps;
tous trahissent, la seule différence entre les bons
et les mauvais, c'est que chez les bons le remords
vient à son heure et qu'ils se font justice[1].

Cherchez dans cette décadence; les honnêtes

---

1. Le suicide d'Éros, de ce brave affranchi qui se frappe lui-
même plutôt que de consentir à tuer Antoine, — un bienfaiteur, — sur sa propre demande, nous offre un autre exemple,
moins dramatique, mais plus touchant de ce que peut, en
l'absence de tout idéal métaphysique, le sentiment d'attachement et de fidélité à la personne du maître.

gens ont disparu; de loin en loin seulement vous
retrouvez un galant homme, par exemple cet
Asinius Pollion, un autre vieil ami d'Antoine,
mais qui, grâce à Dieu, n'a rien de commun avec
la race des Proculeïus. Il se tenait à l'écart
depuis la paix de Brindes; ayant abandonné la
politique pour les lettres, les sciences[1], il n'était
jamais allé en Égypte, et ne connaissait point la
Reine. Octave, qui l'estimait fort, voulait se le
concilier et l'emmener avec lui. « Non, répondit
Asinius, après tout ce que j'ai fait pour Antoine,
et tout ce qu'Antoine a fait pour moi, il me serait impossible de prendre parti contre lui; souffre donc que je reste à distance, et ne soie que le
butin du vainqueur. »

VII

Je me trompe, il n'y eut pas qu'un honnête
homme en cette affaire, il y en eut deux. Nous

1. Un caractère et un portrait de l'ancien temps, celui-là;
en politique, la probité même, et quel censeur littéraire, quel
âpre critique ! C'était un archaïste de nature, un Padouan invétéré maugréant toujours contre les élégances et le bel-esprit
de la grande ville. Tout lui semblait raffinement, grécité;

connaissons le premier, le second fut Dolabella,
— l'amoureux de la Reine.

Dans certaines femmes, tout est charme; mais
lorsque l'immense attrait de l'infortune vient se
joindre aux mille séductions d'une personnalité
déjà lumineuse et vibrante, comment résister?

Cléopâtre ne pouvait mourir sans éveiller un
de ces dévouements éperdus et tels qu'en inspira
plus tard Marie d'Écosse, sa bonne royale sœur
à travers les âges, son autre *moi*. La nature est
comme les grands peintres, elle a des physiono-
mies parfois perverses, mais adorables, sur lesquelles il lui plaît de revenir, quelle rajuste,
met au point, et pour les esprits curieux rien
de plus délicat que ces réminiscences. Ce Mor-
timer antique se nommait Dolabella[1]; il était
jeune, beau, de l'illustre maison de Cornélius et venait de faire vaillamment la campagne
d'Égypte à la suite d'Octave. Tombée à la discrétion de son ennemi depuis le guet-apens de Proculeïus, Cléopâtre avait dû rentrer dans son palais,

Ennius, Pacuvius le tragique, étaient ses maîtres; il préférait
Lucilius à Horace, Lucrèce à Virgile; pour l'éloquence rus-
tique d'un Caton aurait donné vingt Tullius, et ne goûtait à
fond que le vocabulaire de Menenius Agrippa et la langue
des douze tables.

1. Voir la Note VII à la fin du volume.

où les honneurs dont on l'entourait ne servaient qu'à la convaincre davantage de sa captivité. Ses vêtements, ses coffres étaient fouillés par crainte du poison, toutes ses armes confisquées ; on n'imagine rien de plus navrant. Un misérable Épaphrodite, affranchi d'Octave, la gardait à vue, obséquieux du reste, tout aux petits soins, geôlier qui jouait au courtisan. La pauvre prisonnière y succomba ; la fièvre l'entreprit. Si douée d'élasticité que fût cette nature, tant d'émotions, de deuil, de catastrophes l'avaient abattue. L'état moral se compliquait maintenant d'atroces douleurs physiques, suite des blessures qu'elle s'était faites en se labourant la poitrine de ses mains désespérées. Octave cependant redoublait de surveillance. Il tenait les trésors, il voulait la femme ; il la voulait belle, point endommagée par la maladie ; mais Cléopâtre avait dit : « Il ne m'aura pas à son triomphe. »

Parmi les officiers romains commis à sa garde, figurait Publius Cornélius Dolabella. La Reine s'était confiée à lui. Quand il la vit repousser tout soulagement, il la supplia de se laisser guérir, ajouta qu'elle serait toujours à temps de s'ôter la vie, et que, le maître n'ayant point prononcé son dernier mot, elle devait au moins attendre que toute espérance eût disparu de con-

server le trône d'Égypte à ses enfants. Cléopâtre
se rendit à la condition que Dolabella prendrait
l'engagement de lui transmettre, à l'instant même,
aussitôt qu'il les aurait surprises chez Octave, les
dispositions définitives à son égard. Dolabella
jouait sa tête, il n'en mit que plus de flamme à la
partie ; le lendemain, un message secret informait
la Reine que César avait résolu d'opérer son retour par la Syrie, mais qu'elle et ses enfants allaient être sous trois jours expédiés par mer en
Italie.

VIII

Cléopâtre sait ce qui l'attend, sa résolution est
arrêtée. Elle veut mourir, et mourra comme elle
a vécu, en reine, dans ses États, dans le palais
de ses ancêtres, dont avec elle va finir la dynastie. Une fois encore cependant la défaillance aura
son heure. Je veux parler de l'entrevue avec Octave, où la femme irrésolue, coquette, reparaîtra
dans ses artifices et sa fragilité. Patience ! le roseau ploie, il se relèvera, et tout de suite alors
quel spectacle ! A ce mot, j'entends les sceptiques
se récrier : « Ce qui vous prend, disent-ils, c'est

le côté décoratif, la mise en scène. Vous êtes là
sur le terrain de l'Opéra; un pas de plus et vous
allez nous demander de la musique de Mozart ou
de Rossini! » — Pourquoi pas? Oui, certes, il y a
le spectacle; mais peut-on ne voir que cela? Tout
grand fait, pour se graver dans la mémoire des
hommes, a besoin d'une mise en scène : tout héroïsme est plastique de sa nature; mais la mise
en scène, qui fait des comédiens, ne crée pas des
héros, et telle femme aura beau s'appliquer un
aspic à la saignée et mourir solennellement sur
un lit de parade, qui n'en sera point illustre pour
cela. On ne vit ici-bas, ou plutôt on ne survit
que par l'idée. « Du sein de l'être immobile, du
sein du vide, émanent les idées premières de toute
beauté; la contemplation et le génie du poëte les
évoquent à la lumière, et voilà Pâris, Hélène et
Cléopâtre, toute l'Antiquité dans la fleur de sa jeunesse et l'éclat de sa gloire qui passe devant
nous[1]. » L'idée! on ne devient une héroïne qu'à
ce prix. Or, perdre un trône au milieu de l'écroulement du monde, le perdre avec cette dignité,
cette souveraine grâce esthétique qui dans les
sociétés anciennes a pu souvent tenir lieu du sens

---

1. Voyez la scène des *mères* dans la seconde partie de Faust,
p. 267, de notre traduction commentée.

moral, repousser dédaigneusement du pied l'ignoble esclavage, et couronner par une mort virgilienne une vie d'amour, de gloire, de plaisir, de
merveilles, autour de laquelle ont évolué tous les
grands noms, tous les grands événements d'une
époque, et dont les fautes même étincellent parmi
les ténèbres de l'Hadès avec la néfaste attraction
de certains corps célestes, — il y a là un ensemble
de circonstances assez grandiose pour constituer
un idéal qui prête à la mise en scène; mais sans
cet idéal, le seul spectacle eût-il jamais prévalu?
Non humilis mulier, a dit Horace. Regardons
mourir cette héroïne.

Rien ne manquait à la fortune d'Octave, la capitale de l'Égypte s'humiliait devant lui, et le
voyait célébrer son triomphe à cette place même
où, deux ans plus tôt, Antoine avait proclamé reine
d'Orient sa divine Cléopâtre, et doté de royautés
et de principats les enfants qu'il avait eus d'elle.
Le vainqueur se montra clément, épargna les
horreurs d'un pillage et de la dévastation à la
grande cité trois fois digne d'égards, et trois fois
protégée à ses yeux par le dieu Sérapis qu'elle
invoquait, par Alexandre qui l'avait fondée, et par
son ami et conseiller intime le philosophe stoïcien
Arius d'Alexandrie. Il y a de ces occasions où la
grandeur d'âme est une nécessité politique; et si

victorieux qu'on se sente, on ne pousse pas, de gaîté de cœur, au désespoir une population dont le fanatisme avait un jour déconcerté César.

Il usa de conciliation, se promena bourgeoisement par les gymnases, les musées. Il visita le tombeau d'Alexandre, se fit ouvrir le sarcophage qui renfermait le conquérant du monde. Il écarta les voiles et les bandelettes, palpa, ausculta la momie d'une main avide, curieuse jusqu'à la profanation, puisque le bout du nez du héros y resta. Comme ensuite on voulait lui montrer les tombeaux des Ptolémées, il refusa. « A quoi bon? répondit-il, c'est un roi que j'ai voulu voir, et non simplement un froid cadavre! »

Mais Cléopâtre était vivante; la veuve d'Antoine désirait le voir; il se rendit à sa prière, non sans quelque confusion. Le fourbe n'avait-il pas sur la conscience les vaines promesses et les mensonges dont il abusait la noble femme pour lui mieux ravir sa liberté et son honneur de reine? Dion Cassius raconte à sa manière cette entrevue, l'unique, de ces deux mortels ennemis. Dans ce récit, témoignage d'une flatterie désormais traditionnelle, Cléopâtre figure le personnage d'une coquette émérite cherchant à séduire son vainqueur et perdant sa peine; c'est le tableau de la femme de Putiphar et de Joseph, et

ce tableau-là nous édifie moins qu'il ne nous
égaie; soyons chastes, rien de mieux, mais n'en
parlons. que le moins possible; or, c'est une
sorte de mot d'ordre chez les historiens officieux
de célébrer la chasteté d'Octave, et de nous représenter ce prince comme décidément invulné-
rable aux traits de la beauté. Va donc pour le
pudique Joseph aux prises avec sa galante héroïne, et voyons l'anecdote imaginée, brodée sur
ce sujet par le romancier de Nicée.

« En l'attente de cette visite — écrit le Gréco-
Romain, elle avait très-élégamment fait disposer
son appartement, et, parée d'habits de deuil qui
lui séyaient à ravir, s'était couchée sur un lit
de repos dans l'attitude d'une voluptueuse non-
chalance. Autour d'elle étaient divers portraits
de Jules César, son ancien amant, dont elle tenait les lettres cachées dans son sein.

» A l'entrée du triumvir, elle se leva rougis-
sante, et s'écria :

— Sois le bienvenu! ô mon maître et seigneur! toi qu'un Dieu a voulu doter de tout
ce qu'il m'a pris; tes yeux n'ont sans doute
pas oublié l'image de ton père; ils le voient encore, j'en suis sûre, tel qu'à mes regards il
s'offrit tant de fois; et tes oreilles ont aussi reçu
confidence des honneurs innombrables qu'il me

prodigua et de ce titre de reine des Égyptiens à moi conféré par lui. Maintenant, si tu veux que sa bouche même te parle et te dise ce que je suis, prends et lis ces lettres qu'il m'écrivait jadis !

» A ces mots elle se mit à lui lire des passages de cette correspondance pleine de tendresse et d'amour, s'interrompant ici et là, tantôt pour baiser ces lignes sacrées qu'elle mouillait de larmes, tantôt pour se jeter à genoux devant ces portraits et les adorer, tantôt pour moduler de douces plaintes, en décochant sur Octave quelque furtive et langoureuse œillade.

— Hélas ! — ô mon César ! à quoi me sert aujourd'hui ce que tu m'écrivais alors ?

» Ou bien, — Non, tu n'es pas mort ! Je te vois et te retrouve ; tu revis pour moi tout entier dans ce jeune homme !

» Puis, elle reprenait :

— Que ne t'ai-je précédé dans le tombeau !

» Ensuite, se ravisant :

— Mais non, si je l'ai, lui, ne t'ai-je point, toi !

» Étrange et bizarre amalgame de paroles et de gestes, où les regards tendres et les aveux dérobés tenaient leur place.

» Octave assistait impassible à cette comédie,

et sans montrer qu'il perçait à jour ces artifices et ces simagrées, il se borna à murmurer froidement, les yeux fixés sur le sol :

— Console-toi ! femme, et reprends courage ; rien de mal ne t'arrivera.

» Mais elle, désolée de ne pas même obtenir un regard, voyant qu'il n'était question ni de sa restauration au trône, ni d'aucun mouvement sympathique en réponse à ses avances, tomba aux pieds d'Octave, et d'une voix étouffée par les sanglots :

— Vivre, ô César ! je ne le veux, ni ne le puis ; je ne te demande qu'une grâce, et cela au nom de ton père, la grâce de mourir avec Antoine, puisque c'est à lui que le démon de mon existence m'a livrée après m'avoir livrée à César ! Hélas ! fussè-je morte alors ! Et maintenant, la destinée me réserve-t-elle cette cruelle épreuve ? fais que je puisse aller rejoindre mon Antoine. Ne me refuse pas une tombe à son côté et que mourant par lui, j'habite au moins avec lui dans l'Hadès ! »

La suite du récit de Dion s'accorde assez bien avec Plutarque ; mais tout ce commencement est de pure invention. Quel sujet en effet pour la mise en scène et l'allégorie que cette rencontre de la souveraine enchanteresse et d'un prince que ses flatteurs, en l'élevant au rang des dieux, se plaisent à représenter comme le restaurateur des bonnes mœurs. Rabirius trouve le motif à son gré et s'en inspire [1], Rabirius, un poëte dont Quintilien a pu dire qu'il n'y a pas d'inconvénient à le parcourir quand on n'a rien de mieux à faire, *si vacet!* La courtisane du Nil, en présence du divin jeune homme, l'irrésistible magicienne réduite à s'avouer le néant de ses incantations, il y avait là tout un poëme épique de nature à concilier à son auteur la faveur du monde et les bonnes grâces de Livie! et c'est sur ce patron que les annalistes et les rhapsodes du règne suivant ont travaillé en l'embellissant et l'illustrant, comme c'était leur droit. Je ne discute point avec ce monde, et, persuadé que Rabirius avait d'excellentes raisons pour imaginer cette comédie, je maintiens que Dion n'était point homme à débrouiller ici la vérité de la fiction. Aussi, n'est-ce ni le courtisan du temps d'Auguste, ni le rapporteur du temps de Caracalla que je veux réfuter! Je m'adresse à la critique de nos jours, à la psychologie. Et voyez l'infortune, devant ce tribunal tout moderne, la grande Reine risque fort de n'être pas mieux

1. Rabirius, *de Bello Actiatico.*

menée. Après avoir eu pour juges, dans l'antiquité, les *officieux* d'Auguste et de sa descen-
dance, Cléopâtre va maintenant avoir affaire à
ce que nous appelons : la THÈSE ; procédure d'un
nouveau genre et toute d'une pièce !

Cléopâtre n'est pas une femme, c'est LA FEMME.

Saint Chrysostôme affirme que parmi les animaux féroces il n'en existe pas de plus dangereux, et Origène l'appelle la principale âme du démon. Or, la femme est, et sera toujours et partout,
jusqu'à la fin des temps, semblable à elle-même.
Elle a ses instincts, ses lois de nature qui, en
dépit des âges et des climats, infailliblement, la
gouvernent.

Cléopâtre commencera par César qu'elle ex-
ploitera sans l'aimer; puis elle aimera Marc-Antoine qu'elle dévorera; puis, toujours sûre et
confiante, elle attaquera le neveu de César avec
les mêmes armes vieillies, émoussées, et suc-
combera dans sa séduction.

C'est la tactique ordinaire, éternelle : le programme ! La femme a sa beauté, puissance
énorme pour subjuguer, énerver, abêtir l'homme.
Mais elle n'a que sa beauté, qu'elle croit immuable, et sa principale infirmité consiste à ne
pouvoir comprendre que cette force s'use à la
longue, et qu'après avoir servi à conquérir deux

générations, il y a beaucoup à parier qu'elle perdra ses droits sur la troisième.

Ainsi pense et prononce la Thèse un peu bien sévère et injuste, j'aime à le supposer, mais en admettant qu'elle ait du vrai quant à *la* femme, je nie absolument qu'on la puisse appliquer à Cléopâtre. La reine d'Égypte n'est point *la* femme, elle est simplement Cléopâtre, la plus charmeresse, la plus fine, la plus spirituelle des femmes. Cette scène de grande coquette éconduite, jamais la Cléopâtre de l'Histoire ne l'eût jouée, et d'ailleurs, sans parler de sa lassitude morale, infinie, quel était son état physique au moment de cette entrevue?

Qu'on se rappelle que ces fameuses armes de séduction, elle-même, de ses propres mains, les avait détruites devant le lit de mort d'Antoine. Son sein labouré, martyrisé par ses ongles n'était qu'une plaie enflammée et purulente. Belle et favorable condition assurément pour captiver les sens et vaincre les scrupules d'un héros froid et pudibond! Mais, que dis-je? et quel besoin de faire intervenir le motif pathologique, comme si la psychologie ne me suffisait point. Cléopâtre se connaissait en hommes, savait la vie. Comme elle sentait sa position et son caractère, elle se rendait également compte et de la position et du

caractère de son adversaire, et jamais l'idée ne
lui serait venue d'essayer sur un Octave des
moyens qui avaient réussi sur un César ou sur
un Marc-Antoine.

IX

Octave est un diplomate bien subtil, bien rusé,
Cléopâtre endormira sa vigilance, et même, à ce
jeu de la dissimulation, le battra. Elle a changé
d'attitude, feint de se soumettre : insensiblement
la perspective de ce voyage en Italie cesse de
l'épouvanter, elle s'y fait; Livie, sa bonne sœur
Livie, la soutiendra. Elle compte sur cette influence auprès d'Octave, et, pour se la mieux assurer, prépare des cadeaux; on la voit fourrager
dans ses coffres, sortir et montrer des bijoux,
des tissus. Qui pourrait croire qu'une personne
occupée à pareils soins songe à se tuer? Encore
une des mille inconséquences de cette nature
mobile et frivole : après les larmes, voici le sourire. Ainsi la surveillance, peu à peu, se relâche;
on la laisse à ses colifichets. Épaphrodite, émerveillé des progrès de cette transformation, en
instruit régulièrement son maître, qui, désor-

mais certain de son triomphe, s'étonne d'avoir eu des doutes. Octave était de ces fourbes qui ne savent tromper que les hommes. Voyant son ennemi où elle le voulait, Cléopâtre, — chef-d'œuvre d'habileté féminine, — lui demande timidement de permettre qu'elle rende les derniers honneurs à Marc-Antoine.

A captive soumise, prince généreux : il consent. La scène était destinée à parfaire l'œuvre de persuasion. Cléopâtre l'exécuta comme elle l'avait imaginée, en artiste. Elle parla de son prochain départ pour l'Italie, adressa des adieux publics à la terre d'Égypte, et le pathétique de sa harangue, de son geste, porta si à fond, que les plus incrédules sortirent désarmés. Plutarque est là ; le traduire, c'est ranimer cette émotion.

« Amenée par ses gardes dans le mausolée et s'agenouillant avec ses femmes devant le sarcophage, — Antoine, ô mon bien-aimé, s'écria-t-elle, ces mains, lorsqu'elles t'ont déposé là, étaient encore les mains d'une femme libre ; aujourd'hui, c'est une captive qui vient t'offrir ces libations, — et des satellites la surveillent de peur qu'elle ne frappe et endommage son misérable corps, précieusement réservé pour le triomphe qu'on s'apprête à célébrer en souvenir de ta défaite. — Aie donc pour agréables ces

honneurs, les seuls que je te puisse rendre, les
derniers ! car nous, que dans la vie rien n'avait
pu séparer, la mort maintenant nous entraîne à
distance l'un de l'autre et nous condamne à faire
échange de patrie. Toi, Romain, tu reposeras en
ces lieux, tandis que moi, infortunée, c'est en
Italie qu'on va m'ensevelir, et de la terre de tes
ancêtres je ne posséderai que l'étroit espace d'un
tombeau ; mais, puisque les dieux de mon pays
nous ont abandonnés, je me tourne vers ceux du
Latium, et, si l'un d'eux daigne m'être propice,
je le supplie et l'implore, afin qu'il empêche ce
que toi-même tu ne permettras pas, que ta
femme soit traînée vivante derrière le char du
vainqueur, et qu'en elle une telle humiliation
te soit infligée. Non ; tu me cacheras plutôt près
de toi ; tu me prendras à ton côté dans cette
tombe ; certain que de tant de douleurs, dont le
fardeau m'écrase, aucune ne me pèse si cruellement que les courts instants que j'ai vécus sans
toi. »

X

Rentrée au palais, elle se retire dans ses appartements, ordonne son bain ; après le bain, elle
s'étend sur un lit de repos. Un homme alors se

présente, portant un panier recouvert. Les gardes
du vestibule l'interrogent ; il défait son panier,
écarte les feuilles et montre au-dessous de belles
figues. Les gardes admirent les fruits, il leur
offre en souriant d'y goûter ; eux s'excusent, il
entre. C'est dans Shakespeare qu'il faut lire
l'entretien de Cléopâtre avec l'homme au panier
de figues ; la scène des fossoyeurs dans *Hamlet*
reproduira plus tard ce mouvement, mais sans
en dépasser l'effet tragique. Lui seul a le secret
de ces étonnantes diversions. Introduire le burlesque en plein pathétique, procédé qui semble
des plus simples ; tous l'ont employé, combien
ont réussi? C'est qu'en même temps que le génie, il a la mesure, et sait à quel point il importe
d'être rapide en de pareils contrastes, de n'y
pas insister lourdement. Il pousse deux éléments
l'un contre l'autre, de l'entre-choquement un
éclair jaillit, il s'en tient là, et revient à son propos. Je prends pour exemple cette scène, ce
campagnard de bonne humeur, moitié simple et
moitié goguenard, témoin indifférent que le Destin amène là, et qui traverse le plus effroyable
des écroulements sans en avoir conscience.
Bossuet n'inventerait pas mieux.

« As-tu là ce joli reptile du Nil qui tue sans
faire souffrir? »

Le froid vous gagne en la voyant causer familièrement, cette grande reine, avec ce rustre.
Vous ressentez quelque chose de sa solitude,
immense, horrible solitude, celle de l'être qui
souffre et que tous ont abandonné!

Cléopâtre, ayant fini de déjeuner, prend une
lettre écrite et scellée d'avance, et la mande à
César; puis elle congédie tout le monde, ne gar-
dant auprès d'elle que ses deux femmes, Iras et
Charmion, et les portes sont aussitôt fermées et
verrouillées en dedans.

XI

A peine restée seule, ses mains s'emparent du
panier, fouillant parmi les figues, ravageant les
feuilles. « Le voilà! » s'écrie-t-elle triomphante
en apercevant l'aspic. La femme et le serpent
une fois encore sont en présence; leurs yeux se
reconnaissent, dardent la flamme, se défient; le
serpent veut bondir, il hésite, retombe, s'enroule
fasciné par ce regard plus fort que le sien. Cléopâtre, du bout d'une épingle d'or de ses cheveux,
l'irrite, l'enfièvre, l'affole. Enragée, la bête veni-
meuse saute sur elle et la mord au bras.

XII

Tous ne s'accordent pas sur la manière dont
mourut l'Égyptienne. C'est pourtant chez les anciens l'opinion la plus accréditée que l'héroïque
femme eut recours au venin de l'aspic, moyen
dès longtemps imaginé, mis à l'épreuve. A Rome,
on ne croyait pas autre chose; les contemporains,
poëtes, annalistes, adoptent le fait. Ceux de l'âge
suivant le répètent; Plutarque, néanmoins, en le
rapportant, marque des doutes.

« Octave ayant rompu le sceau, ses premiers
regards tombèrent sur les instances de la suppliante pour être ensevelie auprès d'Antoine. Il
n'eut pas besoin d'en lire davantage et comprit.
Son premier mouvement fut de courir lui-même
la sauver, s'il en était encore temps; mais il se
ravisa et dépêcha au plus vite les gens de son
entourage. Rapidement avait marché la catastrophe. Lorsque les envoyés arrivèrent, ils trouvèrent les soldats de garde dans la plus complète
ignorance de ce qui avait pu se passer. On en-
fonça les portes. Cléopâtre, étendue morte et dans
tout l'appareil royal, gisait sur son lit de repos.
A ses pieds, l'une de ses deux femmes, Iras, exha-

lait le dernier soupir; l'autre, Charmion, titubant et la tête lourde, était encore occupée à fixer le diadème sur la tête de sa souveraine. — Voilà en effet une belle chose! s'écria furieux l'un des survenants. — Oui! certes, une chose splendide et bien digne de la descendante de tant de Rois! répondit la fidèle suivante, et à ces mots, les derniers qu'elle prononça, on la vit s'affaisser sur le corps de sa princesse inanimée. »

Comme Éros, ce brave affranchi qui meurt de la même mort que Marc-Antoine, Iras et Charmion accompagnent Cléopâtre chez les Ombres, et ne lui survivent un moment que pour continuer, parachever l'ornement de ce corps adorable et chéri.

La version de Dion Cassius diffère peu de celle de Plutarque, rédigée, comme on sait, d'après le témoignage d'Olympus, médecin de la Reine.

« Quelques légères piqûres au bras furent tout ce qu'on trouva sur le cadavre. Les uns racontent qu'elle fit servir à son dessein un aspic apporté dans une fiole de verre ou dans une corbeille de fleurs, d'autres parlent d'une aiguille empoisonnée. »

XIII

Octave resta frappé du coup. « Ce fut, ajoute Dion Cassius, comme si par cette mort volontaire toute sa gloire à lui, tout l'éclat de sa victoire eût disparu! »

Et cette Rome, cette Italie que l'impatience dévore, qui n'aspirent qu'à se repaître des tortures d'humiliation infligées à l'Égyptienne! Cléopâtre! Mais c'est le point de mire à tous les anathèmes, l'indispensable diversion à toutes les colères suscitées par la guerre civile, à toutes les compassions que le souvenir d'Antoine peut réveiller! Il lui faut sa captive, sa Reine : elle est morte, elle revivra; on court chercher des psyllès, ils arrivent, opèrent; peine perdue!

Laissons aux savants la controverse; rapprocher des opinions, inventorier, ce ne sont point là nos affaires. Plutarque et Shakespeare ont été nos maîtres pendant tout le cours de cette étude; qu'ils nous conduisent jusqu'au bout. Soyons de leur avis, qui est aussi l'avis d'Horace. D'ailleurs, que le poison vînt d'un reptile ou d'une fleur, qu'importe? Celle qui le fit couler dans

ses veines n'était point une personne vulgaire;
fut-elle une grande reine?

Ce qu'il y a de certain, c'est que Rome
s'enrichit fort à cette conquête, d'où il ressort que, même en ces derniers temps, le gouvernement de l'Égyptienne, pour si désastreux
qu'on nous le donne, n'avait du moins pas
réussi à ruiner complètement les ressources du
pays. Les trésors rapportés étaient incalcula-
bles, outre qu'ils suffirent à payer à l'armée
l'arriéré de solde, chaque homme reçut deux
cent cinquante drachmes, et cent drachmes
chaque citoyen, y compris les enfants. Octave
éteignit toutes ses dettes, supprima les impôts,
et telle fut à Rome l'abondance du numéraire,
que le taux de l'argent, de douze tomba à quatre,
et que la valeur des choses doubla. L'Égypte
étant devenue province romaine, Octave n'eut
rien de plus pressé que de la soustraire à l'autorité du Sénat et de la garder pour lui. Ç'eût
été en effet très-impolitique, à ses yeux, que de
laisser un pays de cette importance commerciale
et militaire à la gouverne d'une aristocratie d'où
pouvait à chaque instant s'élever un ambitieux
qui, fort d'un pareil proconsulat, deviendrait
obstacle et péril pour *la dynastie*. On ne visita
même plus l'Égypte sans une autorisation spé-

ciale du *souverain*, et les emplois n'y furent désormais exercés que par de simples commis, dont la personnalité ne comptait pas. Cette mesure de gouvernement, instituée par le divin Auguste, continua d'être en vigueur sous ses successeurs.

XIV

Cléopâtre occupe une grande place dans l'Histoire. Ce trône chancelant sur lequel à dix-huit ans elle était montée, elle entreprit de le restaurer, de lui rendre son ancien éclat. De Rome venait le danger, elle se proposa d'annuler Rome. Grand dessein, mais qui ne pouvait s'accomplir qu'à la condition que Rome elle-même y prêterait ses armes ! Là fut toute la politique de Cléopâtre, une vraie Grecque, avisée dès le premier âge, précoce au moins autant d'intelligence que de tempérament, sensuelle adolescente qui déjà forme d'illustres plans. Ses amours avec César, représentant du principe monarchique, sont bien plutôt une alliance qu'une liaison. L'oligarchie pompéienne l'avait précipitée à bas du trône, César l'y replaça. Il aurait fait bien davantage ; que

n'eût point fait pour une Cléopâtre un tel amant!
On l'aurait vu transporter d'Occident en Orient
le siége de la toute-puissance; roi des rois, il l'eût
couronnée sa propre Reine. Le poignard de Brutus coupa court à ces fiers projets.

A ce moment, le Destin pousse au-devant d'elle
Marc-Antoine, et comme contre-poids à ce nouvel
élément de fortune — déjà moindre — un adversaire d'autant plus redoutable qu'il n'a pour lui
que des vertus, des forces négatives, et ne connaît que la tactique du silence. De l'initiative
d'Octave, de ses talents, de son courage, rien à
craindre; mais, si vous commettez des fautes, il
les saura porter à son profit. Et des fautes, comment n'en pas commettre quand on ne se possède plus? Avec César, Cléopâtre s'était gardée,
sinon tout entière, du moins en grande partie, à
ses desseins ambitieux. La tête eut son insolation,
le cœur ne battit pas. Aussi quelle habileté de
vues, quelle puissance et quelle sagesse chez
cette étrangère de vingt-trois ans, tenant salon à
Rome, et de sa jolie main, pleine de présents,
de faveurs, assouplissant à ses projets une aristocratie haineuse et récalcitrante! Mais sitôt l'arrivée d'Antoine, il n'y eut plus que l'amour avec
ses voluptés, ses jalousies, ses fureurs, ses inconséquences, ses désordres. La Reine disparut,

la femme seule demeura, et c'est au compte de
ses faiblesses que toutes les erreurs politiques doivent être portées.

Moins amoureuse, elle eût laissé Antoine faire
librement son métier d'*imperator*, et les événements eussent peut-être mieux tourné pour
elle et son héros, sinon pour le monde, car,
tout abominable qu'ait pu être le régime issu de
cette victoire, je ne soupçonne pas quel avantage
aurait eu l'humanité à ce que la bataille d'Actium eût été gagnée par Antoine. Vaincue et par
sa faute, Cléopâtre, au plus profond de ses amertumes, ressentait un immense orgueil et pouvait
se dire, comme Mithridate, qu'elle avait mis Rome
à deux doigts de sa perte et fait trembler le Capitole. La catastrophe ramena la Reine, qui, longtemps égarée, reparut, releva la Femme pour ne
la plus quitter. L'honneur royal fut sauf.

Les quelques jours qu'elle se laisse vivre, elle
les emploie, hélas ! bien vainement, nous l'avons
vu, à conjurer le mauvais sort de ses enfants ;
puis elle s'en va rejoindre Antoine et chercher
dans la mort son apothéose. *Non humilis mulier!* Horace, avec ses trois mots, n'a point dit
tout. Ces trois mots sont une épitaphe et ne
visent que l'héroïque ennemie du peuple romain ; quant au caractère, si chatoyant au de-

hors et si profondément compliqué, de la femme,
il défierait l'analyse moderne.

Comment l'absoudre et comment la condamner?

Elle est la terreur du moraliste, la damnation
de saint Antoine et l'éternelle curiosité du psychologue. Ariane à Naxos et stryge de la nuit de
Walpurgis, figure étrange, vampirique, être
idéalement pernicieux, adorable et fatal, que
l'Histoire dispute à la Fable, et dont l'attraction
égale l'attrait!

En elle, poésie incarnée d'un monde abandonné
de tous principes, semble se réunir tout ce que
la beauté sans retenue, l'esprit sans conscience
du devoir, la passion sans frein, peuvent produire d'éclatant et de ténébreux, d'aimable, d'eni-
vrant et d'impur. Elle s'élève à toute la hauteur tragique dont l'esprit et la grâce soient ca-
pables sans l'aide de la vertu. L'horreur que lui
inspire la seule idée de servir au triomphe lui
vient de l'immense répulsion d'une grande nature
aristocratique pour tout ce qui est laid, trivial,
grossier. Ce n'est point la souffrance qu'elle redoute; ce n'est point sa puissance qu'elle pleure;
ce qui soulève toutes les révoltes de son âme,
c'est de n'avoir plus autour d'elle ce cercle d'é-
légance, dont ses servantes mêmes, les Iras, les

Charmion, toutes belles, fidèles, embaumées de grâce et de jeunesse caractérisent l'ineffable harmonie. En dehors de ce milieu, Cléopâtre ne saurait vivre, elle y meurt, et nulle de ses compagnes ne lui survit[1]. Qui dit : état, condition,

1. A pareille maîtresse, on n'imagine pas d'autres suivantes; d'autres prêtresses à pareille idole! Iras, Charmion, le dévouement absolu, muet de l'esclave, où la vive ardeur spontanée, la libre tendresse interviennent jusqu'à l'immolation; l'antique Égypte entée sur la culture grecque de la Renaissance Ptoléméenne! figures de second plan, tout imprégnées des parfums d'une présence irrésistible, et dont les voix sembleraient faites pour murmurer le doux appel de la Syrienne dans les vers de Virgile :

> Si vous êtes sages, venez
> Chercher ici l'oubli des choses;
> Dans la coupe effeuillez les roses,
> Et, de verveines couronnés,
>
> Livrez votre lèvre aux caresses
> De la plus belle d'entre nous ;
> Laissez-la dénouer sur vous,
> L'or et l'ébène de ses tresses,
>
> Et ne la quittez, blanche Hébé,
> Que lorsque, sous sa main divine,
> Le dernier souci qui vous mine,
> De votre front sera tombé.
>
> Venez cueillir les anémones,
> Venez rire et boire, en aimant:

profession, dit quelque chose de borné, de mesquin, de nécessairement ridicule à un jour donné;
les femmes doivent la moitié de leur séduction,
de leur poésie, à ce que leur sexe n'a point d'é-
tat. Aussi, chez Cléopâtre, la Femme prime la
Reine. Elle a la conscience de sa beauté, de ce
qu'elle est, de ce qu'elle fut, le sentiment de ce
qu'elle se doit, et cette beauté, ce charme, cet
esprit, cette grâce, resteront, à travers les âges,
l'enchantement de quiconque aura pensé, rêvé,
joui, souffert, aimé, vécu.

Pour elle, la grande païenne, la vie n'est pas
une ombre, elle est au contraire, et toujours, une
réalité dans ses jouissances, ses grandeurs et ses
misères. Ce corps si beau, pour être la demeure
de son âme n'en saurait être la prison, et nulle
voix d'en haut ne lui enseigne que pour ouvrir

> Est-ce pour votre enterrement
> Que vous garderez les couronnes?
>
> Les dés et les femmes d'abord,
> Honni soit qui gémit et pleure;
> « Vivez, aimez, vous dit la Mort,
> Vivez, car je viens à mon heure! »
> ....

Voir pour l'origine et le motif de ces vers la Note VIII à la
fin du volume.

à cette âme un chemin vers les dieux, il faut commencer par tourmenter, déformer, avilir ce corps. Pour elle, comme pour les Grecs ses ancêtres, rien n'existe en dehors du beau; le beau seul est le bien. Esthéticienne, aristocrate, ce qu'elle a de mieux à faire encore, c'est de s'en aller avec le monde qui finit. Pour ces hommes *à la fétide haleine*, ces déshérités, ces mendiants et ces esclaves, le Dieu de l'avenir, le vrai Dieu va naître au fond d'une étable, et les fils de ces rois d'Orient qui l'abandonnent, la renient et la laissent choir, iront, guidés par l'étoile céleste, porter au prédestiné l'or, la myrrhe et l'encens.

Les dieux jaunes et verts sont morts, l'Ibis et le grand Singe, Osiris et Isis, Phra et Ptah, Horus et Anubis; morte la tête de chien, de vache, de cigogne et de taureau! les Pharaons ont disparu, et leur momie pulvérisée dans un mortier sert de drogue pharmaceutique. Mais elle, impérissable, poursuit ses migrations à travers les siècles. Comment s'abuser? A ces grands yeux noirs, à ces nobles tempes, à cette bouche superbe et dédaigneuse, comment ne point la reconnaître? Que d'expériences n'a-t-on pas faites avec des grains de blé? Le germe d'un amaryllis après avoir dormi en Égypte des milliers d'an-

nées se ravive ici et devient fleur. Ainsi ce qu'il
y a de plus fragile est éternel, ainsi d'invisibles
liens rattachent au jour d'hier, le jour d'aujour-
d'hui. Non, il n'y a point entre nous et le passé
tant de distance que l'on croit. Aujourd'hui encore, l'Antiquité nous enveloppe et nous enivre ;
nous respirons ses fleurs et contemplons ses merveilles. Qui saura jamais comprendre le mystère
de la végétation, assigner à la nature l'heure et la
loi, dire au principe de vie enfermé dans la bulbe
d'une plante et l'image d'une femme : tu te dévelop-
peras ici et non là, aujourd'hui et non demain.
« Je ne veux plus la voir, suis-je donc insensé
pour confondre ainsi le passé et le présent? »
Vaine résolution! Avec l'isolement et la rêverie,
la vision reparaîtra. Une mélodie, un portrait du
Louvre, un parfum, et l'illusion dissipée à peine
vous ressaisit.. Des portiques immenses, des
vestibules sans fin, des forêts de colonnes ; là
fourmillent les ornements, les ustensiles, les oiseaux; là s'accroupissent leurs dieux grotesques
et noués, ils tiennent à la main des bâtons que des
têtes de lièvres surmontent; plus loin, des serpents s'entrelacent; ici un nègre en convulsions
vomit son âme qui s'échappe sous la forme d'un
scarabée ailé de feu, — peuple funèbre et souter-
rain qui s'entoure au sein de la mort des images

de la vie, espérant au jour du réveil rentrer par elles dans le souvenir de son existence première! Vous traversez de longues files de momies, vous errez par toutes sortes de labyrinthes où règne une atmosphère étouffante, vous atteignez un escalier tournant, pratiqué dans l'intérieur du granit, et, toujours descendant, vous vous trouvez dans une salle étroite; l'appartement rayonne de clartés. Des milliers de figures, peintes des couleurs les plus vives, couvrent les murailles, et tout au fond, dans une niche de basalte à semis d'étoiles d'or sur azur, se tient debout la fille des Lagides, une fleur de lotus à la main.

L'IMPÉRATRICE LIVIE

ET

LA FILLE D'AUGUSTE

L'IMPÉRATRICE LIVIE

ET

LA FILLE D'AUGUSTE

Qui ne connaît une admirable estampe, d'après Ingres, où Virgile est représenté lisant un chant de l'*Énéide* devant Auguste et l'intimité de sa Maison ? Cette image me paraît le modèle de ce que devrait être la reproduction d'une scène antique selon la conception moderne. C'est idéal et c'est profondément réel. Empreintes au plus haut degré du calme, de la dignité, de l'harmonie classiques, toutes les figures sont ressemblantes. Ces statues-là sont des portraits, le moment et la situation ne les absorbent pas au point de leur ôter le sens du monde extérieur ; détachez-les du cadre, elles vont revivre en plein courant d'humanité ; bien plus, même en ce fugitif instant qui les rassemble, chacun des personnages poursuit quelque arrière-pensée dont un œil clairvoyant saisira

l'expression sous le masque de circonstance. Le
doux Virgile cherche à plaire au maître; ce roseau qui pense est aussi le roseau qui ploie; la
bouche aux vers mélodieux est aussi la bouche
aux flatteries : *tu Marcellus eris!* Louer un enfant, chose difficile! mais avec du génie on se
tire de tout, et quand on n'a pas là sous la main
de grandes actions à célébrer, on se contente de
chanter les espérances, *rhetorice spem laudat in
puero, quia facta non invenit!*

Amateur de belle poésie et familier du prince,
Mécène écoute d'un air un peu distrait, car tout en
se laissant bercer à ce divin langage, il songe aux
récentes confidences d'Auguste, aux troubles domestiques obscurcissant les jours de son ami.
Octavie n'écoute que son deuil, et qui sait ce que
ses larmes maternelles cachent d'ambition déçue,
de projets de domination personnelle à jamais
renversés par la mort de ce fils malingre dont
l'image en pied préside à ces assises de famille?

Maintenant, prenez à part ce Caïus Octave;
préoccupé, sombre et chagrin, il vous répondra,
comme tantôt il répondait à Mécène : « le monde
envie mon sort, mais moi seul je sais ce qu'il en
coûte pour atteindre au faîte où je suis. Succès,
gloire, apothéose, tout se paie : parcourons
ensemble les diverses périodes de mon existence

et tu verras s'il n'y a pas à regretter plutôt
qu'à triompher. Je vivais heureux dans la retraite et l'étude, lorsque le terrible héritage
de César me vint contraindre à me jeter au
travers des événements. J'arrive à Rome, on
me conteste mes droits ; j'y trouve les ennemis
de mon oncle, les Républicains en lutte avec
Antoine, avec Lépide, deux traîtres qui se dé-
clarent mes protecteurs, parce que, sous le pré-
texte de venger la mort de César, ils combattent
pour leur propre cause. Il me faut les voir tirer à
eux la moitié de l'empire ; je subis leurs affronts,
leur grossièreté. Cicéron intervient, me prête
secours ; par lui, je gagne le Sénat et le peuple ;
par lui, j'arrive au commandement. Cependant,
les Républicains progressent. En apparence, je
me réconcilie avec Antoine et Lépide, et soudain,
oh ! l'horreur ! soudain, Rome nage dans le sang ;
les provinces sont en proie à la dévastation jusqu'au jour où Brutus et Cassius, à Philippes,
tombent sous nos coups. De retour du camp, qui
me reçoit ici ? Fulvie, l'atroce femme d'Antoine ;
Fulvie, acharnée à me faire la guerre et soule-
vant contre moi dix-huit villes ! Cette fois encore
les dieux me donnent la victoire pour me précipiter dans de nouvelles discordes. Les mânes de
César criaient vengeance ; trois cents sénateurs

leur sont immolés par la hache. Sextus Pompée prend les armes et je le bats, grâce à l'imperturbable dévouement d'Agrippa. Antoine et moi nous nous partageons l'empire ; pour ses plaisirs, ses débauches, il reçoit l'Orient ; maintenir debout l'État, gouverner nos forces vitales fut mon lot. Ce testament où l'insensé déclarait ses héritiers — avec qualité de princes romains — les enfants nés de Cléopâtre, ce testament aveugle, absurde, soulève les colères du peuple ; je dois faire la guerre à la reine d'Égypte ; le soleil d'Actium se lève, et je deviens le maître du monde. Mais hélas ! de quels flots de sang notre victoire fut payée ; de magnifiques funérailles, que moi-même je conduisis, réunirent les restes mortels de Marc-Antoine et de Cléopâtre. L'univers m'acclamait, j'étais le Grand, le Modéré, le Juste ! Cet excès de gloire, à quoi m'a-t-il servi ? Quel fruit en ai-je retiré pour mon bonheur, mon repos ? Je fermai publiquement les portes du temple de Janus, comptant bien qu'elles ne se rouvriraient plus. J'aurais voulu guérir les blessures de l'État, réconcilier les partis, fonder l'ordre nouveau, puis m'effacer dans la retraite et le silence ; toi-même, ô Mécène ! tu m'en empêchas ; sur tes instances, je gardai ce fatal diadème, et comment eussé-je résisté quand le Sénat tout entier appuyait tes sup-

plications de ses Adresses ? C'était comme un courant irrésistible, comme une suprême manifestation de la volonté des Dieux ; du nom même dont
on m'appelle, de ce nom d'Auguste, émane la con-
sécration. Tout ce que l'humaine ambition peut
rêver de puissance m'est acquis ; je commande
aux armées de terre et de mer, j'exerce sur
toutes les provinces d'un empire sans bornes les
droits illimités de proconsul ; ma personne est
inviolable ; tribun à vie, je m'impose au Sénat ;
censeur, j'administre les mœurs, — pontife souverain, les choses divines. Regarde, ô Mécène ! regarde, c'est bien ton vieil ami, Auguste, qui
trône au faîte des grandeurs, et qui, morne et
découragé, te crie : Oh ! rends-moi ma jeunesse
tranquille, rends-moi ces temps heureux où le
pieux Apollodore m'enseignait le bonheur dans
la modestie de la condition, et la simple et douce
pratique des devoirs du citoyen et du sage ! Ces
devoirs, je les ai trahis, mes pieds ont glissé dans
le sang. L'ambition et ses furies m'ont emporté,
et me voilà, moi, le maître du monde, regrettant
et pleurant d'être devenu ce que je suis. »

Ainsi le Caïus Octave d'Ingres semble s'exprimer, et sa Livie, que nous dit-elle ?

De celle-là j'en voudrais parler tout à mon aise.
Telle que le crayon du peintre l'a saisie avec son

visage de camée, ses formes de déesse, habile, séduisante, rusée, pleine d'enchantements et de
précipices, je la prends pour faire de son personnage le centre d'une étude à part. Autour d'elle
viendront se grouper des figures qui ne sont pas
dans le tableau, mais qui sont dans Pline, dans
Sénèque, dans Suétone et dans Tacite, et sur
lesquelles l'érudition et la critique modernes ont
projeté leurs clartés.

I

Je m'incline devant la majesté du caractère de
Livie[1], j'admire ces grâces décentes, cette douceur
d'accueil qui la distinguent des rudes figures du
passé; il n'en est pas moins vrai que cette vestale
des matrones avait au cœur, sous une apparence
de placidité, l'ambition la plus remuante et la plus
atroce. Son petit-fils Caligula, ce fou qui l'avait
d'enfance beaucoup et de très-près observée, disait d'elle : « C'est Ulysse en robe de femme. » On
ne combat point l'intrigue des autres avec cette
habileté suprême sans être soi-même rompu plus
ou moins à l'art de l'intrigue. Quand je vois l'His-

1. Voir à la fin du volume la Note IX.

toire travailler imperturbablement pendant un demi-siècle à la fortune d'un personnage, l'idée me vient de rechercher dans quelle mesure de complicité ce personnage peut être avec les événements, et j'avoue que trop de calme ici me donne à réfléchir. Les circonstances ne nous aident point seules, il y faut bien aussi tenir la main, et cette main, je n'aime pas qu'elle se cache. Livie avait cela de commun avec Auguste, qu'elle savait se dominer, être maîtresse de soi dans la douleur, et par occasion jusque dans le crime. Je me défie de Tacite, et cependant, comment ne point avoir des doutes en présence de cette suite de catastrophes qui semblent se donner le mot pour venir coup sur coup aider aux combinaisons dynastiques d'une femme? Auguste n'a point, de fils, Livie a Tibère, et c'est maintenant au Destin de s'arranger de manière à favoriser le plan de l'impératrice, laquelle entend et prétend que le successeur d'Auguste soit Tibère et non autre. Le Destin travaillera-t-il seul? Rien ne nous empêche de le croire. L'Histoire a des versions en sens contraire: pures calomnies! Des héritiers au trône du monde ne peuvent-ils sortir jeunes et brillants de cette vie sans qu'on attribue leur mort à la violence? Louis XIV, dont les dernières années, par leurs revers et leurs deuils, rappellent

tant la fin d'Auguste, le Grand Roi vit également
devant ses yeux la solitude s'étendre, les lis tombèrent moissonnés tout à l'entour. On parla de
crimes secrets, d'empoisonnements ; l'Histoire a
depuis instrumenté, et son enquête n'a rien trouvé.
C'est possible que toutes ces funérailles répétées
fussent dans les décrets des Dieux. Oh ! ces fameux
projets des fondateurs de dynasties, éternelle
déception dont l'exemple n'instruit personne !
Tant de travaux, de ruses, de scélératesses entassés, pour qu'à un jour donné tout s'effondre !

De cette femme, l'honneur, la joie et l'ornement
de son trône, Auguste n'aura point d'enfant.
Comment perpétuer la race, faire refleurir le
précieux sang ? Julie est là, sa fille unique, fille
d'un premier lit. Il la donne à Marcellus, né d'Octavie, la sœur bien-aimée, et presque aussitôt
Marcellus meurt. Il n'avait pas vingt ans, le peuple l'aimait de cet amour étrange, irréfléchi, qu'il
témoigne aux héritiers présomptifs. On met en
eux espoir et confiance, on se grise d'illusions ;
s'ils viennent à succomber jeunes, la mort
pose à leur front une auréole dont les rayons
brillent ensuite à travers les âges. Toutefois, ne
nous y trompons pas ; ces hyberboliques panégy-
riques ne sont point les seuls courants par où
s'épanche la douleur des peuples ; le livre de nos

mécomptes est en partie double, et l'éloge du héros défunt n'obtient tout son effet que lorsqu'il renferme un acte d'accusation contre celui des survivants auquel l'événement profite ou semble profiter. Auguste, en le mariant, avait adopté Marcellus. Déclaré prince héréditaire de l'empire, le fils d'Octavie barrait le chemin au fils de Livie. Dion Cassius a bien quelques soupçons, mais il n'insiste pas. « D'ailleurs, écrit-il, cette année et celle qui suivit comptèrent parmi les plus insalubres ; nombre de gens furent enlevés. » Le jeune prince était de complexion délicate, point malade cependant ; Antonius Musa, médecin d'Auguste, lui prescrivit la cure d'eau froide dont il mourut à Baïa. « Ou ce sera la maladie qui tuera le malade, ou ce sera le médecin.» Nul doute que Beaumarchais, plaçant à Rome la scène de sa comédie, n'eût ajouté : « A moins que ce ne soit le poison.»

Ce bruit émut, passionna la ville ; il passionna surtout la Cour. Qu'on se représente les ennuis de Livie au milieu de ces femmes, toutes ses rivales à divers titres, toutes de la maison et détestant en elle l'étrangère : Scribonia, l'épouse dépossédée ; Julie, sa fille, que le veuvage rapprochait de sa mère contre la marâtre ; Octavie, que l'affection avait élevée au rang même de l'impératrice et au partage des honneurs suprêmes,

Octavie, dont le désespoir jaloux ne pardonnait pas à la femme d'Auguste d'avoir deux fils pleins de force et d'éclat, tandis que son Marcellus à elle n'était plus ! « Elle détestait toutes les mères, dit Sénèque, et par dessus toutes abhorrait Livie, qui lui semblait avoir pris pour ses fils le bonheur qu'elle s'était promis. ». Marcellus dura peu, et sa prompte fin s'explique aisément. L'époux n'était point de complexion à supporter l'épouse ; livré en pâture aux premiers feux d'une Julie, le délicat et fragile enfant n'eut même pas le temps de se reconnaître. On le voit plier, s'affaiser. Laissons dormir les poisons de Livie, nous en retrouverons la trace ailleurs, et ne parlons ici que des brûlants triomphes de Lucine et de la consomption qui leur succède.

Marcellus mort, pleuré, chanté, Julie redevenait un embarras. « J'ai deux filles, disait Auguste, qui me sont un égal tourment, ma Julie et la République romaine. » Le père ne se séparait pas du politique, et ce fut le grand mal. Il y perdit la joie du foyer, spéculation suprême de son égoïsme, et ne réussit qu'à pousser hors des tempéraments, la plus insoumise et la plus folle des créatures. A qui la marier ? Livie, dès ce moment, n'eût pas demandé mieux que de la prendre pour Tibère ; mais Octavie, en bonne sœur, s'interposa. Auguste, toujours préoccupé d'intérèts dynastiques, penchait vers Agrippa. « Tu l'as fait si grand, cet homme, lui soufflait Mécène à l'o-reille, qu'il faut à présent qu'il devienne ton gen-dre, ou qu'il tombe! » Mais Agrippa dépassait la quarantaine, et Julie avait dix-sept ans; de plus, il était marié avec Marcella, sœur de Marcellus. N'importe, ce que voulait Auguste, Octavie le voulait non moins. Déjouer les plans secrets d'une Livie, quelle fète! et comment ne pas inter-rompre son deuil en pareil cas! La mère éplorée fit trève à ses douleurs, quitte à les reprendre plus tard, et travailla de toute son influence au divorce, heureuse, au prix même d'un tel ou-trage infligé à sa fille, de couper court aux arro-gantes combinaisons d'une matrone détestée.

Livie avait le calme des âmes fortes, toujours maîtresses de l'heure, même quand elles n'en profitent pas. Battue dans le présent, ses cal-culs se portèrent aussitôt sur l'avenir : partie re-mise, jamais perdue! Dans sa modération, sa pa-tience, entrait comme un pressentiment des lon-gues années qu'elle avait à vivre, et qui la rendaient invincible. Le mariage de Julie et d'Agrippa eut lieu selon le vœu d'Auguste [1], et le

1. Voir à la fin du volume la Note X.

vainqueur d'Actium ne tarda guère à connaître les bénéfices d'une si fameuse alliance. Une chose manquait à Vipsanius Agrippa, que ni les services rendus, ni la faveur d'Auguste ne pouvaient donner : la naissance. Aux yeux de l'aristocratie romaine, dont sa femme allait représenter l'exquise fleur, ce fier soldat, ce grand ministre n'était en somme qu'un parvenu ! Avec cela, point de jeunesse, l'humeur sévère et la rudesse d'un homme qui, ayant passé son temps au milieu des combats et des affaires, ne connaît rien de la vie, de ses plaisirs ni de ses élégances, et partant, les méprise. *Vir simplicitati proprior quàm deliciis*, écrit Pline ; signalement certain, auquel répond exactement le portrait.

On peut voir à Venise, dans la cour du palais Grimani, une statue superbe d'Agrippa, marbre colossal, qui jadis décorait le panthéon d'Auguste. Le héros est représenté nu, à la manière grecque, son glaive dans la main droite, sa chlamyde jetée sur l'épaule, le pas en avant comme pour l'attaque. La poitrine se développe largement, partout la force éclate, mais sans grâce aucune. Vous êtes devant le type d'un robuste laboureur de la campagne de Rome ; la nuque tient du taureau, et les attaches de la tête montrent une musculature herculéenne. Le buste que nous avons au Louvre

donné la même idée : masque viril, œil renfoncé,
regard scrutateur, bref tout ce qui dénonce un
caractère sombre et médiocrement fait pour plaire
aux femmes. « La liberté dont on jouissait sous
le divin Auguste fut si grande, que nombre de
gens allèrent jusqu'à reprocher impunément son
manque de noblesse à l'omnipotent Agrippa. »

Julie en cela ne se gênait point, et du milieu de
son cercle de jeunes seigneurs et de beaux-esprits
donnait le ton. Plus tard, Caligula rénia carrément
l'ancètre ; plutôt que de passer pour le petit-fils
d'Agrippa, il répandit la fable d'un commerce in-
cestueux d'Auguste avec sa propre fille. En attendant que, mort, on le désavouât, Julie rougissait
de lui vivant. Sur un sujet, ils auraient pu s'entendre. Julie n'était pas simplement la fille de
César, elle était aussi la personne la plus lettrée, la
plus instruite. Agrippa, de son côté, appréciait infi-
niment les belles statues et les beaux édifices ; il ne
rêvait pour Rome qu'embellissements ; tous deux
avaient des goûts artistes, ce qui les rapprochait ;
mais dans la pratique, le point de vue était tout
différent. La femme ne songeait qu'à son agrément personnel, au luxe particulier de sa maison,
tandis que lui, dont les préoccupations ne ces-
saient de s'étendre au delà de la vie privée et
d'embrasser l'État, n'aimait les arts que pour les

avantages publics qu'ils procurent, et dépensait
sa fortune à bâtir des portiques, des temples et
des thermes; à construire des aqueducs, à planter des jardins où les statues, les fresques, nais-
saient et se multipliaient sous la pluie d'or.

Pline l'Ancien parle d'un discours sur cette matière, dans lequel Agrippa reproche aux puissants
de l'Empire d'enfermer en des palais et des villas,
leurs tableaux et leurs statues, au lieu de les consacrer au profit de tous.

II

Les Romains étaient de grands pillards, et depuis que Marcellus, en pillant Syracuse, avait
donné l'exemple, tous les généraux triomphateurs
se faisaient un devoir de ne rentrer dans Rome
que bien accompagnés des chefs-d'œuvre de l'art
grec. Paul Émile avait rafflé tant de merveilles
en Macédoine, où le grand Alexandre les avait,
de son temps, entassées, qu'avant de quitter la
Grèce, il en organisa lui-même une Exposition
officielle dans Amphipolis. A son triomphe, deux
cent-cinquante chariots gigantesques figurèrent
remplis de statues et de tableaux de toute sorte
et de toute grandeur. Un peu plus tard, Rome vit
arriver, dans une même année, les trophées de

Carthage et de Corinthe, et peu après, les innombrables trésors de l'Asie hellénique montaient,
avec Sylla, au Capitole. Cicéron appelle ces cap-
tures le droit de la guerre et la part du vainqueur. Les Romains, alors qu'ils usaient de
ce droit barbare et qu'ils en abusaient, ne se doutaient pas du service qu'ils rendaient à la civilisation. Sans eux, rien de ce que nous possédons
aujourd'hui, en fait d'antiques chefs-d'œuvre, ne
subsisterait. Songeons aux dévastations qui, des
temps les plus reculés à nos jours, ont, en ses
moindres recoins, visité le sol de l'Hellade, et re-
mercions ces grands fléaux qui furent aussi des
Mécènes et des préservateurs. D'ailleurs, jusqu'à
la période de Sylla, ces richesses n'avaient servi
qu'à l'embellissement de la ville. La maison de
Marcellus, ses jardins, ses villas restaient vides,
tandis que par les soins du héros de Syracuse,
les temples, les portiques et les forums se peuplaient de chefs-d'œuvre. Bientôt, cependant, on
devint connaisseurs, et la mode s'établit des collections privées. Lucullus et ses pareils forcèrent
les enchères, les objets d'art eurent la vogue;
on en voulait pour ses palais et pour ses parcs; les
provinces furent mises au pillage. Relisons le
procès Verrès.

Sous le régime impérial, la frénésie s'accrut

encore. Sans que la guèrre en fournît le pré-
texte, sans qu'il y eût à l'horizon simple apparence de triomphe, les temples dè la Grèce furent
démeublés, et leurs dieux expédiés par mer à la
Ville éternelle, où les statues devinrent à la fin
aussi nombreuses que les hommes. Fallait-il, en
effet, qu'il y en eût de ces bronzes et de ces marbres entassés là, pour qu'après des siècles d'é-
croulement et de cataclysme, à Tibur, à Tuscu-
lum et sur le versant des coteaux Albins, les fouilles
aient rendu et continuent à rendre ce que nous
voyons! De telles merveilles étaient faites pour entretenir chez un peuple le sentiment du beau. Les
œuvres enfantées par le génie des Grecs étaient à
Rome un fonds national ; tous en jouissaient, tous
les respectaient, quoiqu'il n'y eût point de senti-
nelle préposée à leur garde, on ne cite sous la
République qu'un seul exemple du contraire, et
cet exemple vint d'en haut: Un jeune patricien du
nom de Titius, rentrant chez lui en état d'ivresse,
fut arrêté la nuit et mis en prison pour s'être
amusé à mutiler une statue. Le lendemain, au
Champ-de-Mars, quelqu'un s'informant de son
absence, « *bracchia fregit,* » répondit un de ses
compagnons, mot à double entente et qui peut
vouloir dire : il s'est cassé le bras, comme il peut
signifier : il a cassé un bras. Jules César qui,

pour la gloire des Romains, accomplit tant de
grandes choses, fit énormement aussi pour la
splendeur de leur cité. Artiste, il l'était au plus
profond de l'âme ; que n'était-il pas ? il s'entendait aux mathématiques, à l'astronomie, à l'architecture. L'imperturbable héros de cent batail-
les perdait la tête devant une statue. Un tableau
de maître, une pierre gravée le passionnaient ; il
ne descendait pas en vain de la belle Déesse, et le
sens de la beauté, sous toutes ses formes, lui venait, il pouvait le dire, de l'immortelle aïeule,
dont aux journées de Pharsale et de Munda il donnait à ses légions le nom sacré pour mot de ral-
liement.

Par le forum de César, dont le seul emplace-
ment coûta trente millions, fut éclipsé le vieux
forum républicain ; et le temple colossal dédié à
Vénus Genitrix eut pour programme de dépasser
toutes les merveilles d'une cité qui en contenait
tant. Devant le sanctuaire se dressait en airain
la statue gigantesque de son cheval de combat,
animal héroïque, aux sabots de devant écartelés, et
qui jamais ne supporta d'être monté par un autre
cavalier que César. Parmi les trésors de ce temple,
non, de ce musée, resplendissaient deux tableaux:
une *Médée* et un *Ajax* que le grand dictateur
avait payés quelque chose comme cinq cent mille

francs de notre monnaie; car c'était le plus beau,
que pas un seul de ces chefs-d'œuvre ne fut le
fruit de la rapine. Tous furent acquis à riches
deniers par César, lequel commanda au grec
Archésilas la statue de la Déesse et probablement
aussi la statue de Cléopâtre, qui, plus tard et par
les soins du dictateur, fut placée à côté de Vénus
elle-même; juste hommage rendu à la plus belle
des femmes, à la mère de Césarion! Plus d'un siècle après la mort du divin Jules, ces marbres
existaient encore, et Dion Cassius a pu les admirer là, dans ce temple où venait, à ses rares loisirs,
se reposer le maître du monde, que les envoyés
du Sénat apportant le fameux Message surprirent
occupé à contempler des œuvres d'art. *Deus invic-
tus!* lui-même, quoique vivant, marchait l'égal
des dieux ! On l'appelait Jupiter; son palais avait
droit au fronton réservé aux seuls temples; ses
statues d'ivoire, d'airain ou de marbre, couron-
nées du laurier militaire ou du gazon civique,
peuplaient les forums, les sanctuaires. Son image,
privilége inouï jusqu'alors, circulait gravée sur
les monnaies, annonçant à l'univers qu'il avait un
maître; la divinisation était complète, et sur bien
des points méritée; sait-on en effet beaucoup
d'usurpateurs que leurs contemporains aient jugé
dignes d'habiter le temple de la Clémence et d'y

figurer, la main dans la main, avec la statue de la
Déesse. Cœur magnanime, esprit incomparable,
César sut toujours, et partout, faire grand [1]. En
travaillant à sa propre gloire, il travaillait au bien,
à la joie de tous les Romains d'abord, puis du
monde entier qu'il appelait à Rome.

C'est par ces côtés qu'Agrippa voulut l'imiter.
Artiste et citoyen à son exemple, et professant
cette maxime : que les riches et les puissants se
doivent à la nation qu'ils gouvernent, et que — plus
vos trésors sont immenses, plus vous avez d'intelligence et de culture, plus vous devez faire pour
le bien-être, l'éducation et l'agrément de tous, —
Agrippa, s'il nous est permis de ne pas reculer
devant un anachronisme, pensait là-dessus comme
un Français, tandis que Julie, plus égoïste et
particulariste, entendait n'acquérir que pour
posséder.

III

Ce malheureux hymen commença pourtant par
donner de beaux fruits : Caïus d'abord, Lucius
ensuite, puis Julie, puis Agrippine.

1. Voir sur Jules César, l'Étude placée à la fin du volume.
(Appendice).

Auguste voyait s'accomplir ses vœux les plus chers. Sur-le-champ il adopta ses petits-fils, assurant ainsi la succession au trône dans sa race, et la prémunissant contre les attentats dont il pourrait être l'objet. On n'aborde pas impunément une Circé comme Julie. Malgré le triple airain qui l'entourait, ce cœur de soldat fut envahi. Agrippa subit le charme irrésistible, et, bientôt forcé d'ouvrir ses yeux à l'évidence, combattit le mal sans le vaincre. Sa dignité lui défendait de se plaindre et de rien laisser voir. Les expéditions militaires, les travaux et les fatigues de la vie d'État semblaient devoir offrir un refuge à son chagrin ; il n'y trouva que des prétextes pour quitter la place où d'autres, brillants, plus heureux, se prélassaient. Vainement refoulée, la possession démoniaque le suivit partout, hâta sa fin. Agrippa meurt à cinquante-deux ans. A peine laisse-t-on à sa veuve le temps de mettre au monde un dernier enfant, — cet Agrippa posthume, au sort duquel il sera dûment pourvu au jour donné. Aussitôt, l'intrigue se renoue. « Bien coupé, mon fils, dira plus tard la mère de Charles IX, maintenant il s'agit de recoudre. » Livie s'entendait à recoudre. Dix ans elle avait attendu que Julie redevînt libre, et cette fois, il la lui fallait pour son Tibère.

Tristes noces! plus funestes encore que les secondes!

Déjà, du vivant d'Agrippa, Julie s'était distinguée par les désordres de sa conduite, désordres que facilitaient les continuelles absences d'un mari dont les affaires de l'État sollicitaient la présence, tantôt au milieu d'un camp, tantôt à la tête du gouvernement d'une province reculée. Vers cette grande dame, la première dans Rome et la plus belle, affluait tout ce que la jeunesse avait de brillant, et pas n'était besoin de savoir par cœur l'*Art d'aimer* ou tel autre poëme d'Ovide, le Musset de cette période, pour s'entendre à lier et mener une intrigue de galanterie avec la femme du vieil amiral. Julie, à la faveur du mariage, s'émancipait délicieusement des lourds ennuis endurés sous le toit domestique. Enlevée de bonne heure à sa mère et transportée au palais, elle avait grandi sous la direction d'un père affectant beaucoup la simplicité des mœurs bourgeoises, et d'une rigidité souvent pédantesque. Tout n'était point rose dans ce gynécée entre la tante Octavie, l'austère marâtre Livie et Scribonia, la vraie mère, qu'on ne perdait pas une occasion de quereller. Auguste avait cette manie de ne vouloir porter que des vêtements fabriqués chez lui par les siens; il fallait, bon gré mal gré, coudre et filer de la laine

du matin au soir, et cette attitude rétrospective
d'un chef d'État visant la popularité, agaçait invinciblement la jeune princesse, qui n'était rien moins
qu'une Nausicaa, et par ses impatiences déjà pré-
ludait à cette fameuse réponse venue plus tard :
« Si mon père oublie qu'il est César, j'ai le droit
de me souvenir, moi, que je suis sa fille ! » Quant
à des jeunes gens, on n'en voyait pas un seul.
Tout le système d'éducation tendait à convaincre
les Romains de la divinité du sang de Jules ; c'était
un cérémonial de sanctuaire avec quelque chose
de l'étiquette de la Cour d'Espagne sous Philippe II.
Un jour, aux bains de Baïa, un jeune homme de
qualité, Lucius Vicinius (*clarus, decorusque ju-
venis*), croit de son devoir de venir présenter ses
hommages à la princesse, et tout de suite Auguste
le remet à sa place et lui reproche « sa démarche
incorrecte » dans un de ces petits billets qu'il rédi-
geait en homme d'esprit et traçait en calligraphe [1].

Julie étouffait à la chaîne ; en elle la nature vio-
lentée se révoltait, et, quand le mariage ouvrit à
ses ardeurs le libre espace, elle s'y précipita d'un
de ces élans cent fois accrus par la compression.

---

1. Voir à la fin du volume la Note XI.

Ici commencent les grands jours de ses désordres.
Avec Agrippa, l'ami de jeunesse et l'intime confident d'Auguste, le ferme soutien de l'établisse-
ment impérial et le plus populaire des héros de
Rome, elle avait pu garder certains ménagements;
mais qu'avait-elle à se contenir vis-à-vis de ce
Claudien ténébreux et toujours s'effaçant derrière
une mère intrigante; de ce fils d'une Livie, trop
honoré de s'unir au sang des princes dont elle
était, et qui, — incapable de lui donner cette situation véritablement suprème où l'avait mise
son second mari, — à tant de disgrâces joignait
celle d'avoir jadis méprisé ses avances[1]? La liaison avec Sempronius Gracchus, entamée du vivant
d'Agrippa, reprit de plus belle et, comme à ciel
ouvert. Après, en même temps, d'autres eurent
leur tour : Murena, Cœpio, Lépide, Ignatius,
Antoine, fils du grand triumvir, pour le goût des
plaisirs, l'ambition, tenant de son père, plus doué
cependant du côté des finesses de l'esprit, un dé-

1. Parmi les aventures de Julie, qui déjà faisaient bruit, on
se racontait un caprice qu'elle avait eu (étant la femme d'A-
grippa) pour le fils de Livie, un des hommes les plus beaux
et les plus robustes de ce temps; mais Tibère négligea l'invite.
En place du jeune lion qu'elle cherchait, la chasseresse au
bois ne trouva qu'un sanglier grognon, et quitta le jeu sans
pardonner.

licat, presque un poëte et l'ami d'Horace, qui l'a
célébré dans une de ses Odes. C'était là sans aucun
doute une société fort immorale, et comme les
pouvoirs despotiques réussissent à les établir en
faisant refluer dans la vie privée toutes les éner-
gies militantes, toutes les forces habituées à se
dépenser dans la vie publique. Plus de forum,
plus de politique, mais un besoin effréné de luxe
et de jouissances, de misérables intérêts de cote-
rie, la foire aux anecdotes, aux scandales, mille
pernicieux canaux par lesquels la dérivation
s'opère. Auguste, en constituant sa monarchie,
réunit tous les pouvoirs de l'État dans sa personne et sa Maison. Alors commence le rôle des
femmes de la Maison impériale, dont les caprices
et les galantes équipées deviennent affaires d'État.
Sous ses dehors d'élégance et de savoir-vivre,
cette société, — ce grand siècle, ainsi qu'on
l'appelle, — cache des abîmes de corruption. Sa
littérature, ses beaux-arts, ses raffinements de
goût, pure surface, tapis de fleurs et gazons verts
couvrant et dérobant l'infect marais ! Le chantre
de la modération dans les plaisirs, de la vie bor-
née, Horace perd de sa faveur, c'est Ovide qui
tient le haut pavé : l'*Art d'aimer* est dans toutes
les mains, et l'empereur Auguste, « restaurateur
des bonnes mœurs, » n'y voit point de mal. C'est

qu'au fond la morale proprement dite l'occupe
assez peu; il ne demande que des ménagements
extérieurs : soyez au dedans ce que vous êtes, —
des libertins et des courtisanes, — mais au dehors,
en public, point de scandale! Pour le peuple, du
pain et des spectacles; pour la noblesse, toutes
les jouissances d'une vie de loisirs forcés.

IV

Il y eut cependant des natures absolument
réfractaires à cet esprit de dissimulation; on en
vit qui, par opposition, affichèrent leurs débauches. Julie était de ces natures, toujours vraie et
et portant haut même ses vices, — du reste le
parfait produit de son temps et de la société qui
l'avait élevée. Jugée à ce point de vue, l'effroyable
pécheresse ne vaut pas moins que tout ce qui l'entoure; je me reprends, elle vaut beaucoup mieux.
Outre cette droiture dont je parle, elle avait
l'humanité, la bonté d'âme; *præterea mitis huma-*
nitas minimeque severus animus, dit Macrobe.
Livie était assurément une plus honnête femme;
elle, Julie, était un plus honnête homme. Ses crimes n'ont fait d'autres victimes qu'elle-même;

jamais vous ne lui surprenez la main dans un
meurtre, ce qui ne se peut dire de l'épouse d'Auguste, chaste et pudique, mais cruelle, — sang de
vipère, tranquille, froid et venimeux. D'ailleurs,
à ces désordres, que d'excuses! Son père en la
mariant avait-il une seule fois considéré autre
chose que la raison d'État? Des premiers batte-
ments de son cœur, de ses vœux de jeune fille,
qui s'était occupé? Julie sentait les implacables
droits qu'elle avait à l'indulgence de son père;
son tempérament de feu et la dépravation de la
jeune noblesse firent le reste. Ingénieuse et brillante, elle apportait à la conversation toutes les
ressources de l'intelligence la plus diverse et la
mieux informée.

Parler de sa beauté serait facile; nous n'avons
point ici, comme pour Cléopâtre, à conjecturer
sur la foi de quelques documents, que l'imagination interprète. Les médailles, les pierres gravées
nous renseignent; et d'ailleurs, à qui ce genre
d'iconographie ne suffit point, le Louvre offre son
répertoire. La statue que nous avons d'elle au
Musée la représente en Cérès, la couronne au front
et dans la main la corne d'abondance. Vous êtes
vis-à-vis d'une femme abordant la trentaine, belle
et d'une superbe distinction. Le visage, où se
montre la fierté des races royales, n'en respire

pas moins un grand charme ; les traits sont fins, délicats, la vie et l'esprit les animent. Involontairement, devant ce marbre, vous vous dites : « Qui que tu sois, tu seras vaincue, et fille de César bien plus encore ! » Légèreté, hauteur, coquetterie, tout l'arsenal de la provocation, et rien pour la défense ; aucune volonté, point d'énergie. Un large et souple pallium enveloppe le corps élancé, dont le maintien trahit la grande dame ; dans ce costume, décent jusqu'à l'austérité, ne découvrant que la main gauche, tandis que le bras droit se relève sous les plis et doucement sert de support au cou, — l'œil scrupuleux d'Auguste ne trouverait pas un défaut à reprendre.

On sait quel juge morose était César et combien il avait la remontrance aisée en ces questions d'attitude et de toilette. Trop de luxe, de familiarité l'indisposait ; il ne permettait pas à sa fille de paraître vêtue librement. Un jour, au théâtre, pendant un combat de gladiateurs auquel assistait la famille impériale, il constata, non sans mauvaise humeur, la différence très-marquée d'impression que produisirent sur l'assemblée l'apparition de Livie et celle de Julie. L'une arrivait accompagnée d'un conseil d'hommes graves et déjà mûrs, tandis qu'autour de l'autre avait pris place une députation de la plus frivole jeunesse. Julie, à peine rentrée, eut sa semonce sous forme d'un de ces billets que son père aimait à décocher, et, comme elle avait l'esprit de famille et n'était point une personne à se déconcerter jamais, elle riposta sur-le-champ : « Patience pour mes jeunes gens, et ne me les reprochez pas tant, car eux aussi vieilliront avec moi! » Auguste sourit et continua son métier d'épilogueur débonnaire. Au fond, il l'adorait et refusait de croire à son inconduite; tout au plus admettait-il ce que nous appellerions des inconséquences. Une autre fois, il la surprit se faisant enlever quelques rares cheveux blancs poussés bien avant la saison, je dirais presque en primeur, sur cette jolie tête. La cueillette allait son train, lorsque l'arrivée soudaine de César dérangea tout; les femmes n'eurent que le temps de s'échapper, emportant, ou croyant emporter, le secret de l'opération; néanmoins, il resta des traces, deux ou trois cheveux égarés. L'empereur les remarqua, mais sans se trahir par aucun mouvement. Il se mit à causer de choses diverses, et sans en avoir l'air, amena la conversation sur l'âge de Julie. « Et penser, lui dit-il, que dans quelques années tu vas commencer à vieillir. Qu'aimeras-tu mieux alors, des cheveux blancs ou de la calvitie? — Moi, cher père, mais il me semble que je préférerais encore des cheveux blancs!

— Oh! la fourbe! reprit Auguste. S'il en est ainsi, pourquoi souffres-tu que tes femmes déjà commencent à te rendre chauve! »

Je me la représente devant l'autel de sa toilette, environnée de tout le personnel, de tout le cérémonial du culte. Assise sur le siége d'or, — tandis que des servantes empressées passent aux doigts de ses pieds les anneaux de pierreries ou baignent de senteur les draperies de sa tunique, — elle jase et badine, et sa bouche, fraîchement teintée de carmin, ébauche un sourire à l'esclave qui lui tend le miroir. L'esclave au miroir est de toutes les filles du service, la plus rapprochée de sa maîtresse. On la veut jeune, belle, et surtout irréprochablement saine de corps, chose rare à trouver au milieu de la corruption des mœurs romaines. La pureté de son haleine décide de sa fortune. Elle souffle sur le miroir, et, pour être adoptée, il faut que la surface limpide, un moment ternie, renvoie à l'odorat de la grande dame un parfum de rose et de violette. Comme elle a son Nubien farouche pour l'accompagner et la garder, Julie a son esclave favorite préposée au miroir, aux secrets messages. Phœbé vit dans la contemplation, l'adoration de sa patronne. Cette jeune tigresse devient une gazelle apprivoisée aux genoux de l'auguste princesse, qui, selon les caprices de l'heure, la flatte, l'enguirlande, ou s'amuse à lui darder dans les chairs son épingle à cheveux.

On n'en finirait pas avec ces traits anecdotiques, qui nous montrent — chacun dans son caractère et son contraste — ces deux personnages si peu semblables, quoique si rapprochés, et malgré tout liés d'invincible tendresse : celui-là, dévotieux gardien des convenances, fauteur des vertus domestiques, circonspect, économe, frugal ; celle-ci, tout à son luxe, à ses entraînements, à ses passions, le sang impétueux du grand Jules, sa vraie nièce, et la postérité retrouvée de Vénus, l'immortelle aïeule ! Auguste, ayant un soir désapprouvé l'équipage de sa fille, la vit venir à lui le lendemain mise très-simplement, et, comme il la félicitait du changement : « C'est qu'aujourd'hui, répondit-elle, je me suis habillée pour mon père ; et hier pour mon mari. » Chez une Romaine de la République, le mot pourrait passer ; mais chez Julie, comment y croire ? C'est pour ses amants qu'elle s'habillait et non pour son mari, qu'elle abhorrait, et qui, farouche, à l'écart, dévorait sourdement ses colères, ne se sentant point de force à porter plainte. Les bruits promenés par la ville, certains propos licencieux de Julie, lui tintaient aux oreilles. A l'observation d'un de ses amants, lequel, sachant le fond des choses, lui demandait comment il se faisait que tous les enfants d'Agrippa ressemblassent à leur père, l'épouse impudique n'avait-elle pas répondu par ce trait d'une audace dont l'honnêteté de notre langue ne souffre point la traduction : *Nunquam enim nisi navi plena tollo vectorem?*

IV

Revenu depuis peu de sa dernière campagne en Germanie, Tibère, d'un simple coup d'œil, s'était rendu compte de la situation, et, la mesurant bien, avait dû reconnaître qu'elle n'était pas à son avantage. L'influence de Julie régnait sans égale ; une riche lignée de princes et de princesses entourait la féconde mère et déjà grandissait pour la dynastie. L'aîné de ses fils, Caïus César, héritier présomptif, s'avançait chaque jour d'un pas plus assuré dans la faveur publique. Auguste l'y aidait de tout son pouvoir, et dans son impatience à le couvrir, à l'accabler d'honneurs, lui et son frère, obtenait du Sénat les dispenses d'âge nécessaires. Les Infants, salués, acclamés par la foule, occupaient la scène au premier rang ; ils habitaient chez Auguste, qui lui-même présidait à leur éducation, les voulait pareils à lui en toute chose et s'évertuait à leur transmettre jusqu'à son écriture. A la table de famille, il les plaçait à sa droite sur le triclinium ; en voyage, ils chevauchaient près de l'empereur ou montaient dans une litière qui précédait la sienne. Tibère n'était pas seulement mis à l'ombre, il gênait. Le Tribunat même, dont il venait d'être investi, ne le défendait point contre l'outrage. A trente-six ans, malgré ses victoires et ses nombreux services, il lui fallait à chaque instant subir les arrogances des jeunes princes du sang et de leur clique. Le peuple l'accueillait avec froideur, et la société n'avait plus assez de sarcasmes pour cet époux si aveugle ou si tolérant, *impudicitiam uxoris tolerans aut declinans.*

Julie cependant réclamait davantage ; la présence de Tibère l'importunait pour vingt raisons. Elle entreprit donc de persuader son père, et l'odieux fils de Livie reçut la mission d'aller en Orient guerroyer contre les Parthes. On évitait ainsi toute chance de conflit entre un mécontent dangereux et ces jeunes Césars, dont l'astre naissant ne devait pas être offusqué. A l'époque du premier mariage s'était déjà produit quelque chose de pareil à cette situation. Marcellus, qui jouait alors, comme époux de Julie, ce brillant

premier rôle que le prince Caïus, fils de cette
même Julie, tient à l'heure où nous sommes, —
l'imberbe Marcellus, ivre de sa popularité, de sa
faveur auprès du maître, avait osé vouloir lutter
d'influence avec un Marcus Agrippa, et, — signe
caractéristique, — c'était l'enfant présomptueux
qui l'avait emporté sur le vainqueur d'Actium.
Auguste, malade et en danger de mort, avait
remis l'anneau impérial à son coadjuteur illustre, de quoi le petit aiglon devint tout rouge et
cria si fort que César, aussitôt rétabli, dut s'incliner devant cette puérile prétention et lui sacrifier
Agrippa ; ce que Pline appelle, à très-juste titre,
la regrettable mission d'Agrippa, *pudenda Agrip-
pæ ablegatio*. On sait comment le vieux soldat prit
l'affaire ; il accepta cette mission, en chargea des
officiers de sa suite, et demeura, lui, dans le voisinage de l'Italie. Tibère avait trop de piété, de
soumission envers ses bons parents, pour jamais
risquer de leur déplaire. D'ailleurs, ce que l'indispensable ami d'Auguste pouvait se permettre
n'était point là de saison. Tacite vante la modestie
de Tibère ; cette vertu ne l'empêchait pas de res-
sentir l'injure, mais elle communiquait à son ressentiment une invincible force de passivité. Le
dégoût, la mélancolie aidant, il résolut de rompre
à tout prix avec ces relations dont le poids l'acca-

blait. Il en avait assez de ces misères que lui infligeaient de tous côtés la jalousie des jeunes princes et l'implacable animosité de sa femme. Il voulait l'absolue solitude, une retraite silencieuse et lointaine, et pour seules consolations la science et les lettres. Peut-être aussi qu'un secret calcul n'était pas étranger à ce dessein, et qu'il comptait ainsi provoquer de sérieuses réflexions chez son ingrat beau-père en le mettant à même de sentir le vide de son absence et de voir si c'était avec des jouvenceaux qu'on remplaçait un homme tel que lui. Il déclara donc que sa santé, non-seulement ne lui permettait pas d'entreprendre une nouvelle campagne, mais le forçait de se démettre pour un temps de tous ses emplois. L'empereur refusait d'y croire; il supplia : peine perdue! La dissimulation implique toujours une certaine faiblesse, et Tibère avait l'inexorable entêtement des caractères faibles, qui lentement cheminent vers un point, et jamais ensuite n'en démordent.

Il quitta Rome et l'Italie, se dirigeant vers Rhodes. Auguste ne s'y trompa point; c'était son divorce avec Julie que Tibère venait de dénoncer. Le maître du monde reçut l'outrage avec amertume. « Cette retraite de Tibère, remarque Pline, fut une des hontes et des grandes douleurs de la vie d'Auguste; » exil volontaire, qui, grâce

aux manœuvres de Julie et de Sempronius Gracchus, n'allait guère tarder à se changer en exil
forcé. Tibère, en effet, avait agi là comme un
écolier. Quitter la place à ses adversaires, jouer
leur jeu, quelle politique pour un si profond diplomate ! Il laissait Livie seule aux prises avec
une cabale impitoyable. Julie et Scribonia, sa
mère, l'emportaient ; derrière elles se groupaient
tous les ennemis de l'impératrice et de son fils,
cet odieux pédant, comme on l'appelait dans sa
propre famille. Il ne s'agissait plus que de profiter
de l'avantage pour creuser entre Tibère et son
beau-père ulcéré un de ces abîmes qui rendent
les retours impossibles, et chasser, une fois
pour toutes, cet intrus de la maison de Jules. Le
but n'était pas hors de portée, seulement, il eût
fallu prendre au sérieux l'aventure, vouloir ce
qu'on voulait, et par malheur, Julie était bien légère et Livie bien forte. La partie néanmoins
s'engagea.

Au premier rang de la jeune noblesse romaine
figurait Sempronius Gracchus, très-bien doué,
très-instruit, passé maître dans tous ces agréments qui vous mettent un personnage à la mode,
et d'autant plus dangereux que ces talents, qu'il
possédait en quantité, lui servaient de préférence à
nuire. Cet homme, l'amant de Julie sous Agrippa,

et qu'elle avait voulu quitter en se remariant, ne pardonnait point à Tibère d'avoir jeté le trouble dans ses relations secrètes. Troubles d'un moment. Après les premières couches de sa femme, Tibère, ayant perdu l'enfant, s'éloigna peu à peu, et Sempronius, habile à saisir l'occasion, reconquit sa maîtresse et sa proie. N'importe, cette rupture avait aigri le libertin, non moins que l'intrigant ; c'était donc entre lui et Tibère, — qui d'ailleurs savait tout, — une haine à mort, et et dès que la vengeance sonna l'heure, il fut exact au rendez-vous. Le programme était des plus simples : envenimer la blessure faite au cœur d'Auguste vieillissant; pousser à l'irritation, à la colère, le mécontentement contre Tibère impie envers le meilleur des pères, rebelle envers son souverain. Julie écrivait à l'empereur des lettres intimes, que dictait Sempronius, correspondance pleine de griefs et de rancunes, actes d'accusation poursuivis pendant quatre ans; au bout desquels l'absent devint un proscrit.

Julie avait brisé l'obstacle; débarrassée enfin de son importun surveillant, elle crut pouvoir s'affranchir de tout respect humain à l'égard d'une alliance qui légalement tenait encore. Fille de César et son idole, elle sentait monter son crédit à mesure que grandissaient les jeunes princes.

Auguste, pris d'un redoublement de tendresse, l'accablait de soins, de prévenances, comme s'il l'eût chérie davantage à cause des ennuis dont la conduite de Tibère le tourmentait. « Les princes, écrit Dion Cassius, savent tout, plutôt que ce qui se passe dans leur propre maison, et tandis que leurs moindres actes sont connus de chacun, rien ne leur arrive de ce qui se fait dans leur entourage.» C'était le cas d'Auguste envers sa fille. Il l'estimait un modèle d'honneur et de vertu; ses reproches, quand il jugeait bon d'en adresser, ne visaient jamais que des oublis de convenance. Il avait·bien, du temps d'Agrippa, jadis ouï parler de désordres; mais ces bruits portaient en eux-mêmes leur condamnation et ne résistaient point à la première enquête. Un simple regard promené autour de lui sur les enfants de Julie avait suffi pour le rassurer. Les chers enfants rappelaient, à s'y méprendre, les traits d'Agrippa leur père, et César, qui naturellement ignorait certains secrets confiés aux seuls élus, ne pouvait que rougir d'avoir douté.

Elle, cependant, mettant de côté toute retenue, descendait chaque jour d'un degré l'horrible échelle. Livie, impassible, observait, prête à s'avancer pour jeter au gouffre sa rivale; mais le moment, il fallait l'attendre. Froide, muette, elle

guettait ; le serpent dans sa jungle a de ces af-
fûts : l'oiseau frivole et toujours gazouillant tombe
de branche en branche ; un mouvement encore,
il est mort ! L'imprudence, trop de hâte, pouvaient
tout perdre ; allez donc disputer son trésor à ce
père frappé d'aveuglement et qui, non content
de traiter le bruit public de calomnie, en est venu
à se faire de sa Julie un idéal de chasteté !
« Ainsi, disait-il entre amis, devait être cette
Claudie dont parle l'Histoire ! » — Claudia Quinta,
qui jadis, au temps de la seconde guerre punique,
avait, par un miracle, confondu ses accusateurs.
Un navire, apportant de Grèce la statue de la
mère des dieux, s'était échoué près du port d'Ostie, et les devins annonçaient que, seule, une honnête femme pouvait le remettre à flot. Alors,
d'un groupe de matrones venues au devant de
l'image sacrée, Claudia se détache, elle saisit la
rame en invoquant Cybèle : ô prodige ! sous cette
faible main, la masse pesante s'ébranle, remonte
le Tibre et gagne la ville au milieu des acclama-
tions du peuple. Ne croirait-on pas lire une légende du Moyen Age ? De ce navire de Cybèle,
il semble que la barque de Lohengrin soit sortie.
Illusion étrange, comparer Julie à cette femme
dont les Dieux attestaient le mérite et qu'une statue d'airain immortalisa dans Rome !

V

Auguste avait soixante et un ans; sa gloire, son pouvoir, son bonheur domestique, touchaient au faîte. En revêtant la robe virile, Caïus d'abord, plus tard Lucius, son frère, avaient été présentés au peuple, et désormais, proclamés princes de la jeunesse, ces deux fils de Julie, dans leur brillante armure d'argent, conduisaient au Champ-de-Mars l'escadron de la chevalerie romaine. Salué lui-même par le Sénat du titre de Père de la Patrie, le fortuné souverain entendait des millions de voix porter son nom jusqu'aux nues; c'était le plus grand honneur que Rome pût décerner. A l'occasion de cet événement, des fêtes eurent lieu; Auguste les présida, partout accompagné de Julie, orgueil suprême de sa race. Et quel père, en effet, n'eût été fier d'une telle fille? A ne parler que de sa beauté, la distinction régnait sur tous ses traits, d'une expression ordinairement sévère ; la ligne droite qui, tombant du front, dessinait le nez de forme grecque, se courbait légèrement à la hauteur des yeux, et donnait au visage un air sombre, parfois dur, signe caractéristique des Césars. La froideur et le dédain se lisaient sur les lèvres. Un sein sculpté dans le marbre, des épaules de déesse, prêtaient à l'ensemble de la physionomie des séductions faites pour tempérer l'excès de dignité. Au front brillait le diadème, tandis que sur la nuque trois rangées de perles cerclaient une masse de cheveux noirs tordus en un seul nœud. Au moment où son père lui présentait la main soit pour sortir du palais, soit pour y rentrer, un cri d'admiration jaillissait de toutes les poitrines, et, parmi tous ces hommes au milieu desquels elle passait impénétrable, combien n'étaient-ils pas ceux qui pouvaient se dire : « Vesta ! j'ai soulevé tes voiles !. » Les libertins de haut lieu se délectaient au souvenir de royales faveurs ; d'autres se prenaient à trembler en croyant reconnaître, dans cette fille des Césars, la Circé fortuite d'une heure de débauche ! Malheureux Auguste ! quel réveil l'attendait ! Tandis qu'il s'abandonnait à ses paternelles effusions, d'horribles rumeurs circulaient par la ville. Il n'était bruit que des amours criminelles de Julie, de ses déportements ; on se racontait ses frénésies farouches, ses défis impudents portés à la morale publique, ses folles jouissances que doublait l'attrait irritant du péril.

L'orage se formait, grandissait. Ces fêtes que partageait Livie, ces odieuses solennités en l'hon-

neur de Julie et des jeunes princes, ne lui rappelaient à elle que son Tibère disgracié. Le ramener
au pied du trône, lui restituer, avec son crédit,
les espérances d'autrefois, c'était l'œuvre où depuis longtemps s'appliquait la persévérante matrone, et l'œuvre avançait sûrement, favorisée de
part et d'autre ; car si l'inflexible Livie serrait le
jeu, Julie, par l'impétuosité de ses dérèglements,
semblait vouloir d'elle-même hâter sa perte. Déjà
la catastrophe l'enveloppait, elle ne voyait rien ;
ses pas étaient suivis, de tous côtés des espions
éventaient sa trace. Livie sentait son ennemie là
où elle la voulait, et, quand elle eut bien reconnu
que nul moyen ne lui restait de s'échapper, elle
tira le filet sur sa proie.

Le premier instant fut terrible ; jamais pareil
scandale n'avait soulevé Rome ; les dénonciations
arrivèrent foudroyantes, et, grâce aux bons offices de la magnanime Impératrice, toutes portaient
coup. C'est qu'il ne s'agissait pas aujourd'hui de
menus griefs, de galanteries plus ou moins discrètement gouvernées, la fille de César, la première dame de l'empire, était accusée de s'être
ravalée au niveau de la dernière des créatures.
Outrages répétés à la foi conjugale, impudicités
de toute sorte, flétrissure portée à la Maison impériale par de grossiers dérèglements et le mépris

des lois et ordonnances du Souverain ; intelligences
politiques et complots avec plusieurs de ses
amants reconnus coupables d'avoir conspiré, —
tel fut l'acte d'accusation qui, frappant Julie,
allait atteindre son père encore plus cruellement
peut-être. Il fallait que ces divers crimes eussent
pour eux des témoignages publics bien irrécusa-
bles, que tout cela fût bien patent, bien avéré,
pour que Livie jugeât l'occasion venue de lancer
l'attaque.

Auguste, nous le savons, adorait cette fille ; en
outre, il avait horreur du scandale. Nul doute
qu'il eût employé, s'il l'avait pu, tous moyens
d'étouffer l'affaire. L'opinion lui força la main, et
le Maître du Monde, impuissant à sauver même
les apparences, dut se résigner à voir la discussion
publique s'emparer de ses secrets et de ses hontes de famille. Son amertume s'accrut de cette
circonstance : il se reprochait aussi tant d'affection, d'indulgence, envers cette enfant hier
l'orgueil, désormais l'opprobre de sa vie. Capable de supporter la mort des siens, mais non pas
de souffrir leur honte, il se voyait en présence de
la plus affreuse catastrophe ; la flétrissure impri-
mée au front de son enfant unique ; l'honneur de
sa maison violé, profané aussi ce divin sang des
Jules dont la pureté constituait la force de la

dynastie, et par là compromise à jamais la légitimité des héritiers de son nom et de sa puissance :
c'était à en perdre la raison. La bonne Livie avait
calculé juste. Au saisissement de la première
heure succéda bientôt la colère du désespoir ; lui-
même requit les poursuites, et, ne pouvant se
rendre en personne au Sénat, chargea son questeur d'aller y notifier l'acte d'accusation. Le témoignage de l'Histoire est écrasant ; Sénèque
surtout vous stupéfie ; les autres, Tacite, Suétone,
Velleïus, dictent leurs arrêts, prononcent à distance ; mais lui, vous diriez qu'il a devant les
yeux les pièces mêmes du procès ; il parle d'autorité, raconte ; et quels faits il avance ! Conve-
nons que ces grandes dames romaines étaient
des impures épiques. Il y a dans leurs débauches
et leurs vices quelque chose de monstrueux qui
rappelle la Fable : on se croirait parmi leurs
Dieux, tant c'est horrible !

Un jour devait arriver où le Destin livrerait en
pâture à quelques hommes l'univers avec toutes
ses jouissances. Après la dernière guerre civile,
il semble que la roue du temps cesse de tourner.
C'est un silence formidable dans l'Histoire, tout
se tait, s'immobilise. Arrêt sinistre précédant
l'inévitable écroulement du vieux monde ! Auguste
règne à l'ombre du passé ; les anciennes formes

de la République l'aident à gouverner : s'il pros-
père et va jusqu'au bout, c'est pour avoir conquis
le pouvoir qu'il exerce, pour s'être fait lui-même
ce qu'il est ; mais ses successeurs, eux, n'ont plus
rien à prétendre, le monde est à jamais conquis,
il ne leur reste qu'à jouir ; l'humanité leur appartient, qu'en faire ? Ils ne le savent, car la jouissance veut être conquise, et surtout veut être mé-
nagée. La jouissance sans limites, sans intermit-
tences, ne donne que des misanthropes ou des
monstres. Tibère à Caprée, bâille sa vie ; les autres : Caligula, Claude, Néron, sont des hallucinés,
des hystériques. La fille d'Auguste est de ce
monde-là : insensée, insatiable !

Gardons-nous de la juger selon les lois de nos
sociétés modernes ; et, sans lui jeter la pierre,
laissons-la vivre et se quereller avec son temps,
avec ses Dieux plus coupables qu'elle.

VI

A l'une des extrémités de Rome, dans le voisinage du Cirque, s'élevait le temple d'Hercule,
vieil édifice d'un mauvais renom et qui datait du
temps du roi Numa. Qu'on se figure une immense
rotonde, avec une double colonnade ionique, rece-

vant la lumière par en haut : tout autour régnait
une galerie garnie de lits de repos et sur laquelle
s'ouvraient les cabines et vestiaires des gladiateurs ; au milieu se creusait fraîche et limpide la
piscine qui servait à leurs bains et dont une statue de Phidias, — Hercule terrassant l'Hydre de
Lerne, — formait le rond-point. Les plus fâcheux
bruits couraient sur ce temple, qui passait pour
un lieu de rencontres clandestines et même pour
un coupe-gorge. Une ordonnance du Sénat en
avait interdit l'accès aux femmes ; c'était une raison pour que celles du meilleur monde se fissent
un devoir d'y pénétrer. Là se rendait assidûment
Julie, le visage masqué, un long voile enveloppant
son corps de la tête aux pieds. La princesse em-
menait avec elle dans ces expéditions son Nubien, grand et bel esclave fièrement découplé,
devant qui s'abaissaient toutes les consignes.
Reçue à la porte par le prêtre de service, elle en-
filait, svelte et furtive, un escalier dérobé qui la
conduisait au haut de la rotonde, où l'attendait,
avec ses riches tentures, ses tapis, ses coussins
de pourpre, un élégant salon, sorte de loge grillée
qui par son ouverture livrait au regard tout ce
qui se passait à l'intérieur. Voir sans être vue,
plaisir de reine ! D'aventure, quand une amie se
trouvait là, on échangeait ses idées on se nom-

mait les figures de connaissance qui se cachaient également dans les loges voisines, ou bien, seule, accoudée, l'œil ardent et fixe, on rêvait.

Cependant, les gladiateurs se préparaient aux combats du Cirque, ceux-ci, plongés à mi-corps dans la piscine de porphyre, se détendant et s'étirant après le bain; ceux-là s'exerçant à l'escrime; quelques-uns frictionnant leurs membres assouplis; d'autres, couchés entre les colonnes, causant et plaisantant avec leurs camarades encore dans l'eau. Rome, qui payait fort cher ses jeunes athlètes, les voulait dispos de corps et d'esprit, il fallait, pour la satisfaire, qu'on mourût avec de belles attitudes. Souvenons-nous ici de ce chef-d'œuvre du Musée capitolin [1] et pensons aux vers de Byron :

> See before me the Gladiator lie
> He leans upon his hand.....

« Sur un énorme bouclier, l'homme est gisant, blessé à mort, sa main droite, d'où le glaive s'est

---

1. Progrès ou décadence, cette statue du *Gladiateur* marque un pas vers le vrai historique, national, typique. A la beauté abstraite du pur hellénisme, à l'idéal de la forme humaine généralisée, succède l'individuel, le caractéristique. Ce guerrier mourant est bien un Dace. Nous sommes sur la voie du naturalisme, du portrait. Lysippe et son école ont passé par là.

échappé, s'appuie au sol; l'inclinaison de la tête
abandonnée et fléchissante, la fixité du regard,
l'horripilation du front, tout indique l'approche
du fatal instant où son dernier souffle va s'exhaler par sa bouche entr'ouverte. Il voudrait mourir
seul, à l'écart, dérober au public la vue de ses
traits crispés par l'agonie. Le Cirque retentit
d'applaudissements et de clameurs; lui n'entend
rien : ses yeux, son cœur, planent au loin. Encore
quelques secondes, et son bras raidi s'affaissera,
et sa tête immobile reposera dans l'éternel sommeil; en attendant, il revoit sa hutte sauvage au
bord du Danube, il sourit à sa jeune femme, qui
le pleure au pays des Daces, tandis que lui expire
ici pour le gaudissement du peuple romain. »

C'était donc à régler ces effets et ces poses que
s'appliquaient tous ces Antinoüs, ces Apollons,
ces Hermès et ces Adonis, dont la plupart se
sentaient sous le regard de leurs sultanes. Succomber avec goût, laisser le glaive s'échapper
galamment de sa main, mettre de l'harmonie et
du style jusque dans le spectacle de sa blessure,
étaient les principaux attraits d'un gladiateur sur
la scène; mais dans cette Rome dépravée, d'autres
théâtres, non publics, s'offraient à son activité, à
ses talents. Comme les grands seigneurs du dernier siècle avaient leurs *petites maisons*, on avait

au fond du faubourg la maison de sa nourrice : logis discret, d'apparence modeste, un sphÿnx de granit égyptien gardait l'entrée, nul n'y pénétrait, nul, de ses yeux, ne contemplait le luxe et les merveilles des appartements intérieurs, sinon l'hôte mystérieux appelé, désiré, et qui, souvent, payait de sa vie la fatale initiation. Dire d'une femme qu'elle avait eu pour amant un gladiateur, aucun outrage n'égalait celui-là ; mais chez ces natures dévorées d'appétits malsains, le vice l'emportait. Voir fléchir sous le fer meurtrier de l'adversaire ce jeune héros qu'une heure auparavant elles serraient entre leurs bras ; voir se décolorer, blêmir la pourpre de ces lèvres, où le sang naguère affluait en baisers de feu, cruauté féroce dont la seule idée vous épouvante, et que ces aimables vampires de l'Antiquité goûtaient comme un raffinement de volupté ! C'était du reste pour les superbes curieuses une simple affaire de choix ; car jamais plus belle collection de types ne s'offrit. A côté du Nubien, taillé en Alcide, l'Africain crépu déployait sa gracilité de Faune, et près d'eux se roulait par terre, — avec un tigre, — quelque blanc et nostalgique enfant de la Gaule, insoucieux des regards qui dardaient sur lui des tribunes.

L'usage était qu'avant la sortie le prêtre de

l'endroit vint prendre les ordres de la fille de
César, qui négligemment, du bout de son masque,
désignait sa proie. Avec des protections, on se
tire de tout en ce monde, et le métier de gladiateur ainsi compris menait souvent un homme à
la fortune, aux honneurs. Tous, cependant, n'ac-
ceptaient pas, et Julie elle-même, Julie, trouva sur
son chemin des rebelles : chastes fils du Septen-
trion que le souvenir de la patrie vaincue alan-
guissait jusqu'à la mort, Barbares que le pressentiment d'un Dieu nouveau rendait indifférents aux
débauches de Rome! Être la première par le rang,
la beauté; pouvoir tout, braver tout, s'appeler
Julie et compter avec ses caprices, en connaître
d'inassouvis! rencontrer devant soi des résistan-
ces! .

Les cheveux dénoués, l'insulte aux lèvres, elle
adjurait, gourmandait Vénus, (à sa proie atta-
chée), invoquait le Styx, et par les nuits obscures,
les quartiers déserts, s'égarait.

Morne et farouche, le Nubien toujours sur ses
pas, où court-elle? Défier l'ingrate déesse qui la
laisse souffrir, au mépris de tant d'or versé dans
ses temples; son instinct pervers la dirige; malgré trouble et vertige, elle arrivera. Le Champ-
de-Mars la reçoit : plaine immense vouée au Dieu
de la guerre, et qu'habite une population à part.

D'innombrables abris et constructions militaires
forment, dans le vaste espace, un carré qui s'étend
à perte de vue, et du milieu duquel se dresse, en
airain, la statue colossale de Mars projetant sa
grande ombre jusqu'au portique de la principale
entrée, d'où l'œil plonge sans fin sur une avenue
de colonnes.

L'armée dort ; partout le silence, que seul interrompt l'appel lointain des sentinelles.

Tout à coup, de l'obscurité, un groupe se détache ; des soldats avinés regagnent leur quartier : ils sont quatre.

Julie haletante leur apparaît debout sur le degré d'un marbre. Ils l'accostent effrontément :

« Prêtresse d'Aphrodite, où vas-tu par ces heures nocturnes ? »

Et la fille de César :

« Aux mystères de Circé, où l'on voit les hommes se changer en taureaux ! »

VII

De pareils procès s'emparent des esprits pour
les occuper ensuite pendant des siècles. A tel
jour, tel moment, Némésis frappe du pied le sol,
et c'est alors comme une volcanique éruption de

scandales dans cette atmosphère relativement calme, et que traversaient à peine, ici et là, quelques éclairs étouffés aussitôt. Ce qui hier encore pouvait s'appeler médisance et calomnie, aujourd'hui devient de l'histoire, et cette horrible moisson, poussée, mûrie en un clin d'œil, des milliers de mains s'en arrachent les gerbes, les épis, jusqu'à la folle ivraie.

« Horrible à la mémoire des hommes, s'écrie Velleïus, effroyable à raconter, la tempête éclata dans la propre maison de l'empereur. Oubliant tous ses devoirs envers son père, toute espèce d'égards envers son époux, Julie porta l'extravagance et le dérèglement au delà des bornes de l'impudence, mesurant sa licence à la hauteur suprême de son rang! »

Mais, Velleïus, plus rapproché des personnes, s'en tient aux généralités, et, sous le coup de l'événement, n'ose aborder les détails. Si nous voulons des faits, attendons Sénèque, et demandons à ce contemporain de Claude et de Néron le brutal résumé de l'acte d'accusation.

« De nuit, on la vit errer par la ville, au milieu d'une escorte d'amants, promenant ses hontes au Forum et prostituant de son dévergondage cette tribune aux harangues du haut de laquelle son père promulgua la loi contre l'adultère. De jour, c'était près de la statue décriée de Marsyas qu'elle donnait ses rendez-vous, et là, mêlée aux dernières créatures de Rome, elle partageait insolemment leurs vils plaisirs. »

Eh! dans un monde pareil, dans cette société où vivait Julie, quelle considération l'eût arrêtée? Plus on est princesse et moins il vous reste de chance de salut. Une fois lancée sur la pente, c'en est fait. Le vice est un abîme, il attire, il a ses degrés qu'on aspire à descendre, ses secrets qu'on veut découvrir. Danser une ronde affolée autour de la statue de Marsyas, pour une princesse, quel attrait! Bientôt s'accroît la frénésie; cette statue, si on la couronnait? La loi punit de mort cet acte infâme, donc le plaisir en serait double. L'émulation est une si belle chose que tout le monde en a; l'âme qui s'élève comme celle qui se dégrade; qui fait le bien cherche le mieux, qui fait le mal rêve le pire, et la fille de César en vient à couronner la statue de Marsyas. On voudrait n'y point croire; mais rien chez la femme de tous les temps ne rend pareille chose invraisemblable; d'ailleurs, les lettres d'Auguste parlent, et Pline aussi, qui les a lues : *Litteræ illius describunt.*

Le désespoir d'Auguste fut immense; seul, retiré à l'écart, inabordable à ses amis, il n'avait plus devant les yeux que sa honte, et méditait de laver cette honte dans le sang de la coupable.

Une des femmes de Julie, Phœbé, son affranchie et sa confidente, s'était pendue pour échapper à la main du bourreau. On rapporte la nouvelle à César, qui s'écrie : « Pourquoi Phœbé n'est-elle point ma fille! » La princesse a moins de courage qu'une suivante ; elle se cramponne à la vie, laisse vider la coupe d'amertume à son père, et lui, que tant d'infamie épouvante, ne sait plus à quel parti se résoudre. Il voudrait reculer; impossible. Cette publicité, ne l'a-t-il pas voulue? N'a-t-il pas déchaîné le scandale? Où sont les fidèles amis et conseillers des jours heureux? Agrippa, Mécène, qu'êtes-vous devenus? Si la mort les eût épargnés, rien de tout cela n'arriverait peut-être; mais à présent on avait devant soi des faits accomplis ; on s'était engagé dans la voie rigoureuse, il fallait y marcher. Ici le politique se retrouve et parle; la sûreté personnelle du monarque et le salut de l'État sont en jeu; que le cœur du père se le tienne pour dit, et que, jusqu'au dernier mouvement de tendresse et de pardon, tout soit comprimé, étouffé.

L'instruction établit que cette brillante jeunesse de Rome ne se contentait pas d'adresser de criminels hommages à la fille d'Auguste, et que,

sous couleur de galanterie, tout ce monde-là cons-
pirait plus ou moins contre la vie de l'empereur.
Auguste, à soixante et un ans, aimait à célébrer
entre amis les charmes de la retraite, racontait
volontiers le plaisir qu'au terme d'une si labo-
rieuse existence il aurait à faire passer sur des
épaules plus jeunes le fardeau du gouvernement.

Pour le coup, il se crut pris au mot, et, si sincère que fût le souhait, s'irrita fort à l'idée que
sa fille eût voulu le réaliser avec l'aide d'un de
ses amants. Tous furent poursuivis, frappés : qui,
de la peine de mort ; qui, du bannissement ; et
quels noms ! Un Appius Claudius, un Quintus
Crispinus, un Scipion ! Sempronius Gracchus alla
dans l'exil, en Afrique, attendre le cadeau de
joyeux avénement que lui réservait la haine de
Tibère ; Antoine, lui, n'attendit point, et sur
l'heure même se tua. Ce fils du grand triumvir
et de Fulvie était assurément le plus dangereux
de la bande ; Auguste, écrasant le nid de serpents,
pouvait dire de celui-là qu'il l'avait réchauffé dans
son sein. A la chute du père, comme si ce n'était
pas assez que de le laisser vivre, il l'avait re-
cueilli, élevé.

Toutes les dignités que tu m'as demandées,
Je te les ai sans peine et sur l'heure accordées.

Il l'avait fait préteur, consul, gouverneur de province, et, de plus, heureux époux de Marcella, fille d'Octavie, renouant ainsi d'anciens liens qui jadis unissaient les deux familles. Auguste eut nombre de ces erreurs, où du reste la magnanimité n'entrait pour rien ; sa clémence lui venait moins de la bonté d'âme que d'un profond besoin de vivre en paix avec lui-même. Par malheur, Octave en avait trop fait, et presque toujours Auguste ne trouva que des ingrats. On ne réconcilie pas l'irréconciliable ; quand vous avez proscrit les pères, il est bien difficile que les fils vous adoptent jamais sincèrement. Ces faveurs, dont vous les comblez et les accablez, toutes ces grâces propitiatoires sont peine perdue ; ils accepteront les bienfaits sans moins haïr le bienfaiteur. La clémence d'Auguste n'avait qu'un but tout égoïste, l'oubli du passé, supprimer d'incommodes filiations de ressentiments ; c'était la spéculation d'un bourgeois vieillissant, et qui ne demande qu'à dormir tranquille. Aussi quelle réaction au moment de la catastrophe, et comme il va se retourner soudain contre cette fille, jadis l'objet de tant d'aveuglement et cause aujourd'hui de tout ce désarroi !

Le souverain justicier, le vengeur des morales publiques eut peut-être pardonné, le père dépos-

sédé de ses félicités domestiques sera inexorable.
Un jour, — l'exil de Julie durait déjà depuis cinq
ans, — le peuple assemblé demande à grands
cris grâce pour elle. Auguste d'abord reste sourd ;
mais, voyant s'affirmer la démonstration : « Je
souhaite, dit-il, que les Dieux vous envoient de
telles filles et de telles femmes, afin que vous
soyez à même d'apprécier mes sentiments et de
juger de ma conduite! »

VIII

Expulsée de la Maison impériale, bannie de
Rome, elle ira, loin des yeux de son père et de la
patrie, vivre et mourir gardée à vue dans une
île déserte.

Par une nuit d'automne, une litière fermée,
que des soldats escortent, sort de la grande ville.
La princesse hier si haut placée dans la lumière, celle qui naguère de son rayonnement
éclipsait tout, s'en va morne et farouche ; l'exil
l'attend ; non, le tombeau ; car c'est une sépulture
qu'un pareil exil, et plus effroyable châtiment
n'atteint pas la vestale impie qu'on enterre vivante.

En Campanie, dans ce merveilleux golfe de

Gaëte, à six milles environ de la côte, surna-
gent les îles de Ponza, lieux inhospitaliers qui,
sous les derniers Bourbons de Naples, servaient
à l'emprisonnement des condamnés politiques.
A ce groupe de méchants îlots appartient l'antique Pandataria, vieux cratère éteint dont un
millier de pas mesure la largeur, et qui peut
avoir une lieue de long : terre pétrie et de lave
et de pierres poreuses, sans ombrage, sans ver-
dure, où rien ne pousse, à l'exception de quelques
carrés de légumes et de quelques plants de vigne,
seule ressource des pauvres habitants. Ce misérable roc pelé, désert, battu des flots, la dernière
des servantes de Julie eut tenu à supplice d'y sé-
journer une saison, et c'était là qu'une princesse
du sang de César, la reine du goût, du ton, des
élégances, venait échouer pour jamais.

Un tel changement, et si imprévu, si rapide, a de
quoi terrifier. Se voir du jour au lendemain tré-
buchée de si haut, raillée, foulée aux pieds ! Comment alors ne pas mourir ? Le poignard n'est-il
plus de ce monde, et dans cet affreux îlot, en cherchant bien, en fouillant les ronces, les broussailles,
ne trouverait-on pas un pauvre aspic ? C'est que
chez les femmes de l'Antiquité le suicide est un
héroïsme, et presque toujours procède d'une idée
morale. Arria se tue pour donner du cœur à son

mari, Porcia pour ne pas survivre à Brutus, Cléopâtre pour sauver son honneur de reine. Julie
n'avait à sauver que son honneur de femme, ce
qui devait être à ses yeux bien peu de chose.
Quant à son honneur de princesse, cela regardait l'Empereur et l'Empire, que probablement
elle n'aimait point jusqu'à leur faire le sacrifice
de sa vie. Les grands désespoirs ne secourent
que les grandes âmes, et les seuls avantages de
la beauté, de l'élégance et de l'esprit ne font pas
les Cléopâtre.

N'importe, si scandaleusement que Julie eût
péché, le châtiment fut terrible. On se représente l'état d'esprit de cette malheureuse po-
sant le pied sur ce coin de terre désolé. Je cherche ici Shakespeare : il me manque. Rien n'était
omis de ce qui pouvait aggraver la peine : sup-
pression absolue du bien-être dans l'ordinaire
de la vie; nourriture, vêtements, mobilier, tout
cela réduit au strict nécessaire; ainsi le veut
Auguste, dont c'est de plus l'ordre formel que
nul individu, quel qu'il soit, esclave ou libre,
n'ait accès près de la prisonnière, à moins d'un
permis de l'Empereur portant signalement de la
personne. A cette exorbitante surveillance, Sénèque donne pour motif l'éternelle raison d'État.
A l'en croire, Julie avait dans Rome de nombreux

partisans, toujours prêts à tenter un coup de
main, si bien que lorsque, cinq ans plus tard, la
triste victime de Pandataria fut transportée à
Rhegium, cette mesure eut moins pour objet
d'adoucir que d'assurer sa captivité en la mettant
sous la garde d'une ville forte. La vieille Scribonia, jusqu'à la fin, partagea cet exil sans espoir,
mais non pas sans consolation ; car, dans ce tragique tête-à-tête, la mère et la fille confondant
leurs regrets, confondant aussi leur haine, Julie
pouvait se flatter et croire qu'à la mort d'Auguste
les choses s'apaiseraient ; mais la rude matrone
Scribonia connaissait mieux sa Livie, et durant
ces quinze atroces années ne se fit pas une illusion. Auguste quitta ce monde, et son testament,
loin de renfermer une parole d'amnistie, vint con-
firmer l'anathème. Julie, de même que sa fille,
était exclue de la Maison impériale, et le mausolée de famille ne devait pas recevoir ses cendres.
Dans la mort comme dans la vie, le père implacable rompait toute communauté avec les indi-
gnes rejetons de son sang.

IX

Après avoir, de son côté, huit ans langui en exil,

Tibère est de retour dans Rome. Il s'agit maintenant de reconquérir le terrain perdu ; il s'agit surtout de déblayer la place, car, si les circonstances l'ont débarrassé de l'odieuse créature à laquelle la politique d'Auguste l'avait uni ; si l'infâme Julie est mise à l'écart, ses enfants encombrent les avenues. Combien sont-ils? Comptons : d'abord Caïus et Lucius César, héritiers présomptifs, puis Agrippa, leur frère, à peine âgé de quatorze ans, plus une fille, Julie également, héritière des droits de sa mère. C'est trop de monde, tout cela, pour Tibère. Peu de mois se sont écoulés depuis sa rentrée, et voilà que soudain Lucius César meurt à Marseille, étant sur le point de se rendre à l'armée d'Espagne. Tibère prononce le discours funèbre, et déploie à cette occasion des trésors d'éloquence et de pathétique, les yeux se mouillent à l'entendre, on se dit : « Quel terrible coup vient de le frapper là ; fassent les Dieux qu'il s'en relève ! »

Dix-huit mois se passent, et Caïus, l'aîné des trois frères, expire en Lycie.

Rendre Livie et Tibère responsables de ces deux morts, dont l'une a lieu dans les Gaules et l'autre dans l'extrême Orient, ce serait affirmer beaucoup ; mais le poison n'a-t-il point ses mystères, et voyons-nous que ses opérations soient toujours bien soumises aux lois de l'espace et du temps ?

Ce double accident coïncide avec l'époque où Tibère revint de Rhodes, et, dit l'historien Dion Cassius :

« Il n'en fallait pas davantage pour que chacun y crût surprendre la main de Livie. »

Restait Agrippa, un prince de seize ans, incontinent de mœurs et de langage, garçon vigoureux et dépravé, d'une force herculéenne et d'un médiocre intellect, brutal dans ses appétits et ses colères, ne ménageant ni l'Impératrice, qu'il invectivait à tout propos, ni César, dont l'économie contrecarrait ses prodigalités, et qu'il accusait de détenir son héritage paternel. D'ailleurs, pour la fainéantise, un lazzarone ; la pêche était son plaisir favori, et *Neptune*, le nom qu'il aimait à s'appliquer. Point de crime à lui reprocher, mais son attitude offensait la dignité de la Maison. Il gênait. On mit à son compte un projet d'entreprise contre Auguste, ou plutôt, contre Livie et Tibère. Il s'agissait d'arracher Julie, sa mère, à la terre d'exil et de prendre le commandement des cohortes insurgées. Au nombre des personnages compromis dans cette sotte aventure, qu'on dirait montée par des agents provocateurs, nous trouvons le poëte de *l'Art d'aimer*, si goûté jadis

par la belle Julie, et qui rendait en dévoûment
à son infortunée patronne les bienfaits qu'il avait
reçus d'elle. Banni de Rome sans jugement, et
trop heureux de conserver sa tête sur ses épaules,
Ovide n'eut qu'à filer doux vers les rivages de la
mer Noire pour y rêver, sous un ciel inclément,
au triste sort que les petits encourent à vouloir
se mêler aux grands dans leurs intrigues de famille. -

Quant à ce fou d'Agrippa et à sa sœur Ju-
lie, un décret du Sénat les atteignit l'un et l'autre.
De tout ce sang de Jules destiné à la survivance
d'Auguste, ô chef-d'œuvre! il n'en restait plus
dans Rome une seule goutte.

A Pandataria, la mère;

A Planasia, le fils;

A Trimeri, la fille!

X

Livie enfin respirait; des trois femmes dont
elle avait à redouter l'influence, aucune, désormais, n'était là pour l'entraver. Octavie morte
depuis des années; Julie et Scribonia, sa mère,
en exil; les enfants de Julie également écartés,
qui donc lui porterait ombrage?

Dirigé, soutenu par elle, Tibère s'acheminait vers l'empire d'un pas tranquille et sûr ; la bonne dame voyait dans l'avenir sa destinée indissolublement liée à celle de son fils, et se sentait si forte, qu'elle prodiguait à ses victimes les témoignages d'une bienveillance presque émue. La fille de Julie recevait au loin les secours de son impératrice, dont le public louait ainsi la grandeur d'âme. Auguste ne jurait que par Tibère ; sa plus douce consolation parmi tant de désastres était de pouvoir, avant de mourir, passer les rênes de l'État aux mains d'un tel homme de guerre et de gouvernement ; sentant venir sa fin, il abdiquait chaque jour davantage. La froide Livie, pour le mener à sa guise, n'avait plus besoin d'employer la ruse et l'artifice. Brisé d'ennuis, de lassitude, vaincu par l'âge, les malheurs de sa vie domestique, et ces terribles catastrophes (qu'on les appelle la défaite de Varus ou Malplaquet) qui éclatent au dénoûment des longs règnes, il en était à ce point où l'on se laisse faire. Le vrai génie de Livie fut de savoir gouverner cette faiblesse du vieillard, et de l'exploiter avec audace après l'avoir laborieusement amenée. Ses colères séniles, qui sans elle eussent avorté, par elle se changeaient en résolutions capitales, en décrets de bannissement ou de mort. Auguste, en proie

au premier accès, se retire au fond de son palais,
et, pendant qu'il laisse croître sa barbe et ses
cheveux, qu'il use son ressentiment à se lamen-
ter en citant des vers d'Homère, Livie instru-
mente et tourne au profit de sa politique personnelle l'accident dès longtemps entrevu, de telle
sorte que le vieil Empereur, en se réveillant de sa
crise, trouve devant lui des faits accomplis et qu'il
n'y ait plus à en revenir.

Auguste se montra-t-il toujours si résigné ?
Après avoir, de son propre mouvement, commis
tant de crimes dans sa jeunesse, accepta-t-il sans
remords tous ceux qui plus tard furent commis
en son nom ? Sans remords, oui, peut-être ; mais
non point sans impatience : autrement Tacite
n'aurait pas écrit ce qui suit :

« La santé d'Auguste empirant, plusieurs soup-
çonnèrent quelque attentat de sa femme ; le bruit
courait en effet que, peu de mois auparavant,
Auguste, de concert avec divers hauts personnages, et seulement accompagné de Fabius Maximus, s'était rendu à Planasia pour y visiter Agrippa
Posthumus. Dans cette entrevue, l'Empereur aurait versé beaucoup de larmes et donné des signes
de tendresse et d'émotion de nature à faire con-
cevoir des espérances sur un prochain retour du
jeune prince dans la maison de son grand-père.

Le secret fut confié par Maximus à sa femme
Marcia, qui n'eut rien de plus pressé que de le
reporter à Livie. L'Empereur eut vent de la chose,
et lorsque bientôt après Maximus mourut, — peut-
être par le fait d'un suicide, — on entendit à ses
funérailles Marcia s'accuser en gémissant d'avoir
causé la perte de son mari. »

Quoi qu'il en soit, rappelé par une dépêche de
sa mère, Tibère dut quitter l'Illyrie en toute hâte.
En arrivant à Nola, que trouva-t-il ? Auguste vi-
vait-il encore, était-il déjà mort ? C'est ce qu'on
ne saurait dire avec certitude, car Livie avait, à
grand renfort de troupes, intercepté les abords
de la maison et des rues avoisinantes ; de temps
en temps, on faisait circuler des nouvelles, puis,
toutes les mesures de précaution étant prises, on
annonça du même coup la mort d'Auguste et l'a-
vénement de Tibère. Dion Cassius raconte également ce bruit, et, parlant de la maladie de cet
empereur de soixante-dix-sept ans et de son décès
à Nola, il ajoute :

« Un soupçon pesa sur Livie à ce propos. Instruite d'un secret voyage à l'île de Planasia,
l'idée lui vint que c'était le dessein d'Auguste de
se réconcilier avec Agrippa, et, par crainte de
voir le jeune prince réinstallé dans la maison et
rendu à tous ses droits héréditaires, il paraîtrait

qu'elle saupoudra de poison plusieurs figues d'un arbre dont Auguste aimait à cueillir les fruits de sa propre main. Tous les deux ensuite mangèrent ensemble de ces figues, Livie ne touchant qu'aux fruits sains et présentant à son époux ceux qu'elle avait médicamentés. »

Nous venons d'entendre l'auteur des *Annales*, puis Dion Cassius, écoutons maintenant Plutarque.

« Fulvius, ami de l'empereur Auguste, l'entendit un jour se plaindre de l'isolement auquel il était condamné dans sa vieillesse. Ses deux petits-fils, Caïus et Lucius, étaient morts, et le seul qui lui restât désormais, Agrippa Posthumus, vivait proscrit par suite d'une accusation calomnieuse. Ainsi donc, le malheureux empereur en était réduit à prendre pour successeur un fils adoptif, alors qu'il déplorait l'absence de son petit-fils légitime et ne pensait qu'à le rappeler près de lui. Fulvius confia cet entretien à sa femme, laquelle en fit part à Livie, sur quoi l'Empereur essuya d'amers reproches. Un matin que Fulvius, à son ordinaire, se présentait devant son maître pour lui souhaiter le bonjour : — Quant à toi, Fulvius, répondit Auguste, je te souhaite un bon entendement. — Fulvius comprit. Rentré à la maison, il dit à sa femme : — L'Empereur sait que je t'ai livré son secret, je n'ai plus qu'à m'ôter la vie: — Tu n'as que ce que tu mérites, répliqua sa femme. Depuis le temps que nous sommes mariés, n'était-ce pas à toi de connaître mon penchant au bavardage et de t'en garer? En attendant, laisse-moi mourir la première. — Et, s'emparant du poignard, elle se frappa aux yeux de son époux. »

L'écrivain le plus rapproché des événements qui nous occupent, Pline le Naturaliste, venu au monde neuf ans après la mort d'Auguste, passe en revue, dans un chapitre de son Encyclopédie, toutes les misères, grandes et petites, dont fut affligée l'existence de cet Auguste compté pourtant parmi les plus heureux, et mentionne à la suite d'exemples nombreux, tous avoués par l'Histoire, l'expulsion, hors de la famille, d'Agrippa Posthumus : *Post adoptionem*, citant en outre le désir de l'Empereur de rappeler Agrippa, sa défiance à l'égard de Fulvius, qu'il soupçonnait de l'avoir trahi, et surtout « les pensées et les plans » de Livie et de Tibère, objets de ses derniers soucis : *Uxoris et Tiberii cogitationes, suprema ejus cura.*

Que cet empereur, dont l'énergie allait s'affaiblissant, se soit déchargé de ses regrets, de ses remords, dans le sein d'un ami; qu'il en ait voulu

à cet ami d'avoir livré d'intimes confidences, il
n'y a rien dans cela que la critique la plus sévère
ne puisse admettre, et l'on n'en peut conclure
qu'une chose, à savoir que la mort tragique d'A-
grippa fut l'œuvre de Livie et point celle d'Auguste. Ordre avait été donné d'avance pour que
Posthumus Agrippa eût la tête tranchée à l'instant même où la nouvelle de la mort de l'Empereur arriverait à Planasia. Cet ordre fut exécuté,
mais non sans peine, car le prince, doué d'une
vigueur athlétique, se défendit comme un beau
diable, et, quoique pris à l'improviste et sans
armes, força le tribun militaire d'appeler à son
aide un de ses plus intrépides centurions.

Tibère, au premier abord, déclina toute espèce
de responsabilité. Au centurion qui vint en personne lui faire son rapport, il répondit froidement : « Je n'ai rien ordonné, et l'auteur de cet
acte criminel aura à s'en expliquer devant le Sénat. » Il voulait décréter l'enquête, et l'affaire ne
changea de cours que sur l'entremise pressante
de Livie et de Crispus Salluste, neveu de l'historien. Fourré jusqu'au cou dans les moindres secrets d'intérieur, *præcipuus cui secreta impera-
torum inniterentur*[1], homme d'État sans emploi

---

1. Voyez Tacite, III, 30.

distinct, factotum de la Maison règnante, ce Crispus soutenait avoir remis au tribun militaire un ordre de Cabinet signé de la propre main de l'Emprunt défunt. Sitôt, en apprenant la résolution de Tibère, il courut chez Livie pour la mettre en garde contre les inconvénients qu'il y aurait à livrer ainsi à la publicité les mystères de famille, les délibérations du Conseil privé, les bons offices rendus par la force armée, disant que de pareilles démarches ne pouvaient que discréditer l'autorité du Chef de l'État, et que la bonne constitution d'un gouvernement monarchique voulait qu'un seul eût à demander des comptes : parler de la sorte à Livie, c'était prêcher la plus ardente des converties. Sur ses représentations, le nouvel Empereur jugea sage de ne point pousser plus avant, et se contenta de déclarer au Sénat que l'exécution d'Agrippa avait eu lieu par ordre spécial d'Auguste.

De tout cela, que faut-il croire ? Question délicate, et qui se reproduit à chaque instant, quand on se trouve en présence d'un historien romain. Nulle méthode où la critique se puisse appuyer; jamais de notes ni de commentaires justificatifs : *credidere, referunt*. Ainsi vous parlent Tacite, Suétone, et si vous prétendez en savoir davantage, si vous leur demandez : Mais qui a cru cela ? qui le rapporte? ils vous répondent : Le bruit public : *rumor !* Avec un tel système, altérer la vérité ou, ce qui revient au même, ne l'employer qu'à sa convenance, devient une besogne aisée ; mais nous qui sommes l'impartiale Postérité ; nous qui sommes le tribunal que tout ce monde invoquait de son vivant, comment nous y reconnaître? Comment saisir, trier les parcelles d'Histoire que roulent en leurs flots ces torrents de rhétorique ? Entre Tacite, qui dit oui, et Suétone, qui dit non, quel arbitre prononcera [1]? La psychologie ; c'est en effet, dans certaines circonstances, le seul guide à consulter. Prenons ce fait de la mort d'Agrippa Posthumus, et laissant les divers historiens à leurs tendances, à leur glose, n'envisageons que les acteurs du drame, bornons-nous à conjecturer d'après ce que nous savons de leurs caractères. Cet ordre concernant

---

(1) Curiosité singulière : ces deux hommes, contemporains, et du même monde littéraire, amis de Pline tous les deux et puisant à sources communes, sont à chaque instant en désaccord. Ainsi, Tacite ne veut pas que Néron fît lui-même ses vers, et soutient que ce goût pour la poésie n'était que pure affectation ; Suétone, lui, affirme le contraire ; il a vu, de ses yeux vu, les brouillons écrits de la propre main de l'Empereur musagète, et nie absolument que Néron fût dépourvu du sens poétique. Égal dissentiment au sujet de la part que Néron aurait prise à l'incendie de Rome.

l'exécution de son petit-fils, il est vraisemblable qu'Auguste avait dû se le laisser arracher par les obsessions de Livie ; mais ce qui reste non moins évident, c'est que, dans un de ces moments où la voix de la conscience avertit les plus grands scélérats, le père de Julie, l'aïeul d'Agrippa avait voulu ravoir cet ordre. L'intermédiaire employé par lui à ce dessein fut sans doute l'homme sur le nom duquel Plutarque et Tacite ne sont pas d'accord, et que l'un appelle Flavius, l'autre Fabius. Cet homme, après avoir accompli sa mission et repris l'arrêt des mains du centurion, cet homme était revenu tenir sa place à la Cour, et bientôt, cédant à quelque intempérance de langue, il avait trahi le secret de son maître, ce dont Auguste s'était aperçu par les mouvements de Tibère et de Livie. Maintenant, l'Empereur, au lit de mort, se laissa-t-il extorquer de nouveau cet ordre, et Livie dirigea-t-elle sa main inconsciente, ou le verdict fut-il, de connivence avec Sallustius Crispus, fabriqué et expédié par elle-même au tribun militaire ? Ceci demeure un secret que nous n'essaierons point d'éclaircir. Car l'Histoire, qui le garde depuis près de deux mille ans, ne nous le livrerait pas plus qu'aux autres.

XI

Quel crime n'a cherché son excuse dans la raison d'État? Il paraîtrait que le salut du monde exigeait cette fois qu'on en finît par un massacre immédiat. Agrippa vivant menaçait le trône de Tibère, et le besoin d'un prétendant se faisait tellement sentir, que tout de suite l'Italie en vit surgir un. Le lion égorgé haletait encore, qu'un jeune loup cherchant aventure, se glissa dans sa peau. Les circonstances réclamaient un Agrippa quelconque, — la chose s'est depuis rééditée à tout moment : faux Néron, faux Édouard, faux Démétrius, etc. — Mais alors l'exemple était neuf, et, disons aussi, consolant; car il prouve qu'en politique une atrocité ne résout rien.

L'esclave qui forma ce plan était un homme. A peine informé de la mort d'Auguste, il s'embarque secrètement et vogue vers Planasia pour enlever son prince; mais la galère impériale portant l'ordre d'exécution émané de Nola file plus vite, le devance, et, lorsqu'il arrive, le glaive du centurion a fait sa besogne. Cet homme, — il se nommait Clémens, — avait une certaine ressemblance avec le prince. N'ayant pu le sauver, il le

vengera ; bien mieux encore, il prendra sa place.
Pour commencer, il déterre le mort, facile tâche, la
petite garnison s'étant enfuie aussitôt le meurtre
consommé. Ensuite, il passe en Étrurie, se cache
dans un trou de. rocher, laisse croître sa barbe
et ses cheveux. Cependant, les chefs de parti
veillent, et la nouvelle se répand. « Agrippa n'est
pas mort, les Dieux l'ont conservé pour la patrie ! »
Il se montre alors sur divers points, paraît et
disparaît ; les populations de la Gaule et de la
Haute-Italie vont au-devant de lui. Ostie l'ac-
clame ; à Rome, les têtes s'échauffent ; sa présence
est annoncée, il vient revendiquer l'héritage de
son grand-père.

Tibère fut imperturbable, et pourtant la situation avait ses périls : dans Rome, la conspiration
de Libo ; dans les provinces d'Illyrie et de Germanie les légions ameutées. N'importe, il en coû-
tait trop à son orgueil de s'opposer militairement
à semblable entreprise. Envoyer des troupes
contre un esclave, jamais il n'eût daigné, car Tibère savait, à n'en pas douter, que ce prétendant
n'était qu'un imposteur. Sallustius Crispus four-
nissait là-dessus à son empereur les renseigne-
ments les plus certains.

On s'en remit donc à la ruse.

D'honnêtes gens, qui se donnaient pour des

transfuges, se présentèrent au camp du prétendant. Celui-ci les crut sur parole : armes, argent,
il prit tout ce qu'on offrait, et se tint si peu sur ses
gardes, qu'une nuit ses nouvelles recrues, l'ayant
enveloppé, saisi et garrotté, le traînèrent à Rome
et jusqu'au palais de l'Empereur. L'intrépide comédien ne faillit pas une minute au personnage,
et la torture, loin de le contraindre au désaveu,
ne servit qu'à surexciter son audace.

« Comment t'es-tu fait Agrippa? lui demanda
Tibère.

— Juste comme toi tu t'es fait César, » répondit-il.

On l'égorgea dans un coin du palais. Il n'y eut
aucune enquête, l'Empereur aima mieux étouffer
l'affaire. Des membres de sa famille et nombre
de sénateurs s'y fussent trouvés compromis. Livie appuya cette résolution de toute l'autorité de
son crédit, alors au faîte.

XII

Pline raconte qu'un peu avant son mariage
avec Auguste, Livie Drusilla, tranquillement assise à prendre l'air, vit tomber des cieux, dans
son giron, une poule éblouissante de blancheur,

qu'un aigle venait de laisser échapper. Émue,
mais non troublée, elle admirait ce présage
étrange, quand elle s'aperçut que la poule blanche
tenait dans son bec un rameau de laurier chargé
de graines. Les Aruspices, consultés, déclarèrent
que l'oiseau serait élevé à part, ainsi que sa cou-
vée, et la branche de laurier soigneusement plan-
tée et surveillée. « L'expérience eut lieu en la résidence impériale, dans un terrain situé tout près
du Tibre, vers la neuvième borne de la voie Fla-
minienne, et qu'on appelle encore aujourd'hui
le Champ-aux-Poules, *ad Gallinas.* »

Quant au brin de laurier, sa poussée tint du
miracle, et bientôt ce fut tout un bois, où l'Empereur et ses successeurs vinrent s'approvisionner
pour leurs triomphes. L'usage voulut aussi qu'on
replantât les rameaux que les empereurs avaient
portés à leur main pendant la cérémonie, et ces
diverses souches formèrent à leur tour des bosquets, qui furent désignés sous les divers noms
des Césars. Suétone, un demi-siècle après, reprend
le mythe, et le varie :

« Au lendemain de ses noces avec Auguste,
Livie étant venue visiter sa maison de campagne près Véïes, un aigle, qui flânait par les
airs, laissa tomber sur elle un poulet blanc
dont le bec serrait une brindille de laurier. Livie

ordonna que le poulet fût élevé à part, et le laurier planté. Or, du premier sortit une telle
quantité de poussins, que la campagne en a pris
le nom de Champ-aux-Poules, et du second naquit
un si beau bois, que les empereurs envoyaient y
cueillir les lauriers pour leurs triomphes. Bientôt
une coutume s'établit, chaque triomphateur voulut faire au même endroit sa plantation particulière, et l'on ne tarda pas à remarquer qu'aux
approches de la mort d'un César, l'arbre planté
par lui commençait à dépérir. Ainsi, la dernière
année que Néron vécut, on vit tous les lauriers
du bois se dessécher jusqu'à leurs plus profondes
racines, et mourir tout ce qui restait de poulets
sacrés. »

Ces deux textes, quand vous les rappro-
chez, ont cela de curieux, qu'ils vous montrent
quelle transformation ces sortes de traditions su-
bissaient chez les Anciens dans un espace de
temps relativement court. Observons toutefois
qu'il n'y a que le détail qui s'altère, l'esprit ne
varie pas. Que vous la lisiez chez l'un ou chez
l'autre, la légende pronostique la fin de la Maison de Jules. Seulement, tandis que Pline se
contente de tirer du présage ce qui peut flatter
l'orgueil de Livie, Suétone corse la matière de
tout l'appoint récent.

Les Augures avaient donc parlé dès l'origine, et, s'ils eussent voulu mentir, Livie s'était comportée de manière à les en empêcher. Son fils occupait le trône du monde, et sur ce trône, nulle autre qu'elle ne s'assoirait, le nouvel empereur n'ayant point contracté de mariage depuis qu'il s'était séparé de Julie. Quelle femme oserait désormais se porter sa rivale ? Auguste, par son testament, l'avait introduite dans la famille de César; elle était *Julia Augusta*. De toutes les antagonistes du passé, il n'en restait pas une. L'autre Julie, la vraie Julie, venait de mourir dans son exil, princesse déplorable, à qui cette longue suite d'attentats commis sur elle et sur sa race par l'implacable marâtre méritera bien des indulgences, et que tant d'infortunes, jointes à tant d'esprit, de beauté, d'élégance, rendent presque intéressante malgré ses vices.

Les suprèmes dispositions de son père, l'excluant du tombeau domestique, et protestant jusque dans la mort contre toute communauté avec son indigne progéniture, l'avénement de Tibère, la fin tragique d'Agrippa Posthumus, le dernier de ses fils, c'était plus qu'il n'en fallait pour briser une existence, au moral comme au physique si cruellement torturée depuis quinze ans, et je n'ai pas besoin de croire au poison de Tibère pour m'expliquer un pareil dénoûment. Quelques mois à peine cette malheureuse avait survécu à son père, et sa fille, également déshéritée et proscrite, gémissait pour le reste de ses jours dans l'île de Trimeri. Quant à Scribonia, elle non plus ne pouvait nuire. Rentrée à Rome après avoir fermé les yeux à sa fille, la stoïque matrone avait eu pour première consolation le procès de son neveu Libo et le spectacle de sa mort. Scribonia, d'une haute vertu, rapporte Sénèque, était la grand'tante de Drusus Libo, jeune présomptueux dont la sottise égalait la noble naissance, et qui se plaisait à former des desseins tels que nul personnage de cette époque n'eût été de force à les exécuter, et tels que lui n'aurait dû les imaginer en aucun temps. Au sortir de la séance du Sénat où son procès venait d'être jugé, il s'était fait transporter dans son palais. Ses amis le voyant perdu, l'avaient abandonné. Alors, il se demanda s'il valait mieux attendre la mort ou se la donner. « Quel plaisir as-tu donc de discuter? lui dit alors Scribonia, c'est l'affaire des autres. » Le mot avait porté; il se frappa, et fit bien. C'était une romaine des vieux temps de la République, la mère génératrice d'une lignée de Césars. Comme elle s'était associée au long supplice de sa fille, elle voulut aussi sa part dans la catastrophe de son neveu. A quatre-vingt-dix ans, elle parcourut la ville en suppliante; on dirait une Niobé debout sur le seuil de l'Empire, et pleurant l'outrage commis envers elle par Auguste.

Livie, en attendant, s'emparait de l'heure présente et la gouvernait à son gré. Tibère avait l'Empire, mais elle seule désormais allait régner. Pendant les cinquante-deux ans qu'avait duré son union, Livie s'était attribué une large part dans les affaires; néanmoins, cette influence avait des bornes que la sagesse du maître ne permettait guère de franchir. Ces limites ne tomberaient-elles pas d'elles-mêmes aujourd'hui qu'à la place d'Auguste montait ce fils dont elle avait depuis plus d'un demi-siècle préparé, façonné de ses mains la destinée, et dans lequel elle se complaisait à ne voir que le premier de ses sujets? Sa longue expérience politique, l'autorité de son âge, lui donnaient des droits absolus à l'exercice du pouvoir. Cet avénement de Tibère au trône, Livie le considérait comme son œuvre à elle, et peut-être avait-elle bien ses raisons. Si, du vivant d'Auguste, Tibère avait présidé au gouvernement et fait à côté du souverain son apprentissage; si tant de jeunes princes, qui semblaient fermer à ses pas le chemin, était tombés à tour de rôle : Marcellus, Caïus et Lucius César, Agrippa Pos-

thumus, Germanicus, le mérite en devait cependant revenir à quelqu'un, et cela, Tibère le savait,
et sa conscience ne cessait de lui parler de tant de
crimes commis pour la conquête d'un pouvoir
dont ses exploits et ses services l'eussent fait
digne. Aussi, de quel poids écrasant pesait sur lui
cette mère !

L'aveugle Sénat, en proie à sa fièvre d'adulation, hébété de platitude, se prosternait devant
l'idole; Livie fut proclamée Mère de la patrie: *Mater.*
patriæ, genitrix orbis, magna-mater ! La flatterie
alla dévaliser en son honneur tous les vestiaires
des divinités protectrices. Elle apparut en Junon,
en Cybèle, en Cérès : déesse du salut, de la piété,
de la justice, de la pudeur ! Pour consacrer la mémoire de son admission dans la famille de Jules,
elle eut un autel où son nom serait adoré, et des
licteurs qui l'accompagneraient en public. A ne
croire que la moitié, et même que le quart, de ce
que les historiens ont écrit touchant les suscepti-
bilités, les caprices et les prétentions de l'illustre
dame, on admire déjà la patience de Tibère.
« Ses exigences, remarque Dion, dépassaient tout
ce qu'une femme s'était jamais permis ; il fallait
que le Sénat vint lui faire sa cour et que le Journal
officiel annonçât ensuite ces sortes de réceptions
solennelles; les décrets impériaux furent contre-

signés par elle, et les fonctionnaires eurent à lui
soumettre leurs dépêches et leurs rapports, comme
à l'Empereur. Enfin, si ce n'est au Sénat, aux
assemblées populaires et dans les camps, on la
voyait partout se montrer et faire la souveraine. »
Inaugurant un jour, devant le théâtre Marcellus,
une statue dédiée à son époux défunt, elle mit
dans l'inscription votive son nom au-dessus de
celui de l'empereur régnant : *Tiberii nomen suo
postscripserat.* Tibère se contenta de sourire; mais
une autre fois, quand le Sénat vint lui demander
de placer son nom de prince sous l'invocation de
la divine Augusta et d'ajouter au titre suprême,
dans les actes publics, le titre de fils de Julie, —
le maître, qui semblait dormir, se redressa brusquement, et quelques paroles froides et sévères
rappelèrent à la modération ces trop zélés dispen-
sateurs d'hommages.

Comme il savait garder la mesure vis-à-vis de
soi, il voulait qu'on la respectât aussi pour sa mère;
d'ailleurs, il détestait l'apparât, et toutes ces divi-
nisations de famille le trouvaient incrédule. « C'est
affaire aux Dieux de venger leurs propres injures. »
répondait-il à je ne sais quel délateur accusant
un chevalier romain d'offense envers la divinité
d'Auguste. L'épigramme pourrait être du grand
Frédéric; Tibère avait ce tour d'esprit malin,

sceptique, un peu pédant. Assez longtemps après
la mort de son fils, il reçut des habitants d'Illium
une adresse assurément fort tardive à ses yeux,
et dit à leurs députés que « lui aussi avait des
condoléances à leur offrir sur la perte d'Hector. »
Simple de mœurs, endurant mal la flatterie, il
répugnait à ces prosternements des Corps politiques. On dit « le Sénat de Tibère, » et ce mot
vaut une double injure qui vise en même temps
et l'Assemblée et le tyran ; c'est trop, le Sénat de
Tibère ne fut point l'œuvre personnelle de Tibère,
il fut l'œuvre du régime détestable intronisé par
Auguste, et surtout de ses proscriptions. Nous
avons vu ce que deviennent les Corps politiques
sous le despotisme ; à contempler leur abaissement, leur servilisme, on attribue au tyran tout
le mal. Erreur ! le tyran lui-même n'y peut rien ;
quelque peine qu'il se donne à vouloir ranimer ce
troupeau, à le fouailler, il y perdra son initiative,
et le despotisme prévaudra contre le despote.
Tibère était un assez grand politique pour n'avoir
point à redouter d'associer à son gouvernement
des hommes libres. Ce Sénat, qu'il avait connu
sous Auguste, et qu'il méprisait longtemps avant
d'arriver au trône, ce Sénat, loin d'être façonné
à son image, fut au contraire la cause constante
de ses plus amers découragements. *Tristissimum,*

ut constat, hominum! s'écrie Sénèque en parlant
de lui. Combien de sujets ne s'offraient pas à sa
misanthropie, à commencer par cette mère dont
les obsessions le harcelaient!

Livie, avec toute sa pénétration, se trompa sur
le caractère intime de son fils : homme de pouvoir,
entendant gouverner à sa manière et n'aimant point
les ingérences; il la consultait cependant, mais
lorsqu'il le jugeait à propos, et lui laissait bien voir
que prendre son avis dans l'occasion n'était point
l'autoriser à se mêler directement des affaires.
Il évita même, peu à peu, les rapports trop fré-
quents et supprima les entretiens longs et secrets.
d'où l'opinion pouvait tirer des conclusions erro-
nées. Cette fureur de se montrer partout, d'affirmer à chaque instant son crédit par sa présence, l'importunait outre mesure. Au plein d'un
incendie qui venait d'éclater dans les environs du
temple de Vesta, comme elle accourait entourée
de peuple et de soldats, dirigeant, ordonnant en
impératrice régnante, ainsi qu'elle aurait fait au
temps d'Auguste, il la prit à partie et l'invita
sévèrement à rentrer chez elle, attendu que cette
place n'était point celle d'une femme, et qu'elle
avait à pourvoir à d'autres soins.

Livie sentit le coup et riposta; entre cette
impérieuse princesse et ce tyran jaloux, une lutte

sourde et systématique s'établit ; elle, essayant
toujours d'empiéter, lui, toujours l'écartant,
mais d'une main respectueuse et comme il sied
au meilleur des fils vis-à-vis de la plus tendre
des mères. Cette déférence hypocrite n'était
pour Livie qu'un outrage de plus ; son impatience, sa colère, s'en augmentaient : éconduite, elle cherchait à nuire ; des scènes déplo-
rables se renouvelaient à chaque instant. Elle
accablait de récriminations et de menaces ce fils
qu'elle se reprochait d'avoir tant aimé, l'ingrat
qu'elle seule avait fait empereur. Nulle rupture
cependant n'éclata. Tibère, grave et froid, pour-
suivait sa marche solitaire, supportant ce qu'il ne
pouvait, ne voulait empêcher, et laissant à ses
intempérances d'humeur la vieille dame dont il
se contentait de rogner tous les jours davantage
la part d'influence dans les affaires.

XIII

Ainsi refoulée, Livie changea d'attitude. Elle
resta chez elle ; son palais devint le centre d'une
côterie, les mécontents s'y donnèrent rendez-vous :

anciens débris de la République, politiques désœu-
vrés, coureurs de places et quémandeurs, il en
accourait de tous les points de l'horizon. Tous les
partis, même celui des Jules, pour lequel Livie, —
de quoi l'esprit d'opposition n'est-il capable ? —
se sentait un faible tardif, tous les antagonismes
s'empressaient autour de l'auguste Claudienne,
que les plus intrépides partisans de la légitimité
monarchique traitaient en descendante d'Énée,
depuis qu'elle vivait en mésintelligence avec son
fils. Au nombre des beaux-esprits de cette camarilla, figurait un certain Fufius Geminus, discou-
reur agréable, sachant tourner un distique et non
moins habile dans l'art de séduire le cœur des
femmes; C'est Tacite qui nous le dit : *aptus adli-
ciendis feminarum animis.* Cet ami des femmes
était surtout le protégé de l'impératrice douairière
qui trouva plus tard moyen de le faire Consul. On
a de lui quelques épigrammes sur Tibère; il suffit
de les parcourir pour juger ce qu'était l'esprit de
médisance et de haine qui s'exerçait dans le cercle
de Livie. Ces morceaux, qu'on se passait de main
en main, et qui voyageaient sous l'anonyme, s'ins-
piraient tantôt du désaccord entre le fils et la mère,
tantôt des vices et des cruautés de Tibère. Il y en
avait sur son exil à Rhodes, sur les humiliations à
lui infligées par Auguste, sur sa prétendue ivro-

gnerie, soif de vin où la soif de sang se mêlait[1];
sur son inhumanité, sa barbarie, « causes du présent Age de fer succédant à l'Age d'or d'autrefois. »
Et ces méchants propos, ces pamphlets circulaient
de salons en salons, égayaient le Forum, les carre-
fours, sans que l'Empereur qui en connaissait les
auteurs, qui savait tout, recherchât personne et
songeât à rien empêcher. C'est que Tibère avait
au fond moins de scélératesse qu'on ne nous
raconte. Volontiers je dirais de lui ce que M. Cou-
sin disait de Napoléon III : « C'était un bon
tyran ! » L'homme, de même que le souverain,
nous rappelle Louis XI : défiant, fermé, soup-
çonneux, plus bourgeois que prince, en tout et
partout un avisé et malin compère.

---

1. Pline raconte que dans sa jeunesse, Tibère aimait fort le
vin. Qu'un soldat en campagne aime à fêter Bacchus, c'est
pourtant assez l'ordinaire. De là néanmoins cette plaisanterie
inventée sur son nom, qui de Claudius Tiberius Nero devint
par sobriquet Caldius Biberius Mero. Il n'en fallait pas davantage pour établir, à travers les siècles, la réputation de Tibère.
Après l'épigramme, la légende, — celle de Pison par exemple,
nommé gouverneur de Rome pour avoir trois jours et trois
nuits su tenir tête, le pot en main, à son pantagruélique empereur; ou bien encore celle de Novellius Torquatus, l'homme
aux dix bouteilles, *tricongius*, — Sheridan n'en comportait que
sept (*sevenbottleman*), — et qui fut mandé de Milan à Caprée
pour distraire son gracieux maître en lui donnant le spectacle
d'une virtuosité sans modèle.

XIV

Tacite a trop forcé la note. Cette manie qu'on a dans les colléges de tout admirer chez les Anciens est une des closes qui nuisent le plus'à la considération des Lettres classiques, car ensuite, lorsque notre esprit, une fois émancipé, avisé, rapproche les jugements qu'il s'est formés, de ceux qu'on lui servait jadis tout accommodés, il se déconcerte à l'idée des innombrables préjugés dont on l'a berné. Furieux d'avoir été pris pour dupe, il s'érige alors en arbitre suprème, et des acquisitions du passé, répudie tout : le bon comme le mauvais.

Encore faut-il savoir discerner, même dans Tacite. Louons chez lui l'ordre chronologique, le mouvement, les réflexions profondes, les vues d'ensemble, le tableau ; mais quant à parler de son impartialité d'historien, autant vaudrait célébrer le pittoresque de Suétone, admirable collectionneur d'anecdotes, biographe correct auquel il ne manque pour être un véritable historien qu'un rayon de cette faculté créatrice, de ce sens artiste dont Tacite a tout un foyer. Aussi, comment le grand poëte des *Annales* résiste-

rait-il à l'inspiration de ses colères? Haine vengeresse, mais fanatique et toujours portée à voir
partout l'horrible, à croire l'incroyable. Lisez ce
qui se publiait en 1815, sur *l'Ogre de Corse*, ce
qu'imprimait Chateaubriand sur le général *Buo-
naparte*, un légitimiste passionné écrivant l'histoire de la monarchie de juillet ne nous peindrait
pas autrement Louis-Philippe. Lorsque Tacite
vous *empoigne*, laissez-vous faire, car, si vous
prenez le temps de réfléchir, gare aux mécomptes!
Orateur, poëte, historien, il est à lui seul une littérature ; les traditions du passé, les tendances du
présent, ce mouvement de renaissance, qui sous
les Flaviens, s'empare à la fois de la langue
et des âmes, il contient tout. Son génie, enfiévré
de liberté, rue par bonds et par saccadès, pareil à
ce taureau qui vient donner de la tête dans la
boutique d'un miroitier. Il brise tous les jougs,
même la langue. La période cicéronienne, sous
son marteau, vole en éclats, et, comme les morceaux en sont bons, il les refond dans sa phrase
condensée, pittoresque, archaïque et moderne,
en mêlant à certaine âpreté républicaine, cette
exquise fleur littéraire qu'on a pu appeler « le
divin poison de Tacite, » poison dont on aime à
se laisser pénétrer, et qui, au besoin, servirait, je
pense, de contre-poison à toute sorte d'infections

que dégage l'atmosphère où nous sommes. Le lecteur émerveillé néglige la plupart du temps de se demander ce qui se cache de vérité vraie sous tant de génie et de haine, dont cette Histoire est faite. C'était aux critiques anglais et allemands d'éclairer la question, car, pour nous, ce grand et superbe style nous suffisait; l'idée ne venait point à nos savants de se défier d'un si beau texte, où les citations se cueillent à pleine main. Montaigne pourtant, dès 1569, s'en était avisé; il n'y a que ces damnés sceptiques pour avoir de ces pressentiments. Bien avant les Charles Merivale, les Krüger, les Stahr, les Sievers et les William Ihne, l'auteur des *Essais* touchait à ce thème de la vérité historique dans Tacite :

« Que ses narrations soient naïfves et droictes, il se pourroit a l'adventure argumenter de ceci mesme, qu'elles ne s'appliquent pas toujours aux conclusions de ses jugements, lesquels il suit selon la pente qu'il y a prinse, souvent oultre la matière qu'il nous montre laquelle il n'a daigné incliner d'un seul air. J'ai principalement considéré son jugement, et n'en suis pas bien esclaircy partout. »

Ce n'est là qu'un rayon de lumière, mais il suffit pour nous montrer le côté par où l'historien prête à la critique. Il me semble qu'autant on en

pourrait dire de la science psychologique de Tacite.
Parlons des traits de style, des fulgurations dans
le langage; mais n'allons pas plus loin. La psychologie veut des esprits impartiaux. Shakespeare,
Molière, sont des observateurs vrais de l'âme
humaine; Tacite n'obéit qu'à son indignation, à
travers laquelle il voit tout; c'est Juvénal en
prose, et penser que ce même homme se donne
pour devise : *sine ira et studio* [1]*!* Comme on se
juge cependant!

Abordons maintenant le chapitre des contra-
dictions. Comment concilier les monstrueuses
débauches de Caprée avec ce que Tacite nous
raconte du train de vie de Tibère et de ses
mœurs, « irréprochables jusqu'à l'âge de cin-
quante-six ans? » On connaît les maîtresses
d'Auguste, on sait les femmes qu'il pensionnait
de ses largesses; Tibère n'eut point de ces favorites, ou, s'il en eut, son jeu fut bien caché, car
l'Histoire n'a conservé le nom d'aucune, et la

---

1. C'est bien plutôt à Suétone que la devise conviendait, au
méthodique et laborieux compilateur du Cabinet et des Archives de l'empereur Hadrien, à l'imperturbable *magister episto-
larum* qui froidement, sincèrement, scrute, copie, collige les
faits et les éclaire avec le calme et l'indifférence d'un rayon
de soleil! Caïus Suetonius *Tranquillus*, jamais nom ou surnom
ne dit plus vrai!

seule femme qui jamais ait possédé sur lui quelque influence fut Livie. Il y a plus, Tibère vécut
très-vieux, et jusque dans son âge le plus avancé,
continua, — toujours au dire de Tacite, — à
jouir d'une santé presque imperturbable, phéno-
mène assurément bien curieux chez un vieillard
soumis à l'hygiène de Caprée. Du reste, à l'heure
où Tacite instruit son procès, les matériaux manquent déjà. Sous Néron, Vespasien, Titus, de
furieux incendies ont dévoré les bibliothèques,
publiques ou privées; la plupart des grandes
archives n'existent plus. Tacite et Suétone ont-ils
seulement jamais eu connaissance des Mémoires
de Tibère? Ce qu'il y a de certain, c'est que ni
Sénèque, ni Pline l'Ancien, ni Philon, ni Josèphe,
ne nous le donnent pour un monstre; tous parlent, au contraire, de la modération de son gouvernement dont les mauvais jours, selon Sénèque,
doivent être portés au compte du traître Séjan.
La corruption des mœurs, pas plus que l'abaissement des consciences, ne vint de lui. Ce monde,
où trembler devant le maître passait pour le
commencement de la sagesse, où la servilité,
fruit des longues terreurs d'une époque de proscriptions, le disputait à l'avide soif des jouissances, Tibère l'avait reçu tout façonné des
mains d'Auguste, et peut-être Plutarque nous

eût-il appris ce que cet héritage lui valut au
cœur d'amertume. Malheureusement, le témoignage de Plutarque est perdu; nous n'avons ni
sa Vie d'Auguste, ni sa Vie de Tibère : grand
dommage! car celui-là s'entend à lire dans les
âmes, et, si les invectives ne sont pas des raisons, on n'en peut dire autant de l'analyse.

XV

Ces impures délices de Campanie, cette île de
Caprée, transformée en caverne de Vénus; quelle
mise en scène pour expliquer le volontaire exil
d'un homme porté d'enfance à la retraite, et qui
jadis, au plein des espérances et des honneurs,
— de son propre gré, s'en allait à Rhodes! Les
motifs ne lui manquaient pas; il avait, hélas!
tous ceux des grands ennuyés de ce monde :
« l'homme ne me plaît pas, ni la femme non plus! »
Bien d'autres encore s'y pouvaient ajouter d'un
ordre personnel. Ce pouvoir l'accablait, le passé
l'écrasait de son poids. Il lui fallait renoncer à
cette illusion qu'il avait eue de régénérer,—non,
de galvaniser ce cadavre d'empire au moyen d'un
absolutisme modéré, presque humain : ce Sénat,
ce peuple, l'écœuraient. « Vil troupeau affolé de

servitude, » murmurait-il au sortir de la Curie
en se rappelant un vers grec! Il sentait son
impuissance à faire le bien, et se l'expliquait par
cette idée, qu'il n'était pas du sang de Jules,
qu'il n'était qu'un intrus dans la famille souveraine légitime. En outre, le Destin frappait sur
lui à coups redoublés ; son fils unique venait de
mourir, Germanicus déjà, depuis longtemps,
n'existait plus ; de ses arrière-neveux, un seul
survivait, Caligula, espèce de méchant drôle,
troublé d'esprit (*ingenio commotus*), être farouche, énigmatique, dont le seul aspect l'intimi-
dait, l'épouvantait. Ai-je tout dit? Non, car
Tibère avait aussi sa mère.

Aucun doute que dans les raisons qui le poussèrent à s'exiler, le besoin de se soustraire à la
présence de Livie n'entrât pour beaucoup. Ne
voulant bannir cette mère importune, mais au
fond considérée et respectée, il s'éloigna, et comme
on dit, il lui quitta la place. De ce côté, la situation n'était plus tenable ; en vain Tibère à chaque
instant se répétait : « c'est ma mère ! » En vain
il s'efforçait : « d'ignorer ses caprices. » Livie
avait outrepassé les bornes ; ses manœuvres per-
fides, ses récriminations, ses colères et ses menaces, rendaient tout commerce impossible. Un
jour, comme elle exigeait un poste pour quel-

qu'un qui n'y avait nul droit, l'empereur obsédé,
répondit : oui, mais à la condition de consigner
dans le décret, que cette faveur lui était arrachée
par sa mère. Livie aussitôt rebondit sous l'injure. Ouvrant une armoire secrète, elle en tira
d'anciennes lettres d'Auguste, toutes remplies
d'amers griefs contre Tibère, de plaintes au
sujet de son intolérable caractère, et les lui mit
devant les yeux. Vengeance atroce et bien féminine; le trait poignarda Tibère. Libre, en effet,
au défunt souverain d'exhaler ses reproches et
ses dissentiments; mais qu'une mère eût précieusement conservé cette correspondance pour
s'en faire, dans l'occasion, une arme si cruelle
contre son fils, c'était une de ces férocités qui ne
se pardonnent point. A dater de ce moment,
Tibère prit la résolution de quitter Rome.

XVI

Et cependant, cette mère qu'il ne voulait plus
revoir et dont la mort lui fut une délivrance, il
l'avait tendrement aimée. Séjan lui-même, au plus
fort de son crédit, n'eût osé s'attaquer à l'autorité
de Livie, tant chez Tibère était invétéré le culte
de sa mère. Là-dessus nous pouvons en croire

Tacite, qui ne prodigue pas ses compliments. Cette attitude, pleine d'égard, de déférence, est partout systématiquement maintenue; il se montre obligeant même alors qu'il voudrait le plus demeurer à l'écart. Prenons pour exemple l'épisode de Plancine dans le procès des empoisonnements de Germanicus.

Au sortir du Sénat, Pison, voyant sa cause perdue, rentre chez lui, écrit à l'Empereur, se met au bain, soupe à son ordinaire. Sur le tard, il ordonne qu'on ferme, et, resté seul, se coupe la gorge; mais Plancine, sa femme et sa complice, qui ne veut pas d'une pareille mort, Plancine, l'amie de cœur de Livie, se retourne alors vers son impératrice, laquelle interviendra près de Tibère.

Tenons qu'il ne s'agissait point ici d'une inculpation secondaire. Le crime de Pison était surtout le crime de Plancine, caractère violent, dur, acharné, très-grande dame d'ailleurs, un peu sorcière et corsant au besoin la préparation pharmaceutique d'une dose de surnaturel. En inventoriant la maison d'Antioche où Germanicus rendit l'âme, on découvrit, caché dans les murs et le sous-sol, tout un attirail de nécromancie : ossements à moitié calcinés et rongés de moisissure ; disques de plomb agrémentés de signes cabalistiques et portant le nom du jeune prince, plus, nombre d'autres ustensiles qui servaient, selon les croyances du temps, à vouer une vie humaine aux Dieux infernaux.

A la tête du parti de l'impératrice mère marchait la superbe et riche Plancine, tandis que la Maison de Jules incarnait ses revendications et ses ressentiments dans Agrippine, fille de la princesse Julie. Ces deux partis avaient chacun leurs prétendants en herbe, l'un murmurait : Drusus, l'autre : Germanicus ; et cela sans attendre que Tibère se fut prononcé. Livie connaissait le dévoûment de Plancine, et, dans les grandes occasions comme dans les petites, ne négligeait pas de l'employer. Aussi, lorsque Germanicus fut envoyé en Orient, avec des pouvoirs souverains, l'Impératrice avait elle eu garde d'oublier sa fidèle amie. On rappela le proconsul de Syrie et, Calpurnius Pison, l'époux de Plancine, reçut l'ordre d'aller le remplacer. De la sorte, Livie s'assurait des mouvements d'Agrippine. Elle attachait aux pas de sa rivale une surveillance implacable et grâce à laquelle on ne verrait plus se renouveler, en Orient, les manœuvres de popularité, impunément pratiquées naguère sur les légions de Germanie. Plancine avait là-dessus sa leçon faite ; elle emportait des instructions secrètes et, dès

son arrivée en Syrie, affecta de ne rien ménager,
ni le rang supérieur d'Agrippine, ni sa personne,
dont elle ne parlait qu'avec dédain. Elle se plaisait à rechercher les suffrages de l'armée ; assistait à cheval aux exercices des cohortes, et s'efforçait d'inspirer aux chefs militaires cette idée :
qu'en prenant ainsi le pas, elle agissait d'intelligence avec l'Empereur.

Curieux spectacle, ces haines de Cour, transpor-
tées si loin de leur théâtre naturel ! De tout temps,
Rome avait pu constater que la présence des femmes de proconsul dans les gouvernements de
leurs maris, n'était bonne qu'à désorganiser le
service ; et cette fois, deux femmes ennemies
jurées se trouvaient aux prises, toutes les deux
également hautaines, passionnées, jalouses de
leurs prérogatives. Entre hommes, on aurait
pu s'entendre : Germanicus avait la douceur qui
séduit, et Pison, très-irritable, très-brutal, n'était
point un méchant. Mais les femmes y mirent
bon ordre. Germanicus mourut « *muliebri
fraude* » accusant Plancine de l'avoir empoi-
sonné ; et de cette mort, Calpurnius Pison porta
la peine.

Nous étions en Orient, rentrons dans Rome.
Pison est allé rejoindre Germanicus parmi les
Ombres ; mais entre ces deux femmes tragiques,

entre ces deux Furies, la querelle continue;
Agrippine enflamme ses amis, ameute ses
clients, dénonce, pousse aux procès criminels,
aux arrestations, à la guerre civile; car Livie,
pas plus que Tibère, n'échappe à ses accusations. En attendant, sa vengeance réclame
Plancine. A la nouvelle de la mort de Germanicus, l'horrible Pison, pour fêter un si joyeux
événement, a célébré des Sacrifices, offert aux
Dieux des actions de grâces dans les temples.
Cet abominable sacrilége, Pison l'a payé de sá
vie; mais Plancine, elle, n'a rien payé, et pourtant
son crime n'était pas moindre. N'a-t-elle point
pris part au scandale; ne l'a-t-on point vue
dépouiller, à l'instant, le deuil de sa sœur pour
revêtir des habits de couleur claire? D'ailleurs, si
le mari a donné le poison, c'est la femme qui l'a
préparé avec l'aide de la stryge Marcilla. Donc, il
faut que Plancine meure, ainsi le veut Agrippine, et Plancine mourra, si la mère de l'empereur ne se charge de la sauver.

Livie comprit ce qu'elle avait à faire et marcha
droit. Pour Tibère, la question était délicate; il
savait les bruits répandus sur lui et sur sa mère
par Agrippine, qui les accusait l'un et l'autre
d'être de complicité dans le crime. Assiégé de
démonstrations calomnieuses, qui la nuit venaient

éclater jusque sous les murs de son palais, où
ce cri : rends-nous Germanicus! l'empêchait
de dormir; il aurait voulu laisser son libre cours
à la justice; mais Livie, à force d'insister, triom-
pha de sa résistance. Il céda; et Plancine fut
renvoyée de la plainte par égard pour l'interven-
tion de l'impératrice mère : ainsi prononça le
verdict du Sénat. Plancine était sauvée, du moins
pour le moment, car l'expiation, qui cette fois vainement l'avait cherchée, treize ans après, devait l'atteindre. Menacée de nouvelles poursuites, et, sa
toute-puissante protectrice n'étant plus là pour la
défendre, elle en finit, de sa propre main, avec
la vie.

Quantité de traits prouvent, non moins que
celui-là, combien Tibère poussa loin ses condes-
cendances envers les créatures de sa mère.

A la camarilla de la vieille Livie appartenait
également une personnalité fort excentrique, un de
ces types d'aristocratique impertinence qui du
reste ne disparaîtront jamais de ce monde et dont,
vers le début de notre siècle, la Cour d'Autriche
offrait encore de si plaisantes reproductions. Je
veux parler de cette sérénissime Urgulanilla que
l'amitié de sa souveraine avait élevée au-dessus
des lois et qui ne manquait pas une occasion d'affirmer ses droits de prédominance et de bon-plai-

sir. Invitée à se rendre devant le Sénat pour y
témoigner dans un procès, — sommation à
laquelle obéissaient les Vestales mêmes, — elle
répondit qu'elle ne se dérangerait point, et que,
si le Préteur voulait l'entendre, il n'avait qu'à
venir. Intenter à si haute et si puissante dame
une action civile, n'était pas une simple histoire.
Lucius Pison s'y risqua pourtant avec l'intrépide
aplomb d'un homme que sa considération personnelle met au niveau de ceux et de celles que la
faveur des impératrices place au-dessus des lois.
Il s'agissait d'une revendication d'argent; Urgulanilla — cela va sans dire — dédaigna la citation
et s'en alla porter plainte chez sa souveraine,
laquelle donna tort à Lucius Pison, et déclara
qu'on n'en usait point de la sorte avec une dame
de sa Cour. Pison laissa gronder Livie et continua
d'instrumenter; alors Tibère paraissant, arrêta
que de toute façon, Urgulanilla aurait à se soumettre, et qu'elle se présenterait au tribunal. Mais
pour donner à sa mère un témoignage public de
bon-vouloir, il ajouta qu'il viendrait lui-même en
personne, assister Urgulanilla devant le Préteur.
En effet, à l'heure dite, il sortit de son palais
accompagné de ses gardes qui le suivaient à distance respectueuse et ce ne fut pas pour le peuple
un médiocre étonnement de voir l'Empereur, cau-

sant et flânant, s'acheminer vers l'audience, d'un pas grave et ralenti. C'est que Tibère entendait laisser à sa mère le temps de la réflexion et son calcul eut plein succès. L'Impératrice, mieux avisée, coupa court à l'incident, et par un des officiers de sa Maison, fit remettre la somme au Préteur. Ainsi, se termina le litige, au plus grand honneur de Tibère qui, sous les dehors du justicier imperturbable, aimait parfois à laisser voir au peuple l'homme de tact et d'esprit. C'était d'ailleurs, à tout prendre, une âme vigoureuse, cette Urgulanilla ; quand son neveu Plautius Silvanus fut décrété d'accusation pour avoir assassiné sa femme, elle lui envoya le poignard afin qu'il eût à se soustraire par le suicide à l'opprobre d'une accusation. Mutilia Prisca et son amant Posthumus, le futur empereur Galba, combien d'autres on en citerait de ce cercle intime qui durent à la vigilante influence de Livie, les honneurs, la richesse et la sécurité de leur existence ?

XVII

Livie touchait à ses quatre-vingts ans, et son activité restait la même. Elle avait une de ces natures foncièrement saines que le temps respecte,

lui qui se plaît à briser souvent les plus robustes:
Nulle infirmité, jamais de maladie; elle attribuait
cet heureux équilibre à certain vin de la côte
d'Istrie (le Picinus), qu'elle buvait à l'exclusion de
de tout autre, bien qu'il eût, disait-elle, un goût très-
âpre, — merveilleux élixir de longue vie, dont un
régime absolument végétal complétait l'efficacité.
L'impératrice mère ne vivait que de légumes et
de fruits. On cultivait dans ses jardins une espèce
de figues qui portait son nom, et que Pline trouve
excellentes. Il parle aussi d'un pied de vigne gigantesque ombrageant de son immense frondai-
son les vastes arcades de Livie, et donnant douze
muids de moût. — L'esprit sans cesse en éveil, oisi-
vement affairée de politique, s'occupant à la fois
d'intrigues et de bonnes-œuvres, instituant des
écoles pour les orphelines de race noble, bâtissant
des portiques, mère d'empereur, maîtresse de
maison, prêtresse du temple d'Auguste, elle s'af-
firmait par tous les côtés, et sa popularité n'avait
point d'égale. Voici pourtant, qu'un jour, le bruit
se répand que Livie est gravement malade. Aussitôt la ville s'émeut, les Forums se remplissent
d'une foule inquiète, avide de nouvelles « Madame
se meurt, Madame est morte ! »

Le fait est qu'elle n'en mourut pas. Informé du
danger, Tibère, qui se trouvait alors en Campanie

revint à Rome en grande hâte, et, devant l'entrevue si pathétique de cette mère et de ce fils, —
qui dès cette époque se détestaient cordialement,
— Pluton, désarmé, lâcha sa proie.

Les manifestations publiques avaient accompagné la crise; ce fut bien autre chose lorsqu'il
s'agit de célébrer le rétablissement. Cérémonies votives, fêtes religieuses, l'hommage s'éleva
jusqu'à l'apothéose. Par décret du Sénat, Livie
eut le droit, toutes les fois qu'elle paraîtrait au
théâtre, d'aller prendre place au rang des Vestales. Il était aussi question de lui dresser un
temple et des autels en Espagne, quand Tibère,
fort à propos, enraya le mouvement. On dira
ce qu'on voudra; ce tyran avait du bon. Tacite
a beau surcharger le tableau, pousser au noir,
telle est la puissance de la vérité, qu'elle éclate
aux yeux, malgré l'effort du grand artiste. Énormément de sens commun, d'équité, de sagesse,
un vaste fonds de patience et de modération, je
défie les plus chauds partisans de Tacite, de nier
chez Tibère ces qualités, qui se dégagent virtuellement de l'ensemble du portrait, si atroce
qu'il soit d'ailleurs.

Tibère connaissait bien les hommes de son temps,
et les connaissant, il les méprisait; ce qui, pour un
gouvernant est un malheur; mais en revanche, quel

philosophe, ce mélancolique de. Caprée, n'accep-
tant des honneurs que la part qui lui revient ! On
a dit depuis « L'État c'est Moi. » Lui disait : les
Princes passent et l'État reste. Il tenait pour une
des plus monstrueuses inventions de la vanité
humaine, cette façon de diviniser, après leur mort,
des êtres entachés de toutes les misères de notre
pauvre espèce. « Il était inflexible dans son dédain pour les honneurs, écrit Tacite, et son bon-
sens répudiait tout ce qu'on lui offrait en ce genre.
« Il n'employait que dans ses correspondances
avec les rois et dynastes d'Orient, le nom d'Auguste, qui pourtant était bien le sien, par droit
d'hérédité, et paraissait toujours hésitant sur le
titre à s'attribuer. « On n'est, disait-il, empereur
qu'en présence de ses soldats, et seigneur que de
ses esclaves, prince tout court vaudrait mieux :
princeps, premier, le premier entre ses concitoyens ! » Son discours prononcé au Sénat, à l'occasion de la dédicace d'un temple dont la province
d'Espagne le voulait gratifier, témoigne des clartés d'esprit qu'il avait là-dessus. « Je ne suis qu'un
être périssable, ce que je fais, ce que je laisserai
ne saurait être que d'un simple mortel, et je n'en-
trevois pas de plus belle gloire que celle de remplir dignement la première place dans l'État.
Que la Postérité dise de moi que j'ai bien mérité

de mes aïeux, bien pourvu à vos intérêts; qu'on
m'a toujours trouvé calme dans le danger, imperturbable dans le gouvernement, et je ne réclame
rien davantage; que ce soient là mes temples,
mes statues, je n'en connais pas de plus durables,
car devant les autres édifices de pierre ou de
marbre, la foule passe indifférente comme devant
des sépultures, lorsque plus tard les jugements
ont varié; et c'est pourquoi j'implore mes contemporains et les Dieux, afin qu'ils m'accordent: ceux-
ci, le calme et les connaissances nécessaires à
mon œuvre de justice; et ceux-là, quand je ne serai plus, le sympathique souvenir que mes actes
et mon nom auront mérité. »

Un homme qui pensait, parlait et se comportait de la sorte, devait assurément passer
pour un trouble-fête, au milieu d'une pareille
Cour et d'un pareil peuple. Auguste, le plus vain
des tyrans sous son masque de paterne simplicité; avait mis à la mode cette espèce de candi-
dature à l'immortalité. Monarque, princes et
princesses, tout le monde en voulait; c'était à qui,
de son vivant, passerait Dieu ou Déesse, et Rome
applaudissait à ces métempsychoses qui lui pro-
curaient des cérémonies, et se passionnait à ces
intermèdes, comme elle se passionnait pour les
combats du Cirque et tous les autres jeux de la vie

16

et de la mort. Avec leurs démonstrations joyeuses
ou funèbres, les populations du Midi n'en finissent
jamais. Quand Rome perdit Germanicus, elle ne
voulait plus être consolée ; quatre mois durant se
prolongea cette affliction éperdue ; quatre mois
pendant lesquels il ne fut question ni de politique,
ni d'affaires, et les Dieux savent seuls jusqu'où
seraient allées ces lamentations, si le morose empereur, un beau matin, n'eût décrété qu'il était
temps d'enrayer ce deuil, et de courir aux fêtes de
Cybèle ; ce qu'on ne se fit pas dire deux fois.
« Les princes sont mortels, il n'y a d'éternel que
l'État ; donc, que la vie reprenne son cours accoutumé, et, comme c'est aujourd'hui la fête des
Mégalésiens, tâchons un peu de nous distraire !»
De même, lorsque mourut Livie, on entendit sa
voix s'élever et dire : assez ! aux condoléances qui
recommençaient à se perpétuer. Il s'efforça de
ramener, autant que possible, les panégyristes à
la raison ; modéra les excès de zèle et ne permit
pas que sa mère fût divinisée, ainsi que le Sénat
le demandait en masse.

« Elle-même, écrivait-il, avait d'avance pro-
testé contre de tels honneurs ; » C'était plutôt de
la part de Tibère une affirmation de principes,
car ce que nous savons du caractère de Livie
permet de douter que l'illustre défunte se fût

en effet prononcée de la sorte. L'Impératrice
n'obtint que plus tard d'être placée au rang des
Dieux, ce que le fils, dans son froid bon-sens
avait refusé de laisser faire, un petit neveu,
l'empereur Claude, dans son pédantisme, l'accomplit. Convenait-il que l'aïeule de la dynastie,
n'eût point son temple et ses autels.

En fait de consécrations, Livie-Augusta les eut
toutes. Elle eut celles de la beauté, du pouvoir et
de la fortune, elle eut aussi celle de l'âge. Nous
l'avons vue à quatre-vingt-deux ans tomber malade et gravement. Elle se releva ; plus de six ans
encore, elle assista vivante au spectacle des choses
de ce monde, qu'elle devait ensuite, comme divinité, considérer d'un œil moins facile à s'émouvoir.

Le spectacle allait s'assombrissant ; Drusus
mourait au plein de la jeunesse, — Drusus l'unique fils de Tibère, l'héritier de son trône, et pendant ce temps la remuante Agrippine et ses fils,
manœuvraient pour la ruine de la famille régnante. C'était comme un réveil du sang des
Jules ; la sève remontait aux branches, et le bois
sacré commençait à rendre des oracles.

XVIII

Tibère, battu de la foudre, consumé de chagrins, de misanthropie, avait décidément pris
le chemin de Caprée. Sur ce roc solitaire que
le flot mouillait de tous côtés, le vieillard tâchait
d'oublier. Il régnait toujours, cependant; servitude affreuse, à laquelle ces maîtres du monde
romain ne pouvaient se soustraire que par la
mort! Ou le trône, ou le monument! point de milieu. Cette adorable retraite de Caprée, qu'il eût
tant goûtée au sein d'un groupe d'amis, de philosophes, il lui fallait s'y rembûcher comme une
bête fauve, montrant ses griffes et ses crocs,
amoncelant les ossements humains sur le seuil de
son antre, et condamné qu'il était à vivre par la
terreur, pour ne pas mourir par la trahison!

Là fut le secret des tardives cruautés de Tibère;
s'il eût, dans Séjan, au lieu d'un scélérat, rencontré un ministre capable de gouverner, sous son
nom, pour le bien de l'État, que de forfaits épargnés à cette fin du règne. Il y a dans les actes sanglants qui marquent les dernières années du séjour à Caprée, je ne sais quelle furie d'un désespoir sans bornes. Partout trahi, déçu, le vieillard

à la fin sort de ses gonds ; sa misanthropie
qui n'était que d'un tyran, somme toute assez
débonnaire, et fort enclin aux belles-lettres, —
sa misanthropie se change en fièvre chaude. Le
mélancolique cesse de voir en noir, il voit rouge ;
tue à distance, et ces exécutions, auxquelles il
n'assiste plus ont quelque chose d'abstrait, comme
quand nous disons, « tuer le Mandarin. » Il frappe
à coups redoublés pour tous ses sentiments mé-
connus, pour tous les efforts de sa politique,
pour tous les bons mouvements de son âme rendus impuissants par la bassesse, la perfidie, la
cupidité, la méchanceté des hommes. La coupe
d'amertumes était pleine, la trahison de Séjan la
fit déborder. Dès lors s'ouvrit l'ère des proscriptions, sorte de sacrifice *in extremis* aux Dieux
infernaux.

En attendant, il goûtait ses premières délices
de Caprée, jouissait de l'île fortunée dont l'enchantement le plus doux était de lui procurer l'oubli.
Se souvenait-il seulement d'avoir encore sa mère ?
depuis dix ans, elle et lui ne s'étaient revus qu'une
fois en Campanie, où Tibère, passant, vint pour
quelques jours. Livie, à l'heure de sa mort, ne
comptait pas moins de quatre-vingt-huit ans,
mais Tibère en avait soixante-dix ; à cet âge, on
ne se déplace guère ; d'ailleurs, l'hypocondrie, le

souci des affaires le dévoraient. Il voulut d'abord
se rendre près de l'auguste égrotante; puis, remit
au lendemain, et si bien différa, qu'il fut trop
tard. Même pour les funérailles, il ne parut point.
Rome attendit, elle eût attendu davantage; mais
la nature qui ne s'émeut de rien et ne respecte
aucun cadavre, n'admettait point d'atermoie-
ment. Force fut donc de procéder, sans la présence
de l'Empereur, lequel n'intervint du fond de sa
retraite que pour mettre à la raison les sénateurs
qui s'étaient chargés de mener le deuil en son
absence. Cette attitude de Tibère, ainsi que sa
mercuriale, furent généralement peu goûtés des
Romains. Les mécontents parlèrent d'ingratitude
et d'impiété. Tacite met le mot sur la chose :
« *Nihil mutata amœnitate vitæ.* » Foncièrement
désagréable de caractère, le bonhomme entendait
ne démordre en aucun cas de ses habitudes,
et puis, circonstance bien atténuante, il avait
soixante-dix ans, souffrait de corps et d'esprit et
s'était, vis-à-vis de lui-même, engagé par serment
à ne plus jamais rentrer dans Rome une fois après
en être sorti.

Rome néanmoins se montra magnifique dans
ses hommages. Malgré l'absence de Tibère et son
humeur maugréante, les démonstrations éclatè-
rent. Celle qu'on ne pouvait déifier fut proclamée

Mère de la Patrie, et le Sénat décréta qu'un arc
de triomphe s'élèverait à sa mémoire ; honneur
que jusque-là aucune femme n'avait partagé, et
que Livie recevait pour avoir, selon l'Exposé des
motifs, « sauvé la vie à nombre de ses concitoyens, nourri, établi en quantité des jeunes gar-
çons et des jeunes filles pauvres. » L'heure fut
donc solennelle où les restes mortels de la première impératrice des Romains allèrent dans le
mausolée se mêler aux cendres d'Auguste, et les
larmes n'y manquèrent pas ; il y en eut beaucoup
de sincères, d'autres qui l'étaient moins. Tant de
gens assistaient à ce deuil et semblaient le porter
dans le cœur, qui ne pardonnaient point à l'illustre dame d'avoir mis au monde cet empereur
Tibère, abatteur entêté des vieux priviléges héréditaires, toujours et partout enclin à préférer le
mérite à la naissance, et dont le bras pesait si
lourd sur l'antique aristocratie.

« Une femme, en toute chose, plus comparable
aux Dieux qu'aux hommes, et qui savait n'employer sa puissance que pour détourner le péril
de vos têtes et faire avancer les plus dignes. »

Ainsi parle de Livie son contemporain Velleïus
Paterculus : laissons de côté les exagérations de
circonstance et concluons de cet éloge que Livie
était ce que nous appellerions de nos jours une

admirable dame patronnesse. Elle avait les vertus,
le charme de l'emploi et pratiquait la charité en
souveraine. Remarquons que l'Histoire ne nous dit
pas un mot des toilettes de cette impératrice, ni de
ses bijoux ; tandis que tous s'accordent à célébrer
la façon dont elle usait d'une fortune colossale :
main ouverte aux petits comme aux grands et ne
comptant avec personne, grande dame ayant partout ses pauvres, à la Cour comme ailleurs, et du
cercle de son affection n'excluant pas les plus
infimes. Son affranchie Andromède, une naine,
l'adorait pour ses bontés ; ses esclaves la portaient aux nues, et de récents témoignages nous
prouvent qu'ils n'avaient pas tort. Il y a quelques
années, dans un immense columbarium, on découvrit les cendres d'innombrables serviteurs
ayant appartenu à sa Maison ; esclaves des deux
sexes, affranchis, employés de toute espèce et de
tout rang, ils avaient par millions apporté là leur
brin de poussière dûment classée, étiquetée, grâce
aux bons soins de l'auguste maîtresse. En consi-
dérant la sépulture, on songe à ce que devait
être le palais quand cet essaim, enfoui depuis des
siècles, dans la ruche morte, vivait, bruissait,
foisonnait autour du diadème.

XIX

Tout cela, sans doute, ne fait pas que Livie fût une sainte, et ces vertus privées, dûment et commodément pratiquées au rang suprême, ne sauraient cependant racheter les crimes par lesquels ce rang suprême fut conquis. Il est vrai qu'on peut dire, à l'excuse de cette âme, à la fois bonne au pauvre monde et passablement scélérate, que ni l'époque où elle vécut, ni la place où le choix d'Auguste l'avait mise, ne se prêtaient à la culture du sens moral. Environnée de haines et d'intrigues, elle usa des armes dont ses ennemis se servaient contre elle. Oui, mais ces ennemis acharnés, implacables, qui les alla chercher, les défia? Pour cette fille d'un simple chevalier, pour cette compagne errante d'un soldat d'aventure, ce n'était point assez de partager l'empire du monde avec Auguste, il fallait encore que son fils à elle héritât du trône des Césars. Esprit dominateur et capable de tout, même de céder quand il s'agissait de préparer la victoire, soixante-sept ans elle soutint la lutte. Sa personnalité occupe deux règnes; toujours et partout la bien accueillie sous Auguste, importune, encombrante sous Tibère. Après avoir, depuis son mariage, c'est-à-dire, pendant une période de cinquante-deux ans, travaillé à fonder le règne de son fils, elle eut ensuite, pendant les quinze années qui lui restaient à vivre, à se démener, à déblatérer contre ce règne, « écroulement de ses espérances. »

Tacite, féroce envers Tibère, lui fait pourtant la part très-belle, quant aux deux premiers tiers de sa carrière. Les cruautés, les débauches ne seraient, à l'en croire, venues que sur le tard ; d'où il suit que l'homme mûr, le politique, ayant bien mérité, Némésis n'aurait à demander des comptes qu'au seul vieillard. Livie, alors, nous offrirait l'exemple du contraire ; criminelle d'abord, elle aurait terminé ses jours dans la pleine satisfaction du but atteint. Tacite va plus loin, il veut que ce soit purement et simplement par égard pour cette mère vénérée que Tibère ait gardé tant de modération pendant la première partie de son règne, et que ses mauvais instincts aient dû, pour éclater, attendre qu'elle fût morte. Il est vrai que l'auteur des *Annales* ne cite aucun fait à l'appui de cette prétendue bonne influence d'une personne représentée ailleurs sous les traits d'une horrible empoisonneuse. Livie fut le tracas, le chagrin, le désespoir du règne de Tibère ; et cela

devait être : la noble dame avait calculé faux ;
dans ce fils qu'elle comptait gouverner à son gré,
Livie avait trouvé son maître.

Plongez jusqu'au cou dans le crime, creusez
des galeries souterraines, faites métier de taupe,
pour venir finalement vous heurter le front contre
l'obstacle ! Le Destin a de ces leçons toujours renouvelées, mais dont quiconque ne profite. Livie
n'était déjà point la première à qui cette histoire
d'ambition maternelle déçue fût arrivée, et nous
allons voir à peu de distance le même exemple se
reproduire, avec le dénouement tragique en plus.
Agrippine, elle aussi, prendra de longue main la
cause de Néron ; à ce jeu de l'intrigue et du
crime, elle apportera plus encore que Livie, laquelle au moins sut réserver sa pudeur de femme,
la fille de Germanicus ne réservera rien ; par le fer
et par le poison, par l'adultère et par l'inceste,
elle poursuivra son idéal d'absolue domination.
Eh bien ! et après ? les mêmes démêlés, la même
histoire, moins consolante pourtant, sinon plus
neuve !

Tibère, d'abord, éconduit Livie, avec toute
sorte de révérences, puis, n'en pouvant plus, lève
le pied pour se débarrasser de ses obsessions.
Moyen de comédie ! Néron emploie le procédé tragique, tue Agrippine, mais la situation ni la mo-

ralité ne diffèrent. O nature humaine incorrigible et misère de l'ambition, à ne la prendre que sur ses hauts sommets ! Tous les mensonges, tous les meurtres, toutes les infamies secrètes ou publiques pour un but qui fatalement vous échappe !

XX

Livie n'est pas un caractère. Ceux qui prétendent qu'elle avait en vue de réconcilier les deux grandes factions aux prises par ses œuvres, d'unir et de fusionner le sang des Claude avec le sang des Jules, lui font très-gratuitement honneur de la politique de Tibère. Livie n'eut jamais l'esprit tourné que du côté de ses intérêts. Si l'intrigue est le commencement de la politique, elle ne dépassa point le vestibule du temple ; une fois installée, elle s'y tint et pour la vie. Auguste, bien que sous le charme, la forçait à transcrire, sur le moment, tout ce qui se disait dans leurs entretiens intimes, ce qui prouve qu'il n'y avait guère à se fier à la parole de Livie.

Cette Romaine-là me rappelle une certaine Florentine de notre seizième siècle. Catherine de Médicis était comme Livie, née avec d'immenses appétits de domination qui ne furent

jamais satisfaits. Incapables de s'imposer aux
circonstances, elles eurent toutes deux l'art de
les prendre par le dessous, habiles à tracer
des circonvallations, à creuser des mines, et
sachant, au besoin, s'effacer pour reparaître au
moment.favorable. Plonger du regard dans l'avenir, saisir les connexions qu'il peut avoir avec le
présent, entrevoir le fruit dans le germe ; facultés
viriles également absentes chez l'une et l'autre,
les résultats mesquins, les petits profits, voilà ce
qui les contente. Vous ne les verrez ni se hâter,
ni rien résoudre ; leur caractère est d'observer,
de laisser courir les choses ; leur politique, d'en
tirer avantage sans jamais se découvrir que le
moins possible ; leur jeu d'imiter le chat qui pelote,
puis tout à coup de sauter sur la proie et de l'étouffer. Livie demeura fidèle à ce programme.

Sa lutte avec la fille d'Auguste nous l'a montrée
au plein de son activité, de sa puissance et de ses
maléfices. La femme honnête et la courtisane se
rencontrant dans un de ces conflits tragiques dont
l'Histoire offre tant d'exemples, — la courtisane
fut vaincue. C'était justice ; disons mieux, c'était
dans l'ordre naturel ; entre la beauté, la grâce,
l'élégance. l'esprit de frivolité, de vanité, de mo-
querie, et la froide, sévère, implacable raison, le
combat ne saurait être longtemps douteux. L'aus-

térité, la dignité, le calme des sens finiront toujours par l'emporter. Seulement, ayons pour certain que l'exemple n'en sera pas plus moral; car
dix fois sur douze, l'honnête femme, pour mieux
assurer sa victoire sur la courtisane, emploiera
des armes déshonnètes, et je ne vois guère en
quoi les Dieux et les hommes auront à se réjouir
lorsque, tout compte fait, l'hypocrisie, la calomnie, l'esprit d'audace et d'intrigue seront venus à
bout de l'esprit de désordre et de luxure. Les faiblesses humaines, — et les plus charmantes, —
vengées par la scélératesse qui se donne carrière
sous le masque de la vertu, quelle conscience tant
soit peu douée du sens moral, un pareil spectacle
peut-il satisfaire ? Telle fut pourtant la comédie
montée à son propre bénéfice par l'impératrice
Livie. La fille d'Auguste y succomba, victime plus
digne encore de compassion que de mépris; car
les fautes qui se rattachent à l'amour doivent
moins peser dans la balance que les crimes issus
de l'ambition et de la haine.

Mais, patience, Julie ne meurt pas tout entière;
elle lègue son sang et sa vengeance à sa fille, chez
qui l'emportement et la furie vont remplacer
l'inconséquence et la légèreté de la mère; puis,
pour que la trilogie soit bien complète et que le
châtiment ait son cours ; à cette première Agrip-

pine succédera la seconde : celle des Mémoires
d'où sortiront à leur tour les *Annales*. Tout vient
donc à point dans l'Histoire, et Livie, après avoir
eu du terrible justicier plus qu'elle ne méritait,
semblé n'avoir désormais qu'à se recommander
aux équitables réhabilitations de la critique moderne, qui verra ce qu'elle peut faire pour elle.

HORACE

HORACE

I

Madame de Maintenon se plaignait de son monarque inamusable ; l'esprit humain est meilleur prince : plus il vieillit et moins son goût se montre difficile, les redites en aucun genre ne l'épouvantent. Nous hantons les théâtres, sachant d'avance de quoi il retourne ; ce qui s'invente et se publie n'offre à notre curiosité qu'une sorte d'intérêt relatif, car pour du nouveau, il n'y en avait plus, hélas ! déjà du temps d'Auguste. Virgile, Horace, Ovide, empruntent à la Grèce ; et leur art, si merveilleux qu'il soit, ne consiste déjà plus qu'à nationaliser dans Rome, à faire servir à l'instruction comme à l'agrément de la société contemporaine, des idées et des formes librement conçues et créées d'*original* sous un ciel étranger. Térence copie Ménandre, Shakespeare dévalise les chroniqueurs Barbares et les nouvellistes Italiens ; puis vient Molière, qui prend son bien où il le trouve, chez le voisin Rabelais

et chez l'étranger Tirso de Molina : pères nobles
et raisonneurs, jaloux tuteurs et pupilles futées,
jeunes dissipateurs et vieux avares, servantes
effrontées, valets fripons le nez au vent, masques
de fieffés coquins et de parasites célèbres jadis
sous les noms de Dave et de Parménon, et qui
s'appelleront désormais Scapin, Mascarille et
Sganarelle.

Oui, certes, tout a été dit ; mais il y a façon
de tout redire, et même de reprendre à nouveau les chefs-d'œuvre. En veut-on un exemple ? Je citerai *l'Amphitryon* de Molière. Voilà
une pièce, à coup sûr, des plus réussies qui se
puissent voir ; l'action en est d'un tour habile, et
vous y sentez à chaque scène la main d'un maître imperturbable à se gouverner à travers les
incidents les plus risqués. Quant au style, c'est
la perfection, jamais le vers libre n'atteignit à ce
degré de consistance dans la souplesse et le
négligé apparent. Il semble donc qu'en un pareil
sujet vouloir s'aventurer après Molière serait la
prétention d'un impertinent ou d'un fou. Eh
bien ! le croirait-on ? un homme s'est rencontré
de notre temps, qui n'a point reculé devant cette
idée prodigieuse de refaire *l'Amphitryon* de
Molière, et le plus beau de l'histoire, c'est que
cette idée, au lieu de prêter au rire, prête à

l'admiration. Il est vrai que le coupable s'appelait Henri de Kleist. En France, on le connaît trop peu; c'était un génie, et bien au-dessus de Tieck, de Zacharias Werner, de tous les dramaturges de l'école. Au théâtre, il avait l'invention et le don si rare de savoir remuer à la fois une action, des personnages et des idées. Pour lui, toute passion, en tant qu'elle confine à l'idée fixe, est une maladie et veut être étudiée au double point de vue psychologique et pathologique. Étant donné par exemple le caractère le plus sain, le plus vaillant, son observation saisit aussitôt le côté sensible, vulnérable, et vous montre comment, l'esprit le mieux constitué en arrive à perdre conscience de soi, à ne plus se dominer, comment dans un éclair d'hallucination et de somnambulisme, un héros peut avoir peur et fuir lâchement devant la mort. Dans ses romans et ses nouvelles, même originalité; avec cela, l'expression toujours nette et vibrante, une forme sans ornements, une précision mathématique. Qu'on se figure un Mérimée romantique et dont le scepticisme serait par instants traversé d'éblouissements surnaturels[1]; mais le désespoir amer, implacable, ne tardait pas à le ressaisir.

1. Voir à la fin du volume la Note XIII.

Ardent patriote, nos victoires l'avaient frappé
d'incurable langueur; en attendant l'heure du
suicide, il écrivait *la Bataille d'Hermann*, pour
exciter ses compatriotes à traiter Napoléon
comme jadis le chef teuton avait traité Varus.
Arrivons à *l'Amphitryon* :

> Mon nom qu'incessamment toute la terre adore
> Étouffe ici le bruit qui pouvait éclater ;
> Un partage avec Jupiter
> N'a rien du tout qui déshonore.

Ainsi, au dénoûment de la comédie de Molière,
le grand monarque Louis XIV, déguisé en olympien, s'évertue à dorer la pilule à son féal sujet
le marquis de Montespan, époux de sa royale
concubine. Impossible de se montrer plus magnanime et plus galamment persuasif; Amphitryon
néanmoins goûte peu l'apologue, nous le voyons
froncer le sourcil aux gens de Cour qui le compli-
mentent et s'éloigner sans prononcer un mot,
trait sublime de Molière, qui par là sauve la
dignité de son héros, et laisse à Sosie le soin de
terminer gaiement la pièce :

> Sur telles affaires toûjours
> Le meilleur est de ne rien dire.

Maintenant comment un poëte s'y prendra-t-il

pour renouveler le sujet? Il ne changera rien à
la donnée, — les personnages, l'action, resteront
les mêmes; seulement, il y fera pénétrer l'idée
mystique, du mysticisme en pleine comédie
païenne! Ne préjugeons pas. Songez à l'un des
plus divins mystères de la religion.

L'adultère ici n'est plus en cause; Alcmène conçoit dans la pureté; le fruit de ses entrailles, Hercule, étant le fils, non pas d'un homme, mais d'un
dieu. Jupiter dépouille sa physionomie d'olympien,
coureur de ruelles, pour revêtir l'idéal divin du
panthéisme, et dans la scène des explications
avec Alcmène c'est l'Ame du monde qui parle
par sa voix : « Et ne l'adores-tu pas dans l'univers, son œuvre immense? Ne sens-tu pas autour
de toi sa présence partout, dans la pourpre du
soir glissant à travers le feuillage silencieux,
dans le murmure de la source, dans la chanson
d'amour du rossignol? Est-ce en vain que la montagne qui se dresse vers le ciel, en vain que la
cataracte qui gronde en se précipitant du haut
des rocs, te parlent de lui? Et lorsque le soleil
éclate dans sa gloire, lorsque frémissants, ivres
de joie, tous les êtres créés célèbrent sa puissance, ne descends-tu pas dans le sanctuaire
intime de ton âme pour le bénir et le prier? » Et
plus loin, la glorifiant, il l'appelle sainte : « Vous

êtes celle qu'une ceinture de diamants défend de
toute approche, celle dont l'immortel qu'elle a
reçu s'éloigne en la laissant immaculée et pure ! »
Goethe disait : « C'est le mystère de la divine
conception enté sur le mystère de l'amour, et il
ne s'agit en effet de rien moins que d'une inter-
prétation du mythe dans le sens de la révélation
chrétienne. »

Nous venons de voir comment un poëte de race
sait, d'un tour de main, rajeunir son sujet ; d'autres nous enseigneront comment on le gâte. Qui
ne connaît dans Horace la IXe ode du livre III :
Donec gratus eram tibi, un petit chef-d'œuvre en
vingt-quatre vers, dont Scaliger racontait qu'il
aimerait mieux l'avoir composé que de posséder
la couronne d'Aragon ? Ponsard imagine un beau
jour de la traduire à la scène ; c'était son droit,
qu'en a-t-il fait ? Une incolore paraphase. « Quand
on viole l'Histoire, il faut lui faire un enfant, »
s'écriait brutalement le vieux Dumas. Les chefs-
d'œuvre du génie humain nous appartiennent et
forment un fonds commun où nous pouvons puiser à notre gré ; libre à chacun de s'en inspirer, de
les transformer, à la condition qu'il apportera
une idée. Meyerbeer avait entrepris de mettre en
opéra *Tartuffe*, et nous connaissons de cette
œuvre un morceau, — la scène du IVe acte entre

Elmire, Tartuffe et Orgon, d'abord caché sous la table, — qui prouverait que, si l'auteur des *Huguenots* allait ainsi familièrement s'asseoir à la table de Molière, c'est qu'il avait en lui de quoi payer son écot; mais toucher à l'un des plus rares bijoux de la poésie antique pour en faire bourgeoisement un lever de rideau, presqu'un vaudeville, quelle triste profanation !

Ce n'est pas un Alfred de Musset qui jamais eût donné dans un tel piége. Cette ode pourtant le tentait, l'attirait. Novalis veut que sous l'eau diamantine des pierres précieuses d'un écrin se dérobent d'invisibles démons guettant de là le cœur des femmes : certains vers, certaines mélodies, ont pour les âmes poétiques des fascinations de ce genre; il ne vous suffit pas de les retourner au soleil, d'en admirer les facettes et le miroitement, vous en voudriez l'emplette et la possession. Il semble que, si vous y mettiez du vôtre, vous en jouiriez mieux, et vous voilà glissant sur la pente. Nombre de traductions exquises, faites par de vrais poëtes, n'ont pas eu d'autre origine. Ne vous y fiez point trop cependant, et pensez à des imitations bien plutôt qu'à d'exactes versions serrant de près le texte. Je me représente Alfred de Musset venant de relire l'*ode à Lydie*; tout à son ravissement, il ferme le livre, et, de mémoire, écrit ces vers, nés de sa rêverie et dictés par sa propre muse :

> Lorsque je t'avais pour amie,
> Quand nul garçon plus robuste que moi
> N'enlaçait de ses bras ton épaule arrondie,
> Auprès de toi, blanche Lydie,
> J'ai vécu plus joyeux et plus heureux qu'un roi.

Et cela pour dire ce que le texte exprime en quelques mots : « Tant que je sus te plaire et que nul amant préféré ne tint dans ses bras tes blanches épaules, je vivais plus heureux que le roi des Perses. » C'est trop et c'est aussi trop peu, car ce roi mis à la rime, ce roi tout court, abstrait, ne rend pas toute l'expression : le roi des Perses, le Grand roi. Alfred de Musset, même en traduisant du latin, conserve son indépendance, son vers marche dans sa libre allure. Horace, écrivain condensé, distillant par gouttes d'or son élixir de poésie, ne saurait jamais être pour lui, comme pour La Fontaine, qu'un modèle d'occasion [1]. Ovide, à

---

1. Rapprocher de cette traduction l'imitation que La Fontaine a donnée de l'ode à Pyrrha :

> Dans cet antre secret, tout parfumé de roses,
> Philis, que faisiez-vous avec ce beau garçon ?
> Il vous parlait, il sentait bon,
> Ne s'est-il pas passé quelques petites choses ?

la, longue, répondrait mieux à sa nature. Je cherche parmi les Latins et n'en trouve aucun qui me
le rappelle davantage.

> Où Vénus Astarté, fille de l'onde amère,
> Secouait, vierge encor, les larmes de sa mère
> Et fécondait le monde en tordant ses cheveux,

est un motif d'Ovide, et d'ailleurs que de rappro-
chements : cette indolence aristocratique dans le
faire et dans le maintien, ce goût de la beauté
plastique, ces voyages à la recherche d'impressions d'art ! Rappelons-nous la tournée en Grèce
avec le poëte Macer, en Sicile ses curiosités de
dilettante. Plus que Virgile, à qui sur tout le
reste il est si inférieur, Ovide a le sens de la statuaire et de la peinture. Lorsqu'il chante le combat des Centaures, il a présente devant les yeux la
frise d'Alcamène. La Vénus Anadyomène, c'est
par lui que nous la connaissons; par lui que nous
savons qu'une copie de ce chef-d'œuvre ornait les
appartements d'Auguste. *Doctus et operosus*, dit-
il pour caractériser Myron, idéaliste statuaire de
la force et de la beauté masculines.

> Vénus au fond des mers dormirait ignorée,
> Si l'art d'Apelle, un jour, ne l'en eût retirée...

l'homme qui a pu écrire ce vers, tout moderne,

n'avait pas un médiocre sentiment de la puissance
créatrice attribuée à la sculpture, et quelle description plus charmante donner à la Vénus de
Médicis ?

> Ipsa Venus... Quoties velamina ponit,
> Protegitur læva semireducta manu.

Ovide n'est pas seulement un poëte, c'est en
même temps un artiste, et voilà pourquoi je le
compare à Musset. L'auteur de *Rolla*, retrou-
vant partout ses souvenirs de Florence et de
Venise, s'émeut à l'idée de Michel-Ange et de
Raphaël, de Titien et de Véronèse, comme l'auteur des *Métamorphoses* à l'idée de Phidias,
d'Apelle et de Myron; les marbres, les peintures, des pays qu'ils ont traversés fécondent leur
inspiration, et se reflètent dans leur vers également pittoresque, fort et magistral sous son apparence relâchée.

Nul poëte ne fut plus traduit qu'Horace; pour
nous en tenir à la France, il ne se passe guère
d'année qui ne voie éclore une ou deux éditions
nouvelles du maître favori. Latinistes de profession, journalistes, poëtes, sorboniqueurs et gens
du monde, c'est à qui se distinguera dans cet
exercice. Connaître son Horace à fond, en pouvoir
discourir à brûle-pourpoint et le citer à tout

venant, est déjà, pour bien des esprits, une attitude; mais l'avoir quelque peu traduit, voilà le
suprême du goût et de la culture. Les magistrats
de tout temps ont pratiqué chez nous cette religion. Un homme sérieux qui *sacrifie aux Muses*
n'en connaît même pas d'autre ; sous la Restauration, un pair de France allant à la campagne n'eût
point manqué de l'avoir en poche; Louis XVIII
faisait de lui sa gourmandise, et le dégustait
comme un de ces fins morceaux qu'il aimait à
cuisiner entre amis. Dilettante, moins forcené
que Scaliger, Louis-Philippe n'eût peut-être pas
échangé sa couronne contre la satisfaction d'avoir
écrit la neuvième ode, mais il faisait également
du lyrique romain un cas tout particulier, et c'est
au cœur même du Sénat de Napoléon III que le
traducteur le plus récent scandait ses ïambes et
ses hexamètres[1]. Étrange fortune que celle de ce
fils d'affranchi : après avoir vécu joyeusement
parmi les plus grands seigneurs, il continue à se
maintenir à travers les âges en toute faveur et
tout crédit près des classes dirigeantes. Poëte de
la bonne compagnie, tel est Horace; qui sait si
l'absence de passion, que volontiers on lui repro-
cherait, ne l'a pas énormément servi? La passion

---

1. Le comte Siméon. (Voir à la fin du volume la Note XIV.)

gêne le goût, porte scandale : la passion, c'est le
diable, ou pour le moins le diable au corps; qu'elle
parle un peu haut dans un livre, et le prélat aura
des scrupules. Or, des scrupules, il faut se garder
d'en éveiller; les grandes clientèles ne s'acquièrent
qu'à ce prix. Horace possède le secret de nous
mettre d'accord avec nous-mêmes; sa philosophie
est le royaume des accommodements, des tran-
sactions; il a des indulgences pour toutes les
petites perversités auxquelles sont enclins les plus
honnêtes gens. On le traite en enfant gâté. Ses
badinages libertins, ses impiétés, ne tirent pas à
conséquence; il s'écriera, par exemple, en bafouant
les rites sacrés des Juifs, qu'il ignore parfaitement ce que c'est que d'avoir une religion quelconque, et cette pointe de voltairianisme anticipé
n'effarouchera personne. Il y a des choses que
l'esprit humain prend bien, en dépit du danger
qu'elles comportent; d'autres qu'il prend mal, en
dépit du bien qu'elles renferment; d'autres qu'il
ne prend pas du tout, et devant lesquelles, bonnes
ou mauvaises, il passe sans regarder. Les vers
d'Horace sont au premier rang des choses qui
réussissent d'abord, et qui réussissent ensuite
par cela seul qu'elles ont réussi. Le Moyen Age
ne s'y est pourtant pas trompé. Tandis que son
poëte prend pour guide aux régions mystiques

l'idéaliste et divin Virgile : *Virgilio dolcissimo padre!* ses moines vilipident Horace, l'appelant « un pourceau d'Épicure, » et fulminant contre ses lieux communs de morale lubrique; puis, vient la réaction avec le xvi° siècle mythologique et artiste, — les Ronsard, les Belleau, tous les Cellinis de l'ode et de l'odelette, — comme avec le classique et sentencieux xvii° siècle. Que serait Boileau sans Horace? Il lui prend tout, moins la grâce légère et l'attrait piquant. L'Art poétique des Latins se codifie à l'usage de notre Parnasse français, et nous faisons connaissance avec ce genre de satire aimable qui va s'inspirant, non plus des haines vigoureuses, mais de toute sorte de petits contre-temps de la vie ordinaire : un fâcheux qu'on rencontre et qui ne vous lâche plus; un mauvais dîner auquel on vous invite; un voyage de Rome à Brindes; le poëte satirique, qu'on se représente généralement comme un accusateur public, y dépose ses foudres et devient un simple humoriste. A la vérité, sous cet enjouement se retrouve parfois bien du sarcasme; la pièce sur la mort de Tigellius, par exemple, n'en a pas moins sa valeur satirique; si ce n'est là du Juvénal, c'est de l'Aristophane, de la comédie excellente et de tous les temps :

Omnibus hoc vitium est cantoribus.

Aujourd'hui encore le portrait palpite d'actua-
lité. Qu'importe ce que pensent de lui les Tigellius, les Pantelius et les Démétrius? Il n'en
veut qu'à l'opinion des esprits cultivés, supérieurs : les Mécène, les Octave, les Virgile, les
Messala, les Pollion, les Servius, à la bonne heure!
avec ceux-là du moins on n'en est pas réduit à
n'avoir pour sujet de conversation que des comédiens et des danseurs; l'entretien s'élève, on touche aux questions de philosophie et de morale : « O
nuits! ô soupers des dieux! la causerie commence
non à propos des villas ou des maisons d'autrui, ni
pour savoir si Lepos danse bien ou mal, mais nous
dissertons de ce qu'il n'est point permis d'ignorer :
est-ce dans les richesses ou dans la vertu que
réside le bonheur? est-ce l'intérêt ou l'honnêteté
qui resserre les nœuds de l'amitié? quelle est la
nature, quel est le but du bien? » La Grèce le
tient, le possède tout entier, vous saisissez dans
ces beaux vers comme un écho des banquets de la
grande période athénienne, de ces *symposions* où
siégeaient les Périclès, les Socrate, les Anaxagore,
les Phidias, les Ictinus, et que présidait Aspasie. « Pendant ce temps, mon voisin Servius

trouve moyen de nous narrer de vieilles fables,
et si quelqu'un vante l'opulence inquiète d'Arel-
lius, il nous raconte l'histoire du rat de ville et
du rat des champs :

> Autrefois le rat de ville
> Invita le rat des champs, etc.

Un tableau de genre merveilleusement troussé, et
qui se termine par un apologue qu'on dirait mis
à l'adresse de notre La Fontaine, telle est la satire
d'Horace. Elle ignore les emportements, les viru-
lences, et nous morigène en riant ; jamais le moindre apostolat ; une ironie plaisante, le persiflage
bon enfant d'un homme qui sait la vie et se connaît lui-même à fond ; ce qui souvent lui donne
une assez triste idée de ses semblables et l'empêche de dauber sur leurs vices comme ferait un
Caton, un Asinius Pollion, ou tel autre ayant les
qualités morales de l'emploi. La scène avec Davus,
où l'esclave, usant des privautés que lui donnent
les Saturnales, apostrophe et gourmande son
maître, n'est point d'un simple lyrique ; j'ai nommé
plus haut Aristophane, ce dialogue touche presque
à Molière : « Je suis ton esclave, sans doute, mais
toi, malheureux, tu obéis à d'autres et t'agites
comme une figure de bois que des ficelles étran-

gères font mouvoir. Quand tu restes planté là
comme une borne devant un tableau de Pausias,
en quoi vaux-tu mieux que moi, lorsque le jarret
en avant, ébahi, j'admire devant une boutique
des images de combat tracées à la brique ou au
charbon? Davus est alors un drôle et un pares-
seux; mais toi, chacun te prise comme un rare
connaisseur. Je suis un vaurien quand je me laisse
allécher par la fumée d'un fin gâteau, et mon dos
paiera ma convoitise, — comme si ton intelligence
et ta vertu te défendaient contre de pareilles ten-
tations et t'empêchaient de te livrer à ces bom-
bances qui te vaudront la gastrite, la goutte et
l'hydropisie! On bat l'esclave qui, la nuit, dérobe
une grappe de raisin, mais celui-là n'a-t-il rien
de servile qui vend son patrimoine pour satisfaire
sa gloutonnerie! »

Nous venons d'entrevoir Mécène, nous le retrouverons tout à l'heure; il convient donc, dès à
présent, de bien fixer le personnage et de nous
tenir en garde contre les duperies traditionnelles.
Ce Mécène tant chanté, tant célébré, et dont le
nom sert à qualifier tout fameux protecteur des
arts, ce descendant des anciens rois, avait aussi
ses petits et vilains côtés. Tacite le traite fort
mal, et le portrait que nous trace de lui l'honnête Suétone n'est guère attrayant qu'à demi; à

l'en croire, ce Mécène authentique et typique
ressemblerait fort à bien des Mécènes présents.
Il aimait Horace et Virgile, mais il aimait surtout le danseur Bathylle et le chanteur Tigellius, cet espèce de ténor, bête, important et va-
niteux, qui refuse de chanter quand on l'en prie,
et n'a jamais à la bouche que des noms de rois
et de tétrarques. Il protégeait les poëtes, mais il
se connaissait beaucoup mieux en riches pierreries
qu'en beaux vers. Pline nous assure que c'était
principalement ce que nous appellerions, aujour-
d'hui : une *illustre fourchette*, et qu'il inventa
certains plats de haut goût, très-renommés dans
son temps. L'ami d'Auguste ne se contentait pas
de mettre la main aux affaires du gouvernement,
il mettait aussi la main à la poêle et travaillait
avec son cuisinier, pour la plus grande joie de
ses convives ordinaires, gens d'humeur bouffonne
et commode, farceurs et baladins dont l'auteur de
l'*Énéide* et le poëte des *Odes*, ne grossissaient que
rarement le nombre. Car Virgile avait un mauvais estomac, et Horace était obligé de ménager
ses yeux. Ceci n'infirme en rien la tradition reçue, et tendrait simplement à montrer que, tout
Mécène qu'il fut, Mécène fut un Mécène comme
les autres, en ce sens que la première part de ses
munificences revint aux Tigellius et aux Bathylle,

et que Virgile et Horace n'en eurent que la
seconde, que dis-je, la seconde? Suétone a mis
la dixième! Il n'importe, c'eût été si facile à
Mécène de diminuer encore la somme de ses largesses, qu'on lui doit une grande reconnaissance
d'avoir fait ce qu'il fit, puisque tous les deux
eurent, grâce à lui, l'honnête sécurité de l'existence, et que, poëtes et philosophes, n'en doivent
pas demander davantage.

Det opes, det vitam, æquum mî animum ipse parabo.

Horace eut sa maison des champs, et Virgile,
à qui la guerre civile avait enlevé son patrimoine,
reçut d'Auguste, sur la recommandation de
Mécène et sans qu'il en coutât d'ailleurs une ses-
terce à celui-ci, un très-louable dédommagement :
Deus hæc otia fecit! Notons encore que cet idéal
du protecteur des beaux-esprits composait des
vers détestables; sa prose ne valait point mieux,
il avait la parole efféminée comme ses mœurs,
et son gracieux prince aimait à se moquer des
boucles ambrées de son discours frisé au fer :
μυροβρεχεῖς *cincinni.*

Mécène habitait sur l'Esquilin, un palais en-
touré de jardins splendides [1], du haut desquels les

1. Virgile, que ses goûts de retraite et d'étude, et aussi des

yeux jouissaient tour à tour du panorama de
Rome et de cette perspective des monts Albins
et Sabins, incomparable en ses jeux de lumière
et de coloration. Là se réunissait la cohorte em-
pressée des amis et des amuseurs, poëtes, baladins, chanteurs et virtuoses de tout genre. A la
mort de Mécène, ce palais, — don gracieux d'Auguste à son favori, — fit retour à l'empereur, et ce
fut Tibère, l'enfant d'adoption et le successeur
désigné, qui vint y loger sa bouderie, en attendant que Néron y menât sa fête, et joyeux spec-
tateur de l'incendie allumé par ses soins, enton-
nât de sa belle voix de ténor, le fameux hymne
sur la guerre de Troie, en des lieux tout vibrants
encore des souvenirs de Virgile et d'Horace.

II

Quel que soit le sujet qu'il traite, Horace conserve sa belle humeur; sa Némésis n'a jamais
entendu siffler un serpent et ne connaît ni les
flagellations vengeresses, ni les nocturnes épouvantes. Si vous n'aimez les désappointements,

exigences de santé retenaient à Naples et en Sicile, chaque
fois qu'il visitait Rome, se logeait dans le voisinage de ces
jardins, dont l'air convenait mieux à sa poitrine délicate.

défiez-vous de ses velléités fantastiques comme
dans la pièce où la sorcière Canidie est en jeu.
Un grand fracas au premier plan et point d'horizon à la scène; sur le devant toutes les horreurs
de la nécromancie thessalienne, et pour fond au
tableau une figure de Priape incongru. Autre
part, c'est une anecdote qui finit par un calem-
bourg; ce que c'est pourtant que d'envisager les
choses à distance de siècles! Un certain Persius
ayant maille à partir devant le tribunal du préteur Brutus avec un nommé Rutilius Rex, — autant dire Rutilius Roi, — s'écrie, de guerre lasse,
pour clore le débat : « Brutus, toi dont la race
ne sait point ménager les rois, tâche donc d'é-
trangler celui-ci! » — Et les scoliastes trouvent
cela divin!

> L'épigramme plus libre, en son tour plus borné,
> N'est souvent qu'un bon mot de deux rimes orné.

Oui, mais quand il n'y a pas de rimes? Et de pareils jeux d'esprits, dont on ne voudrait pas dans
un couplet de vaudeville, font encore les délices
d'honnêtes gens qui vous traitent de *fantaisiste*
quand vous leur parlez de Novalis ou de Shelley[1]!

---

1. Le nom de Shelley sonne ici bien d'accord; qui jamais
mieux que lui pratiqua l'*odi profanum vulgus et arceo*? Tout

Car il est bien entendu qu'aux yeux des sublimes
politiques de son temps, un poëte, fût-il Lamar-
tine, n'est jamais un homme sérieux; mais que
mille ans plus tard, vienne un professeur qui le
commente, l'annote et découvre d'ineffables beautés jusque dans ses moindres quolibets; ce pédant-
là passera pour une forte tête, capable au besoin
de rédiger une Constitution.

Pour bien juger les Anciens, il faudrait pouvoir
être à notre aise vis-à-vis d'eux comme nous le
sommes vis-à-vis des Modernes. Malheureusement, cette liberté d'allure n'est point permise.
Quand nous abordons pour la première fois Tacite
et Cicéron, Horace et Virgile, nous ne les lisons
pas, nous les *expliquons* sous l'influence d'un péda-
gogue imbu des mille superstitions du desservant
qui vit de son autel, et lorsqu'ensuite, à la matu-
rité de l'âge, il nous arrive de les reprendre, c'est
toujours avec un vieux fonds d'idées préconçues.

Horace reste, dans les *Odes*, l'esthéticien parfait que nous montrent les *Satires*. Il a voyagé
entre temps, connu, goûté les Grecs, sait par
cœur tous les grands modèles : Alcée, Sapho,
Anacréon, et les imite, non point en écolâtre et

penseur est un solitaire, un isolé parmi la foule, *a phantom
among men*, disait-il, s'enfuyant vers les hautes cimes, les
glaciers pleins de précipices, chercher la liberté, la délivrance !

en dilettante, mais en maître, en Romain jaloux
de donner à la lyre de son pays des qualités musicales et rhythmiques qui lui manquaient. En ce
sens, nul n'a mieux réussi ; quelle besogne correcte
et curieusement ouvragée que la sienne ! Il emprunte aux Grecs leur art sans rien abdiquer de
son caractère national, et dans les difficultés qu'il
s'impose pour naturaliser ces formes nouvelles,
entre toujours la préoccupation de flatter l'oreille
des Romains. Son expression garde invariable-
ment l'empreinte d'excellente et solide latinité, et
les *atticismes* dont s'émaille parfois la strophe,
dénotent le tact le plus fin du convenable et du
permis. Horace est moins un poëte qu'un artiste ;
ce qui domine chez ce lyrique, c'est l'esthéticien,
et ce qui prime l'esthéticien, c'est l'homme pratique.

Il cultive la poésie à deux fins, joignant l'utile
à l'agréable, selon un des préceptes de sa philosophie mondaine, et c'est ainsi que l'ode aura
pour lui plus d'un emploi, et qu'il la fera très-
habilement servir à payer ses dettes de reconnaissance envers les grands personnages qui l'honorent de leurs bienfaits. Ces sortes de panégy-
riques étaient, nous le savons, dans l'étiquette
du temps, Horace pouvait s'y livrer sans mériter
d'être accusé de platitude ; d'ailleurs, disent ses

apologistes, « il aimait tant son indépendance ! »

Certes, oui, il l'aimait et la préférait aux fonctions les plus enviées ! Une lettre d'Auguste, que Suétone nous a conservée, ne permet aucun doute à ce sujet. « Autrefois, écrit à Mécène le maître du monde, je pouvais suffire à ma correspondance avec mes amis, mais aujourd'hui que mes occupations et ma mauvaise santé m'en empêchent, je voudrais bien t'enlever notre Horace. Mon désir serait qu'il cessât de vivre chez toi en parasite et vînt prendre place à ma table royale et me servir de secrétaire. »

Horace n'avait nul goût pour cet emploi ; sa flânerie, son mode d'existence y répugnaient ; d'autre part, il ne se sentait aucun souci de se brouiller avec un si puissant empereur, dont la colère l'aurait eu bientôt mis en disgrâce près de l'illustre et cher Mécène. Le péril fut conjuré, mais on peut supposer que telle ode, ici et là, décochée à propos, n'aida point médiocrement à la circonstance. Horace conserva donc la faveur du maître et se maintint à la Cour en bonne posture, sans rien faire de ce qu'on lui demandait, ce qui est le comble de l'habileté. Loin d'en vouloir à son poëte, Auguste ne perdait pas une occasion de lui envoyer une parole aimable : « Notre Septimius te dira quel bon souvenir je te garde, car c'est en sa présence même que j'ai parlé de toi. S'il a plu à ton orgueil de mépriser notre amitié, nous n'en prendrons pas de revanche. »

Souvent, chez Horace, le souffle est absent ; la pièce tourne court après avoir au début ouvert des ailes d'hippogriffe. Ce vers délicat, exquis, lorsque soigneusement vous l'écossez, ne vous laisse, en somme qu'un précepte mesquin, mais que tout cela est dit avec grâce, et même quand l'image manque de vérité, quand le sentiment se dérobe et que le grand poëte fait défaut, quel artiste ! En lisant certains romans contemporains, certaines impressions de voyage, étonné de vous laisser prendre à des choses si mal écrites, ne vous est-il jamais arrivé de vous demander : « Mais après tout, qu'est-ce donc que le style ? Voici un ouvrage qui n'en a pas l'ombre, un ouvrage absolument sans littérature, et qui cependant m'intéresse et malgré moi force mon attention. » Rien de plus fréquent que ces sortes de repentirs succédant à quelque vulgaire lecture. Sans nul doute, vous avez été surpris, entraîné ; mais à ce livre, que vous venez de dévorer d'un trait, une fois que vous l'aurez fermé, vous n'y retournerez plus ; autant en emporte l'oubli. Le style seul a le charme qui dure, et c'est par son style qu'Horace est immortel.

Ce bouquet exquis, comment le faire ensuite respirer aux autres? Dans quel transparent et précieux cristal verser la rare essence? De la prose ou du vers, quelle forme conviendra le mieux?

« Il est certain, écrit Voltaire, qu'on ne devrait traduire les poëtes qu'en vers; j'avoue qu'il n'y a qu'un grand poëte qui soit capable d'un tel travail, et voilà ce que nous n'avons pas encore trouvé. Nous n'avons que quelques petits morceaux épars, çà et là, dans des Recueils, mais ces essais nous font voir du moins qu'avec du temps, de la peine et du génie, on peut, parmi nous, traduire heureusement les poëtes en vers. »

Voltaire, s'il vivait de nos jours, remarquerait que nous sommes en Europe le seul pays qui n'ait point érigé cette théorie en pratique absolue. Les Italiens, les Anglais, les Allemands, ignorent ce que c'est que de traduire en prose les poëtes, et cela va même si loin que, lorsque dans leurs études de critique une citation se présente, c'est toujours sous sa forme poétique et, dans son rhythme originel : le sonnet de Pétrarque reste un sonnet, l'ode d'Horace [1] reste une ode, et la plupart du temps la transformation s'opère sans dommage.

1. Voir à la fin du volume la Note XV.

Les romantiques eurent à leur moment d'illustres états de service dans ce genre. Il est vrai qu'ils s'appelaient légion ; et parmi ces vaillants ouvriers occupés, qui avec Dante, qui avec Shakespeare, qui avec Goethe, se trouvait plus d'un maître capable de conceptions originales, et n'en faisant pas moins à son poste œuvre excellente de traducteur. Il n'y a vraiment que notre cher pays pour voir de semblables classifications s'imposer aux gens ; partout ailleurs un poëte est libre sur ses terres et s'y gouverne comme il lui plaît. Ici, nous distinguons mille variétés dans l'espèce, il y a les lyriques, les élégiaques, les mystiques, les bucoliques et les satiriques. J'ai connu ainsi dans mon enfance un brave homme de maître d'école qui s'évertuait à noter le chant des oiseaux, afin d'en arriver plus tard à les classer selon les diapasons de leurs voix. Composer des odes, rimer des fables et des contes est un art, traduire Horace ou Virgile est une besogne « qui ne saurait être accomplie par un grand poëte, » et, pour peu que vous conserviez quelques doutes à cet égard, on vous citera l'abbé Delille, qui borna son talent à traduire les Anciens et les Modernes [1].

1. Voir à la fin du volume la Note XVI.

Dieu dont l'arc est d'argent, dieu de Claros, écoute,
O Smynthée Apollon, je périrai sans doute,
Si tu ne sers de guide à cet aveugle errant...

Celui-là par exemple était fait pour traduire
Horace. Si j'étais un fidèle, un dévot, je ne cesserais de regretter qu'un tel monument n'existe
pas, et ce qui pousserait au comble mon désespoir, ce serait de penser que Paul-Louis Courier
a pu mourir, lui, de même sans rien nous léguer
de ce genre. Une traduction en vers par André
Chénier, une version en prose de Paul-Louis,
quel double idéal !

III

La vie d'Horace n'a rien de romanesque; telle
qu'elle est, pourtant, on y sent comme l'influence
d'une divinité protectrice dont il s'intitule « l'enfant gâté. »

Un jour qu'il jouait tout enfant, il s'égare
loin du champ de son père, et le voilà, perdu
dans la montagne, qui tombe accablé de fatigue sous un arbre et s'endort d'un profond sommeil. Nulle bête sauvage ne trouble son repos,
des colombes seules arrivent, qui le couvrent de

verte ramée, le symbole est partout dans l'Antiquité ; ne faut-il pas que l'idée abstraite parle aux
yeux, tombe sous les sens : autour des lèvres de
Platon volent des abeilles ; l'oiseau de Paphos
berce le sommeil de Flaccus au doux battement
de ses ailes. Et Virgile, comment son berceau
n'aurait-il pas également sa légende? Sa mère,
pendant sa grossesse, fit un rêve : il lui sembla
qu'elle accouchait d'un rameau de laurier qui
soudain, touchant le sol, prit racine et s'épandit
en arbre magnifique. Un peuplier que, selon
l'usage religieux, elle planta ensuite aux rele-
vailles, grandit de même d'un essor sans pareil,
si bien qu'on le nomma l'arbre de Virgile, et que
les femmes grosses y vinrent en pélerinage.
J'adore cette poésie de la nature, toujours présente chez les anciens. La source vive, l'écho
parlent, une fleur qui s'épanouit, un oiseau qui
s'envole, une abeille qui murmure ; autant de présages ! A côté du laurier, signe de souveraineté
suprême, que d'emblèmes charmants : Adonis
meurt et son sang colore la rose qui, de blanche
qu'elle était, à l'instant devient pourpre ; et des
larmes de sa mère naît l'anémone ; Aspasie s'en va
languissante, une méchante petite lentille sur la
joue gauche, tout au coin du menton, la rend triste
et découragée ; l'art des médecins n'y peut rien,

elle se trouve laide, horrible, brise son miroir et
veut se laisser mourir de faim; Aphrodite alors
dépêche sa colombe, — une de celles dont nous
voyons Horace recevoir la visite, — l'oiseau prend
les traits d'une nymphe et conseille à la belle
affligée d'aller détacher, de la statue de la déesse,
les roses qui la couronnent, puis d'écraser ces
fleurs sur le damné petit signe. Aspasie obéit, et,
s'il faut en croire ce que raconte Élien, cette cure
lui valut la gloire d'être la merveille des beautés
de la Grèce.

Horace était né sous le consulat de Torquatus
et Cotta, le 8 décembre de la soixante-cinquième
année avant Jésus-Christ, à Venusia, vieille colo-
nie militaire où son père possédait un petit bien.
Enfant unique, il perdit sa mère de bonne heure,
et ne parle dans ses vers que de son père, lequel
avait consacré à l'élever sa modeste fortune,
acquise dans le maniement des deniers publics.
Il était percepteur et commissaire des ventes à
l'enchère. Dédaignant l'institution locale, il amène
son fils à Rome et le confie aux soins d'Orbilius,
professeur en crédit près des plus hauts personnages du Sénat. Horace se rendait à l'école accompagné d'un esclave qui portait ses livres, et ce fut
là, de ses premières classes, un aristocratique
souvenir qu'il se garda bien d'oublier par la

suite. Tout ce que son caractère eut d'honnête, de viril, Horace le tenait de son père, un de ces hommes qui prêchent d'exemple et vous enseignent la vertu par leurs actes et non simplement par leurs discours. Quelle noble et vigoureuse nature ressort de ces portraits que le poëte nous trace de lui dans les satires ! A cette période de corruption universelle, à ce déclin de la République, les hommes de vieille austérité, de tempérance, devenaient rares, et celui-ci nous rappelle un Caton.

Pour les sciences, l'éloquence, Athènes était encore alors la grande école ; Horace vint y compléter ses études et suivit les cours des rhéteurs à la mode, en compagnie des plus brillants coryphées de la jeune noblesse romaine. Parmi les relations qu'il sut lier à cette époque, plusieurs devaient survivre même aux orages de la guerre civile. Dans la Rome de César et d'Auguste, le grec était la langue des beaux esprits et du beau monde à peu près comme au dernier siècle notre langue française en Europe, et le génie du lyrique latin s'exerça d'abord à scander des vers grecs. La Grèce d'ailleurs lui rappelait la terre natale, cette Basse-Italie, possession jadis hellénique, couverte de cités et de temples, de jardins et de bois sacrés dont les échos se souvenaient des

chants d'Homère et de Théocrite. Le meurtre de
César interrompit ces paisibles travaux ; le monde
romain trembla de rechef sur sa base, tout ce que
que la grande cité avait de jeunes patriotes dans
Athènes se leva sur-le-champ pour la république
contre la monarchie menaçante, et courut se ran-
ger autour de Brutus et de Cassius. Horace avait
vingt-deux ans. Placé d'emblée à la tête d'une
légion, sur la recommandation de ses amis, il
accompagna Brutus en Asie-Mineure. « De rudes
temps m'arrachèrent à cet aimable lieu. » Il fal-
lut quitter les bords de l'Ilissus et les murmu-
rants platanes pour voler aux champs de Philippes.

Déplorable fut ce premier pas ; en voyant les
braves mordre la poussière, la peur le prend,
il jette son bouclier, s'échappe, revient à Rome.
Il était de sa personne trop obscur et trop mince
était la part qu'il avait prise à la guerre pour que
la vengeance d'Octave et d'Antoine, les duum-
virs, s'occupât de lui. Il vécut dans la grande
ville sans être inquiété. Son père était mort, son
patrimoine était devenu le butin des soldats,
l'avenir s'annonçait triste et sombre ; ses yeux
n'entrevoyaient que la misère. Plus l'aisance
d'autrefois l'avait accoutumé au bien-être, plus
il devait souffrir des âpres nécessités du présent

et s'ingénier à trouver moyen d'en sortir. « Lors-qu'après Philippes je me retrouvai chez moi sain et sauf, mais fort démonté, écrit-il trente ans plus tard, la pauvreté me poussa à faire des vers ; mais aujourd'hui que je possède tout ce que mon cœur souhaite, je serais un grand fou de forger des strophes au lieu de me solacier en rêvassant sur mon lit de repos. »

Poëte par nécessité, les vers ne furent pourtant pas un gagne-pain pour Horace, il avait sauvé de l'héritage paternel quelques débris qui l'aidèrent à subvenir aux plus pressants besoins ; mais son talent fut la clé d'or qui lui ouvrit la porte des grands, et par là le conduisit à la fortune. Le Forum et la Curie gardaient le silence, aux mouvements de la vie politique avaient succédé les émotions de la vie littéraire ; Auguste allait au-devant de ces tendances nouvelles, faites pour occuper les es-prits et dédommager la société romaine de la li-berté perdue. La poésie grecque ne se sépare pas de l'activité nationale, elle prend part aux jeux du peuple comme à ses victoires, la poésie et l'art romains sont affaires de Cour et de bel air ; quand la liberté voile son front et quitte Rome, les Muses, dansant et chantant, y pénètrent.

Des quelques deniers qui lui restaient, Horace commença par s'acheter une place de scribe chez

le questeur, nous dirions aujourd'hui de secrétaire au ministère des finances, et dans les loisirs de l'emploi composa des satires. A Lucilius,
l'inventeur du genre, on reprochait sa rudesse de
ton; Juvénal, plus tard aura les fortes haines, l'hyperbole; la satire d'Horace n'est qu'enjouement,
esprit, abondance, grâce, ciselures et pur langage!
A d'autres les colères fameuses, le trait grandiose
et burlesque à la fois! il ne s'indigne ni ne s'effa-
rouche, et se contente de nous peindre les agita-
tions dé la place publique, les jeux du cirque, le
tumulte de la voie sacrée, le train quotidien de
l'existence. Dans cet art, Horace n'a point d'égal.
A peine, en ouvrant le livre, au parfum qui se
dégage vous reconnaissez le poète des gens de
goût de tous les siècles, l'auteur favori des mon-
dains sans enthousiasme. Odes, épîtres et satires
respirent la même philosophie, aimable, ingénieuse, sensuelle. Les Muses, jusque-là reléguées
sur les hauteurs de l'Hélicon, il les attire à nous,
les domestique, et sous ses doigts experts et délicats la lyre, pour la première fois, détend ses
cordes.

Asinius Pollion, Varius, Virgile, qui l'avaient
à l'instant adopté, ne tardèrent pas à le conduire
chez Mécène. Horace avait alors vingt-sept ans;
petit, souffrant des yeux et d'un extérieur mé-

diocre, ce ne fut point sans embarras qu'il aborda
la présence de cet homme d'État, le dispensa-
teur accoutumé des faveurs princières. L'entretien dura peu. Horace raconta diverses aventures
de sa vie, et Mécène répondit, selon son habitude,
quelques mots mesurés et froids. Ensuite, un
certain temps s'écoula, comme si le confident
d'Auguste eût, au milieu de ses occupations,
oublié le poëte; puis, au bout de neuf mois,
Mécène, un beau matin, se ravisa. Horace, mandé
près de lui, accourut et devint à dater de ce jour
l'ami de la maison.

Entre ces deux natures de poëte courtisan et
de courtisan grand seigneur, bien des affinités
devaient exister; toujours est-il qu'ils se lièrent
étroitement et que cette amitié ne cessa qu'avec
la vie. « Je t'aime plus que moi-même, » écrit
quelque part Mécène au poëte, et Horace lui
répond : « Je ne veux pas que tu meures sans
moi; où tu iras, je te suivrai, car notre existence
à tous les deux est indissolublement unie. » Assurance qui circule beaucoup en ce monde, mais
dont il plut cette fois au Destin de faire une vérité !
« Où tu iras, j'irai ! » Il voulait le suivre en
Grèce, où Mécène devait accompagner Octave
dans son expédition navale.

Ibis liburnis inter alta navium,
Amice, propugnacula.

« Qu'adviendra-t-il de moi, à qui la vie est chère si tu vis, et lourde si tu meurs? Poursuivrai-je, comme tu l'ordonnes, un repos qui ne m'est doux qu'avec toi, ou faut-il prendre part à cette guerre avec le courage qui convient aux hommes braves? » En dépit de ces belles paroles, il resta dans Rome attendant l'issue de la terrible lutte. Arrive la nouvelle des premiers succès, Horace s'en inspire pour composer la neuvième épode, qu'il adresse également à Mécène. Il rappelle à son ami le joyeux banquet par lequel ils célébrèrent, quelques années auparavant, la victoire décisive d'Octave sur Sextus Pompée, « ce fils de Neptune » qui menaçait, lui aussi, d'asservir la grande cité, — et de tous ses vœux hâte le jour où de plus belle, avec Mécène et dans son haut palais de l'Esquilin, aux sons des flûtes et de la lyre, en buvant les meilleurs vins du cellier, il fêtera le nouveau triomphe de César; mais le sort ne s'est pas encore prononcé, Octave n'a point encore écrasé son adversaire. Le dieu de la guerre tarde bien, Horace l'apostrophe : *Io triumphe!* Il se représente alors la bataille livrée et gagnée au moment même où il écrit; César Octave n'a point

de rival dans l'Histoire : ni le vainqueur de Jugurtha, ni le destructeur de Carthage, ne lui sont
comparables. Il voit l'ennemi en fuite, poursuivi
sur terre et sur mer, troquant ses manteaux de
pourpre contre des vêtements de deuil, et pourtant, se dit-il, la nouvelle de l'heureux événement
n'est point encore arrivée, la certitude irrécusable n'a point succédé tout à fait à l'espérance,
une place reste aux soucis, à l'angoisse ; il tremble pour César. Cependant les rapports connus
de tous sur la situation rassurent son courage, il
se reprend à la gaieté, et termine par un joyeux
appel au sommelier :

> Curam metumque Cæsaris rerum juvat
>   Dulci Lyæo solvere.

Ce chant, que les commentateurs s'obstinent à
citer comme un hymne de gloire sur la journée
d'Actium contient, on l'a vu, bien des réserves.
Ce n'est là qu'un de ces chaleureux épanchements que durent provoquer chez les poëtes,
ainsi que chez tous les partisans d'Octave, les
récits parvenus à Rome des premiers succès de
terre et de mer. L'inquiétude, l'effroi, percent
encore assez pour que le poëte s'efforce de noyer
dans le vin les fâcheuses pensées. Quand Horace

écrivit ces vers, Antoine et ses légions étaient
debout; de là ces retours patriotiques sur l'abaissement du triumvir, *emancipatus feminæ*, de ce
guerrier romain qui ne rougit pas de se placer
sous les ordres d'eunuques orientaux, d'un Pothin
et d'un Mardion, *spadonibus servire rugosis potest*.
Il ne s'agit encore jusqu'ici que d'émouvoir dans
Rome l'opinion publique en faveur d'Octave, de
l'exciter contre Antoine et d'aviver les ressentiments de tout un peuple contre le général romain
qui s'en va conduire une armée romaine sous le
joug d'une sorcière égyptienne et de ses eunuques.

Autre chose est de l'ode xxxvii du livre I.

Désormais plus d'hésitation; la bataille est gagnée. Le fils du grand Tullius dépêché par Octave,
le consul Marcus Cicéron en a publié la nouvelle
devant le peuple assemblé et du haut de ces rostres où jadis Antoine, que la Némésis vengeresse
vient d'atteindre, fit clouer la tête et la main du
prince des orateurs. Ce victorieux Octave était
vraiment un bien habile homme de choisir ainsi
dans son messager un personnage dont le nom
seul allait réveiller, partout dans le peuplèle, souvenir d'attentats commis par le vaincu et contre
le vieux forum romain et contre la littérature nationale. On sait comment plus tard le tout-puissant monarque se défendit dans ses Mémoires

d'avoir pris la moindre part à cet assassinat politique.

Horace, en poète prudent, attendit, pour mettre au jour son chant de victoire, que la guerre fût complètement terminée. L'année suivante seulement et lorsque la mort d'Antoine et de Cléopâtre eut apposé le sceau définitif à la cause d'Octave, l'Alcée des bords du Tibre jeta son cri de délivrance au plein d'une atmosphère rassérénée et dégagée de tout ferment de guerre civile.

> Fatale monstrum, quæ generosius
> Perire quærens, nec muliebriter
> Expavit ensem, nec latentes
> Classe cita reparavit oras.

Comment nier l'honneur qui revient à Cléopâtre de ces strophes échappées à l'inspiration d'un ennemi, d'un poète étroitement lié avec l'intimité d'Octave et sachant mesurer ses paroles? Nulle récrimination infamante, pas un mot de cette trahison tant reprochée envers Antoine, pas une allusion à ces prétendues tentatives de captation exercées sur le cœur et les sens du neveu de César, et dont les Dion Cassius et les Florus nous importunent. Il n'est pas jusqu'à ce *fatale monstrum* qui ne porte en soi l'idée d'une grandeur surnaturelle, l'idée d'une de ces puissances

intermédiaires dont se servent les dieux pour
l'accomplissement de leurs secrets et terribles
desseins. Aux yeux d'Horace, ce monstre fatal est
une grande reine préférant le trépas à la honte,
et qui, tombée d'un trône qu'elle eût voulu encore
élever plus haut, accepte fièrement sa déchéance
et dérobe son noble corps au triomphe d'Octave,
forçant ainsi le vainqueur à n'enchaîner que son
image. Ces beaux vers honorent aussi bien le
poëte que Cléopâtre, et le ton libre et généreux
de cette ode, la grandeur d'âme qu'elle respire
du début à la fin, rachètent bien des défaillances.

IV

S'il est vrai, comme on le répète, que l'existence soit un combat, l'instant de la liaison avec
Mécène fixerait le point où s'arrête pour nous la
vie d'Horace ; plus aucun événement digne d'intérêt ou de remarque. Il aime à fuir la ville et
son tumulte ; Mécène lui donne un bien à la campagne. Non loin de Rome est Sabinum, vallée
ombreuse, qu'une chaîne de monts boisés abrite
du nord et du sud ; un ruisseau y bouillonne frais
et limpide, la Digentia, chère aux baigneurs. Aux
vergers abondent les fruits, les chênes séculaires

répandent l'ombre; sur les versants paissent les troupeaux. La plus haute de ces collines se couronne des ruines d'un temple, derrière lequel Horace, couché dans l'herbe, le coude appuyé sur un chapiteau, écrit cette charmante épître à Fuscus Aristius sur les félicités champêtres :

« Je t'écris ceci près du temple ruiné de Vacuna, fâché que tu ne sois pas auprès de moi, et content de tout le reste. »

A la maison de maître se reliaient cinq fermes exploitées par de bons tenanciers, et qui donnaient au poëte un revenu fort honorable. Là, dans ce petit Ferney, vivait Horace, moins fastueux, moins bruyant que Voltaire, à qui par maints côtés il ressemble tant[1], mais non moins tranquille et non moins libre.

Pour tous ces hommes de rêverie et de sentiment : Tibulle, Virgile, Horace, la vie des champs était devenue un besoin; tous avaient, plus ou moins, payé leur tribut à la guerre; *fait leurs dix ans,* comme nous dirions aujourd'hui. Tibulle s'était distingué en Aquitaine, sous Messala, Horace était à Philippes, et s'il ne s'y montra point un héros, il n'en éprouva pas moins le rude choc de la journée. Après tant de luttes civiles, de

1. Penser au Voltaire des poésies légères.

secousses, de catastrophes et de commotions,
tout ce monde d'artistes et de penseurs, — satiriques, bucoliques, élégiaques, — n'aspirait plus
qu'au repos; il leur fallait les Lares paternels,
le pan de ciel et le coin de terre à la campagne;
la source vive, les arbres, les troupeaux. Hélas!
ces biens, les vétérans des cohortes victorieuses
se les étaient partagés, ils appartenaient désormais à des légionnaires peu commodes; on sait
quel accueil le centurion Arrius réservait à Virgile, et comment le doux chantre des *Églogues*,
n'eut que le temps de se jeter dans le Mincio et
de s'enfuir à la nage, pour échapper aux mauvais traitements. Théocrite, ignoré, méconnu de
ses concitoyens, s'adressait à Hiéron, tyran de
Syracuse, qui prenait sous sa protection le pauvre
poëte affamé; les nouveaux déshérités firent de
même, invoquant, qui, Messala, qui, Asinius
Pollion et Cornelius Gallus, qui, Mécène, et con-
sacrant ensuite à les chanter, une vie de bien-
être conquise par leur tout puissant patro-
nage.

Meum Tibur! Avez-vous jamais erré par la
campagne de Rome à la recherche de ces paysa-
ges du passé? Qu'en reste-t-il? Rien, si vous
vous attachez à des vestiges particuliers, tout, si
votre regard sait animer les perspectives, son-

der, peupler les horizons. La maison d'Horace a
disparu, de ce qui fut jadis à Tivoli la villa de
Mécène, vous n'en trouverez pas une pierre ; mais
la nature est immortelle, et les dieux ne s'en vont
pas. Les montagnes de la Sabine ont encore leurs
teintes d'un bleu sombre, les monts Albins leur
pourpre violacée, et parmi ces tombeaux, ces dé-
combres, dont les lignes s'accusent en vigueur au
déclin du jour, quelles figures plastiques, quelles
formes ! Du fond de cet océan de solitude émer-
gent des bas-reliefs vivants ; paysannes superbes
qu'on prendrait pour des canéphores coiffées de
marbre avec leur mouchoir blanc carrément fixé
sur leur tête, petits mendiants noirs de soleil et
de poussière, vrais bronzes du musée de Naples.
Voulez-vous voir le dieu Pan, regardez ce pâtre
enfoncé jusqu'au ventre dans les hautes herbes et
qui, sa peau de chèvre sur le dos, les yeux brillants, la lèvre sarcastique, tourne vers vous sa
face à barbe de bouc. Et ce robuste compagnon
qui garde ses buffles à cheval et ne fait qu'un avec
sa monture ; tenez, suivez son mouvement, il se
penche en avant comme pour fouiller l'horizon,
sa tête alors couvre entièrement celle de l'animal,
vous avez le Centaure.

V

La ville importunait Horace; il détestait également et les bassesses dont les quémandeurs l'entouraient, et les flatteries que les grands personnages attendaient de lui. Il ne voulait pas qu'on le vît le matin faire antichambre chez Auguste ou chez Mécène. Bien avant de connaître Mécène, n'avait-il pas célébré le bonheur de celui qui, exempt des tortures de l'ambition, s'arrange de manière à ne vivre que pour soi?

« Je parcours seul la ville et vais comme il me plaît, où il me plaît; je m'informe de ce que coûtent les légumes, le miel; le soir, je flâne par le cirque, le marché, j'écoute les devins, puis je rentre retrouver mon plat de pois chiches ou de lentilles; ensuite, je gagne mon lit sans me dire que j'aurai à me lever le lendemain pour aller servir aux autres de caution; jusqu'à dix heures, je reste au lit, puis me lève après avoir lu ou écrit quelque chose soit pour mon agrément, soit pour m'instruire, et je vais à la promenade, à moins que je ne me frotte d'huile et ne fasse de la gymnastique jusqu'à ce que la chaleur et la fatigue me forcent à m'interrompre; alors, je laisse le champ et la paume pour le bain. »

Il a beau dire à son Mécène qu'il ne le quitte
que pour quelques jours; une fois parti, la campagne d'abord, puis les eaux, on ne le revoit
plus.

Ses yeux étaient son grand chagrin; à vingt-
huit ans, lui-même se traite de chassieux. A ce
mal se joignait une affection nerveuse qui rendit
nécessaire l'emploi des bains sulfureux, et, le
voyage à Baïa n'ayant point réussi, Antonius Musa
prescrivit la cure d'eau froide. Cette irritabilité
nerveuse le frappait par moments d'une sorte
d'incapacité, d'ennuis sombres, et lui faisait préférer sa retraite à la fiévreuse activité de Rome et
de la Cour.

Auguste, nous le savons, se posait volontiers
en amateur des arts. Si ce n'était là un goût bien
prononcé, c'était du moins une attitude. Sa politique étant de pousser la société romaine vers les
distractions et les plaisirs de l'intelligence; il lui
convenait de patronner publiquement les poëtes
et les artistes. Le général La Fayette raconte dans
ses *Mémoires* une conversation où Napoléon
s'étant mis sur le chapitre d'Auguste, partit de
bel enthousiasme jusqu'à le déclarer « le modèle
d'un véritable grand homme, » élan d'ailleurs fort
naturel et qui s'explique par les affinités mêmes
des deux caractères. Chez l'un comme chez l'autre

de ces despotes, l'aventurier était doublé d'un comédien, d'un virtuose passé maître dans l'art d'exploiter l'abaissement des hommes au profit de son ambition et de ses convoitises de pouvoir absolu ; mais le plus fort des deux fut Auguste, parce qu'il savait se contenir, se modérer :

Je suis maître de moi comme de l'univers.

Corneille a dit le mot. Cet avantage, Napoléon ne l'eut jamais. Il sortait de son rôle ou s'y laissait prendre au lieu de se tenir en dehors, au-dessus, comme le fondateur de la monarchie romaine, dont le personnage ne se dément pas, et qui s'en va de ce monde en exhalant à ses amis, avec son dernier souffle ce mot caractéristique de l'acteur parfait et satisfait : *plaudite, cives!*

Cette vocation de la toute-puissance, que le grand Jules César portait empreinte sur son front, Auguste ne l'avait pas. Ses moyens sont petits, misérables ; ce qu'on pardonne à l'ambition de l'oncle, à son courage, à sa magnanimité, ne saurait être pardonné à l'esprit de ruse et d'hypocrisie du perfide neveu. Ce caractère double donne tout à soupçonner ; quand l'accusation parle, on l'écoute comme si c'était la justice. Qui empêche, en effet, de mettre sur le compte de son

fondateur, les désastreuses conséquences du
régime, de rendre le premier usurpateur respon-
sable, non pas seulement de ses propres scélératesses, mais des monstruosités commises par ses
successeurs? « Il apporta la paix, dit Tacite,
mais une paix sanglante, *pacem sine dubio post
hæc, vero cruentam.* Une paix troublée, par
deux défaites effroyables, par des conjurations
toujours renouvelées et toujours atrocement ré-
primées, *interfectos Romæ* Varrones, Egnatios,
Iulos. » Ce rôle, Mécène et Agrippa le lui avaient
appris, et pendant quarante ans, à force de le
répéter, il en était arrivé à le posséder si bien,
qu'il le jouait absolument de nature. Ses vices,
ses vertus, sa modération : comédie ! Qu'il pros-
crive Cicéron ou pardonne à Cinna, il n'a dans
l'âme ni haine, ni clémence ; la seule peur le fait
agir ; cette peur, dont parle Montesquieu, et qui
lui conquit la faveur des légions, heureuses d'avoir,
pour une fois, un chef à tenir sous l'intimidation.
Au lendemain d'Actium, après tant de boulever-
sements, de cataclysmes, restaurer soudainement le calme et l'ordre, cela devait passer pour
un rêve, et ce rêve, il le réalisa par la terreur.
« Que les bons se rassurent et que les méchants
tremblent. » On nous a chanté cette antienne ;
les méchants étaient alors les vaincus de Pérouse,

de Philippes et d'Actium, tous ceux qui se ressou-
venaient de l'ancien ordre de choses ; les bons
étaient les ralliés, les panégyristes du fait accompli, les coureurs de places et de dotations. Horace
avait trop chaleureusement déserté à Philippes
pour ne pas être de bonne foi dans son adhésion
à l'empire. Aussi quel enthousiasme en son
lyrisme : « Comme la mère appelle son jeune fils
absent de ses vœux et de ses prières et ne
détourne pas ses yeux du rivage... Ainsi, en
proie aux fidèles regrets d'une tendresse profonde,
la Patrie cherche César. Car désormais, par toi,
le bœuf erre tranquille dans les campagnes, Cérès
nourrit, féconde les campagnes, les marins volent
sur la mer apaisée, la bonne foi n'est plus mise
en cause, les chastes foyers ne sont plus souillés
par les adultères, les mœurs et la loi ont banni
le vice honteux, les accouchées sont glorifiées par
des enfants qui ressemblent à leurs pères, et le
châtiment toujours accompagne la faute... chacun
vit sa journée sur ses propres collines et marie la
vigne aux arbres solitaires ; puis, joyeux, s'en
retourne à son vin, et te fête comme un dieu à
son repas. On t'offre des prières et les libations
des coupes ; on mêle aux Lares ta divinité comme
fait la Grèce qui se souvient de Castor et du grand
Hercule. Oh ! puisses-tu, chef débonnaire, donner

de longs jours de calme à l'Hespérie ! Nous le disons à jeûn dès le matin, et nous le disons, émus
de vin, quand le soleil plonge dans l'Océân ! »

· Je laisse au lecteur à distinguer la flatterie du
sentiment vrai ; Horace n'est jamais un plat courtisan, dans cet hymne en l'honneur de la paix,
qu'il scande amoureusement, on sent qu'il en respire le motif dans l'atmosphère, mais que d'hyperbole aussi dans sa louange, par exemple quand
il s'écrie « les chastes foyers ne seront plus souillés par les adultères ɪ » Et cela au moment où la
fille même d'Auguste étale aux yeux du monde le
spectacle de ses désordres. Revenons au fameux
plaudite cives ! et tachons de nous entendre sur le
sens de cette exclamation, car en poussant le mot
trop loin, on risquerait d'aller contre la vérité.
Auguste, parlant ainsi, n'avait aucune envie de
faire une épigramme *in extremis*, de jeter le
masque. Quand on a passé toute son existence à
se concilier l'opinion publique, on ne livre pas de
la sorte, en mourant et de gaieté de cœur, le secret
de son hypocrisie. Le mot existe pourtant, reste à
l'interpréter, et voici, selon toute apparence, quel
fut le sens que l'illustre moribond lui attribuait. La
vie humaine est un grand drame, la vie humaine
est une comédie, cela se disait dans l'antiquité
comme cela se répète encore de nos jours ; quoi de

plus simple qu'un prince, au lit de mort, se soit demandé s'il avait bien joué le rôle, qu'en ce drame ou cette comédie, lui avait assigné le Destin, et qu'après avoir, pendant quarante-quatre ans représenté son personnage d'empereur, il ait quitté ce monde en murmurant ce vers, proverbial, du théâtre athénien.

VI

Flatteur habile et mesuré, Horace, tout en se tenant à distance, eut bientôt gagné la faveur du maître.

« Sais-tu, lui écrivait Auguste, que je t'en veux de ne m'adresser aucune de tes épîtres. Crains-tu donc que la postérité te reproche d'avoir été mon ami[1]? »

A quoi le poëte répondait par la fameuse Épître sur la poésie grecque et romaine, mais sans

---

1. Épistolier et calligraphe, Auguste aimait aussi les petits vers. Son plaisir était, pendant le bain, de ciseler des épigrammes; il avait composé de la sorte tout un volume. De tant de jolies pièces, la postérité n'en devait posséder qu'une seule; la citer serait difficile, et j'invite les curieux à l'aller chercher dans Martial, qui la rapporte pour excuser, par l'exemple d'un grand prince, les obscénités ordinaires de son style.

abandonner sa chère solitude, ni consentir à se rapprocher davantage de l'empereur, qui le voulait absolument pour secrétaire.

L'idée régnait alors dans le monde romain que la monarchie était désormais la seule forme de gouvernement qui fût capable de sauver l'empire et la société. La République, ses discordes et ses guerres civiles avaient tellement fatigué les hommes, qu'Auguste, apportant le calme et la paix, leur apparaissait comme un dieu. Horace accepta de plein gré ce nouveau régime. L'ancien tribun des soldats à l'armée de Brutus tourna bride à ses opinions, de même qu'à Philippes il avait déserté le champ de bataille. Cela s'appelle obéir à l'impulsion, céder au courant des idées. Et puis, comment voulez-vous qu'on déteste un tyran qui ne touche à vos biens que pour les augmenter, vous laisse aller et venir à votre guise, adore votre esprit et n'a pour votre personne que des égards et des prévenances? Tout ce qu'on lui demande, à cet heureux, c'est d'accorder sa lyre à certaines grandes occasions et de chanter le divin Auguste sur le mode triomphal.

Nous avons vu l'ode sur Actium, d'autres fois il s'agira de célébrer le retour des jeux séculaires, la restauration des temples après une inondation du Tibre, ou de comparer au lion et à l'aigle de Jupiter, Tibère et Drusus, fils adoptifs de l'empereur. A vrai dire, ces sortes de flatteries étaient alors la chose la plus simple. Virgile non plus ne s'y ménage pas. Il suffit qu'un Asinius Pollion devienne père pour que l'enfant soit aussitôt déclaré fils des dieux et doive ramener sur la terre l'Age d'or, *Saturnia regna*, — ni plus ni moins. Pourquoi donc Horace se gênerait-il, et qui l'empêchera de se demander quelle divinité est venue, sous la forme humaine d'Auguste, venger le meurtre de César et donner la paix au Monde? Ces dithyrambes n'étonnaient personne; l'hyperbole était dans l'air, Horace l'exploita et, comme on dirait familièrement aujourd'hui, s'en fit de bonnes rentes pour vivre et se tenir en joie à la campagne.

L'ami de Mécène ne fut cependant point à titre égal l'ami d'Auguste, et laissa toujours entre lui et le souverain une ligne respectueuse de démarcation qu'il ne franchissait pas. Sa devise a traversé les âges : il suit discrètement « la voie du milieu. » Le calme dans le plaisir, le plaisir dans le calme, il ne connaît d'autre sagesse, et cette philosophie est de nos jours encore celle de tous ses dévots. A trente-cinq ans, il prenait du ventre et ne mourut qu'après avoir vu disparaître tous les poëtes de la période : Quintilius Varus, Properce, Tibulle et Virgile.

VII

L'âme de la poésie virgilienne, c'est l'idée de Rome ; Rome, puissance universelle, invincible, impérissable ; jamais le vers de Virgile ne porte plus haut que lorsqu'il a ce sentiment à rendre :

> Tu regere imperio populos, Romane, memento !

De même chez Horace la voix du passé parle encore, quoique moins spontanée, moins abondante et généreuse. Sous l'ironie et le scepticisme palpite l'émotion, l'idée de Rome a survécu, elle rayonne, éclate dans le *Carmen seculare* :

> Alme sol, possis nihil urbe Roma
> Visere majus !

Les poëtes qui suivront ne sont plus que de leur temps. Héroïsme, grandeur, ils oublient tout, ne chantent que leurs plaisirs et leurs débauches. Ovide, lui, n'est plus que de son temps ; c'est bien là décidément l'Enfant du Siècle ! Le régime des Césars lui va ; ses instincts, ses goûts,

sa dépravation s'en arrangent; toute grandeur
publique est oubliée; s'il revient au passé, c'est
qu'une invocation, un détour, un ornement poétique l'y ramènent; ne demandez à sa muse que
des vers érotiques, plus tard dans l'exil de Tomi
naîtront les cantilènes éplorées. En attendant, il
ne connaît que le plaisir et se vautre le plus galamment du monde dans la corruption politique
et morale de son temps. Libertin, il se fait précepteur de libertinage; professe l'art d'aimer,
prèche la grande chère courte et bonne :

> Felix quem Veneris mutua certamina perdunt,
> Di faciant, leti causa sit ista mei !

Cette grande Rome, inhumaine, égoïste, ne
pouvait que se démoraliser au contact de la culture hellénique. La Grèce asservie énerva Rome,
et, par ses arts, ses enchantements, amena l'ère
des Césars. L'esclave avait des philtres, des voluptés, des magies, pour vaincre à son tour et
changer en bêtes ses tyrans.

VIII

Les extravagances ne se comptent plus, les

jours, comme les nuits, ne forment qu'une suite
de folies, d'horreurs : *Cuncta undique atrocia
aut pudenda confluunt.* Le scandale est mis au
concours, la monstruosité fait prime, c'est la frénésie de l'impossible. On ne s'habille que de
soie, et la soie se vend littéralement au poids
de l'or, on se baigne dans les essences les plus
rares, on emploie aux plus vils usages les vases
murrhins. Tantôt c'est une fantaisie qui passe
par la tête de l'empereur de voir rassemblées
sur un seul point dix mille belettes; le lendemain, c'est dix mille chats qu'il lui faut pour
se distraire un quart d'heure. Et ces coqs vivants
auxquels on arrache la crête, ces grives et ces
paons dont on fouille la cervelle, ces perroquets
et ces faisans qu'on décapite, histoire de rire !
A ces carnages d'animaux, à ces féroces lâche-
tés, se mêle un souci particulier d'avilir l'espèce
humaine.

On invite ses parasites, on les affame, pour
offrir ensuite à leur voracité des victuailles de
cire et d'albâtre, ou bien, après les avoir gorgés
de boissons et de viandes, on les fait transporter
dans une salle close où, quelques heures plus
tard, ils se réveillent au milieu d'une terrifiante
compagnie d'ours, de tigres, de lions et de serpents à sonnettes. L'absurde, le bouffon le dis-

pute au tragique, et la même journée qui se
terminera par une illumination d'hommes brûlés vifs voit des agriculteurs fantaisistes arroser
de vins exquis leurs arbres fruitiers et promener
dans les pâturages des troupeaux de moutons et
d'agneaux teints de pourpre. Un savant allemand a écrit un livre sur cette espèce de
pompadourisme antique. J'y renvoie ceux de
mes lecteurs qui seraient tentés de me reprocher mon goût du pittoresque et mes curiosités. Toutes les décadences se ressemblent :
le XVIII° siècle, comme libertinage, n'a rien inventé, et quand le cardinal de Bernis et son digne compagnon Casanova mettaient leur gloire
à suborner des religieuses, ils imitaient ces
grands seigneurs de Rome qui ne cherchaient
plus que des vestales, non par amour, — ne pro-
fanons pas ce mot, — mais par désœuvrement et
pour flétrir, souiller quelque chose d'humain qui
pouvait encore être resté pur.

Flétries, perdues de vices, toutes l'étaient ; pas
une de ces belles et superbes créatures qu'une
immonde lèpre au dedans ne rongeât. Aux femmes d'autrefois, aux Virginie, aux Volumnie,
aux Cornélie, aux Portia, comparez une Julie,
une Messaline, une Agrippine. La puissance, le
luxe, les avaient affolées ; ce qu'elles voyaient au

théâtre, ce que leur montraient la sculpture, la peinture, entraînait leurs imaginations, les poussait au délire des sens.

« La vierge ploie ses membres aux danses ioniques; dressée à l'impudeur dès sa tendre enfance et nubile à peine, elle rêve aux amours les plus éhontés; bientôt, au repas, pendant que le mari vide sa coupe, elle guette de jeunes adultères, et sans même choisir celui à qui, les lumières éteintes et à l'écart, elle prodiguera furtivement les faveurs défendues. »

Ainsi parle Horace[1]. Et se récriant aussitôt, la rougeur au front, il poursuit :

« Elle n'était pas née de tels parents, la jeunesse qui souilla la mer du sang punique, qui défit Pyrrhus et le grand Antiochus et le terrible Annibal ! C'était la mâle race de soldats rustiques instruite à retourner la glèbe avec des houes sabines et sous la discipline d'une mère sévère,... mais que n'altère pas le temps destructeur.? Nos pères étaient pires que nos aïeux, nous sommes plus mauvais que nos pères, et notre postérité vaudra moins encore ! »

---

1. *Ode aux Romains*, vi, liv. III.

IX.

Jouir discrètement, se tenir loin de l'embarras, de l'excitation des affaires, tel est, selon Horace, le terme suprême de notre existence. Sa théorie ne brille ni par la profondeur, ni par l'élévation. Dans les choses de la vie comme dans l'art, c'est une abeille effleurant toutes les fleurs et composant son miel de leur suc.

Repos, loisirs, ébattements, joyeusetés faciles, il n'y a que cela qui compte; pourquoi changer de climat, qui de nous réussit à se fuir soi-même? Célébrer les agréments de la vie champêtre est un plaisir dont il ne se lasse point; il chante les vieux arbres, la fontaine transparente, *splendidior vitro*, puis retourne aux plaisirs de la table, aux doux festins, à ces bons entretiens qui se prolongent bien avant dans une belle nuit d'été, quand la lune argente les verts gazons où des nymphes court-vêtues que sa muse se complaît à décrire, les Phyllis, les Lydie, les Néère, dansent aux accords de la lyre les ballets de Vénus et des Grâces. Une grande fortune nous rend chagrins; celui-là dort tranquille, exempt de crainte et de cupidité, qui voit l'humble salière paternelle briller sur la table étroite, et parlant à Iccius, il s'écrie :

« Dès que tu te trouves content, tous les trésors des rois n'ajouteraient rien à ton bien-être ! »

Horace ne dédaigne ni le vin, ni l'amour ; il ne lui déplaît point de passer pour un gai compagnon qui s'entend à vider son verre comme à chiffonner les jolis minois. Au début de l'ode sur Actium, il dira même, en viveur consommé, en suppôt de Bacchus : *Nunc est bibendum !* Mais ce n'est là que fanatisme de commande ; sa beuverie n'a point de ces débordements orgiaques, et le disciple d'Épicure, quand il obéit à sa nature, n'offense jamais les bienséances.

Jouir de la vie, en jouir à fond ou la mépriser absolument, jusque vers la fin du second siècle de notre ère, c'est-à-dire, jusqu'à l'avénement des idées chrétiennes et de la philosophie néoplatonicienne, il n'y eut guère d'autre manière de penser parmi les gens cultivés de la société romaine. Comment cela n'eût-il pas été dans un état social où tout dépendait du bon-plaisir de l'empereur, et qui n'avait plus ni goût au travail, ni foi en un dieu, en un idéal quelconque ? Horace ne se sentait point né pour les âpres vertus du stoïcisme ; chez lui, l'individu comptait pour beaucoup, et sa principale étude fut d'en

développer sur tous les points, d'en parfaire et
d'en caresser l'harmonie. Sa reconnaissance, ses
sympathies de cœur avaient beau l'attacher à
Mécène, il n'en quittait pas davantage son coin
de terre à la campagne pour venir, dans la Rome
impériale, vivre à côté de son ami. Le commerce
des grands le fatiguait, toutes relations suivies,
même avec ses plus intimes, lui devenaient une
incommodité. Son caractère susceptible, irrita-
ble, se prêtait difficilement aux exigences du
monde; il voulait bien écrire à ses amis, soit en
vers, soit en prose, à la condition qu'ils le lais-
seraient vivre seul à sa guise. « Chacun pour
soi et Jupiter pour tous ! » Les efforts de l'homme,
son travail, le font sourire ; l'Histoire, à ses yeux,
est un chaos, bien fou qui cherche à l'éclaircir,
des deux côtés sont la fourbe, le crime, l'envie et
la haine.

Iliacos intra muros peccatur et extra.

Pour la république ou la monarchie, il ne
s'échauffe non plus guère; il chante aujourd'hui
la mort glorieuse de Caton, et demain les splendeurs d'Auguste. S'il préconise les vieux temps
de Rome, les vieilles mœurs, s'il oppose à la
simplicité, à la pauvreté d'un Cincinnatus, d'un

Régulus, le luxe et la mollesse de leurs successeurs, il s'exhale toujours de son vers je ne sais
quel indescriptible souffle d'ironie et de persif-
flage. Ce bon vieux temps, avec tout son héroïsme,
a quelque chose qui l'épouvante ; il veut bien
admirer cette grandeur, pourvu qu'on le dispense
de l'imiter.

X

En dehors des petites misères auxquelles nul
ici-bas ne parvient à se soustraire complètement
j'estime qu'Horace fut un homme heureux, un
poëte content de son sort et jouissant de sa gloire
in petto. Aucun souci politique, point de procès ;
en matière de Religion, d'Histoire, la plus parfaite indifférence ; Horace n'a rien d'un tragique
ni d'un épique. Tel que l'admiration des beaux-
esprits le recommande, il traversera les siècles
toujours relu, toujours cité, dégusté, savouré,
mais n'aura jamais sa place parmi les grands,
l'imagination lui manque : Horace n'invente ni ne
crée ; ses fables et sa forme sont d'emprunt, son
vers, comme celui de Voltaire, côtoie la prose.
Le spirituel, le délicat, l'art exquis d'assembler
des rhythmes, lui tiennent lieu d'enthousiasme
et de passion.

Qui que nous soyons en ce monde, notre poésie est toujours plus ou moins faite à notre image, et le philosophe de l'*aurea mediocritas* ne saurait s'appeler Pindare ou Archiloque. Horace ne touche ni au sublime, ni à l'épouvante; ses plus terribles strophes ne vous effraient point; les vers contre Nelvius, contre l'empoisonneuse Canidie et la vieille femme amoureuse, sont au nombre de ses plus faibles pièces. Juvénal flagellant un Séjan, une Messaline, a bien d'autres colères, et les traits d'un Lucien ou d'un Voltaire sont enfiellés d'un poison plus âcre et plus subtil. La satire d'Horace est une personne qui sait vivre; César peut l'inviter à sa table; celle-là ne cache aucun poignard sous sa robe, ce qui ne l'empêchera pas de saisir tel ou tel au passage et de vous le draper d'importance. Je mets les odes sur la même ligne; c'est de l'enthousiasme modéré.

« Qui prétend imiter Pindare s'élance au-devant du sort d'Icare; il s'élève sur des ailes de cire, œuvre de Dédale, pour choir ensuite dans la mer. »

L'allusion semble à sa propre adresse; qu'il ait à célébrer les victoires d'Auguste, à glorifier Rome, l'essor lyrique fait défaut, le génie cède la place au talent habile à prodiguer les

élégances, à substituer à l'émotion absente mille
trésors de style et de réminiscences mytholo-
giques. Voyez, dans l'ode contre Antoine et
Cléopâtre, de quel manteau d'allégorie s'enveloppe sa colère. Tantôt Pâris s'enfuyant avec
Hélène aperçoit tout à coup Nérée qui, sur-
gissant du milieu des flots, lui prédit la ruine
d'Ilion, dont cet enlèvement criminel sera la
cause ; tantôt Junon, en plein Olympe, prend la
parole pour célébrer le triomphe du peuple
romain. On conçoit ce que ces sortes d'allégories
devaient avoir d'électrisant pour les contemporains, et combien de beautés *locales* renfer-
maient ces odes, qui depuis se sont exhalées.
Passer ainsi à tout instant du palais des dieux
dans la maison d'Auguste n'était point jeu facile,
il y fallait une grande dextérité. Là-dessus
Horace est sans reproche, l'artiste est tel chez
lui qu'au besoin il va vous faire du Pindare où
quelque chose qui sera du Pindare pour le vulgaire, mais où les yeux des clairvoyants sur-
prendront la marque de fabrique ; je veux
parler de ce trait humoristique dont Horace sou-
ligne ses plus fiers dithyrambes. Ainsi par
exemple, lorsqu'il s'écrie : « J'ai construit un
monument plus durable que l'airain, » et finit
par enjoindre à la Muse de couronner son front

du laurier de Delphes, ces beaux vers nous
paraissent d'abord n'exprimer que le juste sentiment que le poëte a de lui-même ; mais prenez
ensuite l'ode xxii du livre II, écoutez-le parler de
sa métamorphose en oiseau, — aigle ou cygne,
— et vous saisirez la fine pointe d'ironie. Il met
dehors la vanité, et tout en même temps la plaisante avec une simplicité charmante et qu'il est
impossible de ne pas admirer dans ces vers de la
xxᵉ épître, adressée à son livre : ·

> Odisti claves, et grata sigilla pudico ;
> Paucis ostendi gemis, et communia laudas,
> Non ita nutritus.

Ces épîtres, quelques-unes des satires, sont des
morceaux de genre merveilleusement réussis ; il
sait animer, dramatiser les moindres événements,
une invitation qu'il n'a pas acceptée, une lettre
à laquelle il a négligé de répondre. Son dialogue
avec Lydie, cette scène de deux amants qui ne
se querellent que pour se réconcilier est un petit
cadre divin ; cela se respire comme une rose
fraîche épanouie, et dans ses chansons à boire
et ses chansons d'amour, dans ses *lieds*, quelles
mélodies ! quelles strophes ! Horace s'est calom-
nié, et ne fut jamais ce pourceau d'Épicure entrevu par les moines du Moyen Age sur la foi du

poëte lui-même. On connaît la légende tracée en
manière d'épilogue par un saint homme de bé-
nédictin au dernier feuillet d'un manuscrit :
« Ici se termine l'œuvre du divin Flaccus, le plus
fameux ivrogne et débauché qui jamais ait
existé. » Un Trimalcion, un coureur de filles,
un sac-à-vin, lui, ce dilettante épuré, sans cesse
occupé à tenir en juste équilibre les désirs, les
appétits sensuels et les aspirations de l'intelligence ? allons donc !

XI

On aime à se représenter la vie d'Horace
comme un harmonieux composé de bien-être
physique et moral. Il eut ses poétiques heures,
ses jours charmants, pleins de soleil et pleins
d'azur, où l'amour et l'amitié lui firent fête.
Celui qui fut l'ami de Mécène, de Virgile et de
Tibulle, qui posséda cette intelligence raffinée,
ce sentiment délicat et profond des beautés de
la nature, et qui toujours demeura fidèle à son
goût pour la solitude, celui-là n'était point un
homme ordinaire, et, s'il lui arriva de pécher,
on peut lui pardonner ses erreurs.

Il y a deux poëtes chez Horace, l'un qui du

front cherche à toucher les astres, l'autre qui modestement se meut sur le terrain de la réalité. Des deux, choisissez le second.

Il nous présente ses amis, nous initie à ses occupations, nous entretient de ses joies, de ses peines ; la rencontre avec son fâcheux sur la voie Sacrée, son voyage de Rome à Brindes sont de la comédie et du roman modernes.

« Déjà la nuit se préparait à couvrir la terre de ses ombres et à semer les étoiles dans le ciel ; dans le forum d'Appius, esclaves et bateliers s'interpellent. — Aborde ici, ohé ! tu en as embarqué trois cents, c'est bien assez ! — Pendant qu'on fait payer et qu'on attelle la mule, une heure entière se passe. Les vilains moucherons et les grenouilles de marais nous empêchent de dormir ; batelier et passager, ivres de mauvais vin, chantent à l'envi leur maîtresse absente. Enfin, le passager fatigué commence à s'endormir, et l'autre, attachant à une pierre les traits de la mule, qu'il laisse paître, se couche sur le dos et ronfle. Le jour se levait déjà quand nous sentons que la barque n'avance pas ; un de nous, dont la tête s'échauffe, saute à terre, et d'une gaule de saule cingle la tête et les reins de la mule et du batelier. Nous ne débarquons qu'à la quatrième heure, et nous baignons nos visages et nos mains dans ton onde, ô Feronia! »

En lisant cette scène, on pense à Cervantès ou à Molière; on songe aussi à Téniers, dont le pinceau ne la reproduirait pas plus vivante. Horace, dans la peinture de ces petits tableaux réels, a toujours le mot qui porte; ce qu'il dit n'est point seulement bien dit, c'est trouvé. Styliste incomparable, il écrit sa pensée au burin, et l'expression fixée devient proverbe et sera transmise, d'âge en âge, sans que le pur et solide métal s'en altère. Cueillir les roses du printemps, ne point redouter la mort, et, dans le rapide espace de la vie, savoir modérer ses espérances; douce philosophie, humaine et pratique sagesse dont il semble que les colombes de Vénus et les rossignols des bosquets de Colone lui mettent l'expression sur les lèvres! « Entre l'espoir et le souci, la crainte et la colère, considère chacun de tes jours comme s'il était le dernier, l'heure qui viendra par surcroît, inespérée, sera la bienvenue. »

Grata superveniet quæ non sperabitur hora.

Ainsi lu, relu, médité, commenté, appris par cœur, Horace est un maître sans égal, un poëte que nous, Barbares, nous comprenons comme le comprit, l'apprécia l'Antiquité. Et cette admiration ne saurait périr tant que survivra en ce monde un groupe d'hommes intelligents et polis, de femmes cultivées, voulant jouir honnêtement de l'existence, et — loin de la politique et des questions irritantes du moment — n'envisager les choses qu'au seul point de vue des lettres et de l'art.

NOTES

NOTE I

Page 4.

Mécène, l'ami et le protecteur d'Horace, devait accompagner Octave dans ses expéditions navales en Grèce, et nous voyons que le poëte eut l'idée de se joindre à lui.

> Ibis Liburnis inter alta navium,
>   Amice, propugnacula ;
> Paratus omne Cæsaris periculum
>   Subire Mæcenas, tuo !
> Quid nos, quibus te vita si superstite
>   Jucunda ; si contra, gravis ?
> Utrumque jussi persequemur otium,
>   Non dulce, ni tecum simul ?
> An hunc laborem mente laturi decet
>   Qua ferre non molles viros ?
> Feremus, et te vel per Alpium juga,
>   Inhospitalem et Caucasum,
> Vel Occidentis usque ad ultimum sinum,
>   Forti sequemur pectore,
> Roges, tuum labore quid juvem meo
>   Imbellis ac firmus parum ?
> Comes minore sum futurus in metu,
>   Qui major absentes habet :
> Ut assidens implumibus pullis avis
>   Serpentium allapsus timet.

En dépit de toutes ces belles paroles, il resta dans Rome néanmoins ; attendant avec anxiété l'issue de

la terrible lutte. Enfin arrive la nouvelle des premiers
succès. Horace s'en inspire pour composer sa neuvième épode, qu'il adresse également à Mécène. Il
rappelle à ses amis le joyeux banquet par lequel ils
célébrèrent, quelques années auparavant, la victoire
décisive d'Octave sur Sextus-Pompée, « ce fils de Neptune, » qui menaçait, lui aussi, d'asservir la grande
cité, et de tous ses vœux hâte le jour où, de nouveau,
avec Mécène et dans son haut palais de l'Esquilin,
aux sons des flûtes et de la lyre, et en buvant les meilleurs vins du cellier, il fêtera le nouveau triomphe
de César :

> Quando repostum Cæcubum ad festas dapes,
>   Victore lætus Cæsare,
> Tecum sub alta, sic Jovi gratum, domo,
>   Beate Mæcenas, bibam,
> Sonante mistum tibiis carmen, lyra,
>   Hac Dorium, illis Barbarum?
> Ut nuper, actus cum freto Neptunius
>   Dux fugit ustis navibus,
> Minatus Urbi vincla, quæ detraxerat
>   Servis amicus perfidis.

Cependant le poëte ne saurait oublier que les hommes, contre lesquels on combat, sont des Romains,
un général romain qui, volontairement, ô crime! se
sont placés sous les drapeaux et la puissance d'une
femme.

> Romanus, eheu! (posteri negabitis),
>   Emancipatus fœminæ,
> Fert vallum et arma miles et spadonibus
>   Servire rugosis potest.

> Interque signa, turpe, militaria
> Sol aspicit conopium !

Mais le sort ne s'est pas encore prononcé, Octave n'a point encore écrasé ses adversaires, le dieu de la guerre tarde bien ; Horace l'apostrophe :

> Io triumphe ! tu moraris aureos
> Currus, et intactas boves ?

Il se représente alors la bataille livrée et gagnée au moment même où il écrit. César-Octave le triompha-teur n'a pas son pareil dans l'Histoire ; ni le vain-queur de Jugurtha, ni le destructeur de Carthage ne lui sont comparables.

> Io triumphe ! nec Jugurthino parem
> Bello reportasti ducem,
> Neque Africano, cui super Carthaginem
> Virtus sepulcrum condidit.
> Terra marique victus hostis Punico
> Lugubre mutavit sagum ;
> Aut ille centum nobilem Cretam urbibus
> Ventis iturus non suis,
> Exercitatas aut petit Syrtes Noto,
> Aut fertur incerto mari.

Il voit l'ennemi en fuite, poursuivi sur terre et sur mer, troquant ses manteaux de pourpre contre des vêtements de deuil, et pourtant, se dit-il, la nouvelle de l'heureux événement n'est point encore arrivée, la certitude irrécusable n'a point succédé tout-à-fait à l'espérance, une place reste aux soucis, à l'angoisse. Il tremble pour César. Néanmoins, les rapports connus

de tous sur la situation raniment son courage ; il se
reprend à la gaieté et termine par un joyeux appel au
sommelier.

> Capaciores, affer huc, puer, scyphos.
> Et Chia vina, aut Lesbia,
> Vel, quod fluentem nauseam coërceat,
> Metire nobis Cæcubum.
> Curam metumque Cæsaris rerum juvat
> Dulci Lyæo solvere.

Ce chant, que les commentateurs s'obstinent à citer
comme un hymne de gloire sur la journée d'Actium,
contient, on le voit, bien des réserves. Ce n'est là
qu'un de ces heureux épanchements que durent provoquer, chez les poëtes comme chez tous les partisans
d'Octave, les récits parvenus à Rome des premiers
succès des armées de terre et de mer, l'inquiétude,
l'effroi pèsent encore assez pour que le poëte s'efforce
de noyer dans le vin les fâcheuses pensées. Quand
Horace écrivit ces vers, Antoine et ses légions étaient
debout, de là ces retours patriotiques sur l'abaissement du triumvir « *emancipatus feminæ*, » de ce
guerrier romain qui ne rougit pas de se placer sous
les ordres d'eunuques orientaux, d'un Pothin et d'un
Mardien. « *Spadonibus servire rugosis potest.* » Il ne
s'agit encore, jusqu'ici, que d'émouvoir l'opinion
publique en faveur d'Octave, de l'exciter contre Antoine
et d'aviver les ressentiments de tout un peuple contre
ce général romain, qui s'en va conduire une armée
romaine sous le joug d'une sorcière égyptienne et de
ses eunuques, et donne au soleil cette honte, de pou-

voir contempler les étendards romains flottant sur la tente d'une reine d'Égypte.

Autre chose est de l'ode xxxvii, 1er livre. Cette fois, plus d'hésitation, la bataille est gagnée. Le fils du grand Tullius, député par Octave, le consul Marcus Cicéron en a publié la nouvelle devant le peuple assemblé, et du haut de ces rostres, où jadis Antoine, que la Némésis vengeresse vient d'atteindre, fit clouer la tête et la main du prince des orateurs. Ce victorieux était vraiment un habile homme de choisir ainsi, dans son messager, un personnage dont le nom seul allait réveiller partout, dans le peuple, le souvenir des attentats commis, par le vaincu, contre le vieux forum romain et contre la littérature nationale. On sait comment, plus tard, le tout-puissant monarque se défendit, dans ses Mémoires, d'avoir pris la moindre part à cet assassinat politique[1]. Horace, en poëte prudent, attendit pour mettre au jour ses chants de victoire, que la guerre fut complètement terminée. L'année suivante, seulement, et lorsque la mort d'Antoine et de Cléopâtre eut apposé le sceau définitif à la cause d'Octave, l'Alcée des bords du Tibre jeta son cri de délivrance au plein d'une atmosphère rassérénée et dégagée de tout ferment de guerre civile.

> Nunc est bibendum, nunc pede libero
> Pulsanda tellus, nunc Saliaribus
>   Ornare pulvinar deorum
>   Tempus erat dapibus, sodales!

---

1. Voir Egger, *Examen critique de l'histoire de la vie et du règne d'Auguste*. p. 16, et Stahr, p. 297.

Antehac nefas depromere Cæcubum
Cellis avitis, dum Capitolio
    Regina dementes ruinas,
    Funus et imperio parabat,

Contaminato cum grege turpium
Morbo virorum, quidlibet impotens
    Sperare, fortunaque dulci
    Ebria, sed minuit furorem

Vix una sospes navis ab ignibus :
Mentemque lymphatam Mareotico
    Redegit in veros timores
    Cæsar, ab Italia volantem

Remis adurgens accipiter velut
Molles columbas, aut leporem citus
    Venator in campis nivalis
    Hæmoniæ : daret ut catenis.

Fatale monstrum quæ generosius
Perire quærens, nec muliebriter
    Expavit ensem, nec latentes
    Classe cita reparavit oras.

Ausa et jacentem visere regiam
Vultu sereno fortis, et asperas
    Tractare serpentes, ut atrum
    Corpore combiberet venenum.

Deliberata morte ferocior;
Sævis Liburnis scilicet invidens,
    Privata deduci superbo
    Non humilis mulier triumpho.

NOTE II

Page 5.

Virgile au VIII° livre de l'*Énéide* parle de Cléopâtre dans sa description du bouclier que forge Vulcain pour Énée, et dans cette description figure le récit de la bataille d'Actium.

> Hæc inter tumidi latè martis ibat imago
> Aurea, sed fluctu spumabant cærula cano :
> Et circùm argento clari delphines in orbem
> Æquora verrebant caudis, æstumque secabant.
> In medio classes æratas, Actia bella,
> Cernere erat : totumque instructo Marte videres
> Fervere Leucaten, auroque effulgere fluctus.
>
> Hinc Augustus agens Italos in prælia Cæsar,
> Cum patribus, populoque, Penatibus, et magnis Dîs,
> Stans celsâ in puppi ; geminas cui tempora flammas
> Læta vomunt, patriumque aperitur vertice sidus.
> Parte aliâ, ventis et Dîs Agrippa secundis,
> Arduus, agmen agens ; cui, belli insigne superbum,
> Tempora navali fulgent rostrata coronâ.
>
> Hinc ope barbaricâ, variisque Antonius armis
> Victor, ab Auroræ populis et littore Rubro
> Ægyptum, viresque Orientis et ultima secum
> Bactra vehit ; sequiturque (nefas !) Ægyptia conjux.
>
> Unà omnes ruere, ac totum spumare, reductis
> Convulsum remis rostrisque tridentibus, æquor
> Alta petunt : pelago credas innare revulsas
> Cycladas, aut montes concurrere montibus altos :

Tantâ mole viri turritis puppibus instant.
Stupea flamma manu, telisque volatile ferrum
Spargitur : arva novâ Neptunia cæde rubescunt.

Regina in mediis patrio vocat agmina sistro,
Necdùm etiam geminos à tergo respicit angues.

« Pour elle, continue le poëte, toute sorte de divinités montrueuses (Anubis aux cent têtes) combattent contre Neptune et Vénus et Minerve, qui soutiennent la cause des Romains, Mars et Bellonne aussi et les Dires et la Discorde planent dans les airs au-dessus de cette terrible lutte, leur ouvrage, et dont Apollon actien décide l'issue. »

Virgile se déclare du parti d'Octave, tout ce morceau est une profession de foi, mais loyale. Pas plus qu'Horace, il n'insulte la reine vaincue. Il a du ressentiment, mais point de mauvaise haine, un simple mot (nefas) lui suffit pour exprimer l'horreur que lui inspire le mariage d'Antoine avec l'Égyptienne, et, quant au reste, s'il maintient sa franchise de poëte, il ne violente pas l'Histoire. Il raille la nouvelle Isis commandant à des armées avec un cistre ! plaisanterie bien venue des Romains, et que plus tard Properce et Lucain reprendront ; mais son ironie ne l'empêche pas de rendre justice à la vaillante femme qui se bat en guerrière pour ses dieux et pour son époux, et ne fuit qu'au moment où l'Apollon actien bande son arc contre les ennemis de Rome.

Ovide, qui n'avait que treize ans lorsque mourut Cléopâtre, ne parle d'elle qu'au livre XI des *Métamor-*

phoses, dans ce passage où le Père des Dieux annonçant les hautes destinées promises à la Maison de Jules, désigne son rejeton, César-Auguste, comme le futur maître du monde, devant lequel tous les ennemis de la suprématie romaine courberont le front. Cléopâtre figure là comme un exemple d'ambition et d'orgueil révolté contre la souveraine domination de Rome.

> Romanique ducis conjux Ægyptia, tædæ
> Non bene fisa cadet ; frustraque erit minata :
> Servitura suo Capitolia nostra Canopo !

Là aussi, Cléopâtre est assez malmenée, et pour sa folle ambition, et pour son excès de confiance dans son mariage avec Antoine, qui devait la faire régner sur Rome.

Cléopâtre avait sa place marquée dans le poëme de Lucain. L'entrevue avec César, après le meurtre de Pompée, fait le sujet du Xe livre. César, avec l'aide du jeune roi, frère de Cléopâtre, qu'il a retenu comme otage, vient de se rendre maître de la première insurrection des Alexandrins, provoquée par l'entrée des troupes romaines dans leur capitale. Cléopâtre imagine un moyen d'arriver secrètement jusqu'à lui, et se montre.

Juvénal ne parle d'elle que dans quelques vers ; Stace se contente de la citer.

Parmi les prosateurs, nul certes, mieux que César, n'aurait eu qualité pour dire le vrai mot, et sur la

fémme et sur la reine. Peut-être, s'il eût vécu, l'aurait-il fait? On n'a de Lui sur Elle qu'un témoignage
illustre, au sujet de l'attitude d'alliée fidèle que prit
tout de suite Cléopâtre, dans une des circonstances les
plus fâcheuses où le grand Dictateur se soit trouvé.
Je veux parler de cette lutte désespérée contre le sou-
lèvement de tout un peuple, soutenue par son armée
de terre et de mer, lors de la terrible insurrection
d'Alexandrie, et qu'un génie tel que César pouvait seul
entreprendre et mener à bonne fin. Lui-même a raconté cet épisode de sa vie militaire dans un écrit,
chef-d'œuvre d'exposition et de beau langage, auquel
la littérature romaine n'a rien à comparer.

« Les lieux et la saison, écrit Suétone, tout était dé-
favorable; par un effroyable temps d'hiver, enfermé
dans une ville insurgée, il lui fallait, avec des forces
très-restreintes et pris à l'improviste, tenir tête à l'ennemi le plus puissant et le mieux approvisionné en
ressources de guerre. »

Le récit de Tite-Live sur l'époque s'est perdu, et
Velleïus Paterculus, contemporain de Tibère et de Séjan, tout en se félicitant pour la gloire de Rome du
triomphe d'Octave, à la journée d'Actium, ne prononce
pas cependant un seul mot d'insulte contre la reine; il
va même jusqu'à célébrer son héroïsme, et le mâle
courage avec lequel elle termine sa vie par la mor-
sure d'un serpent.

Parmi les écrivains venus plus tard, les uns accusent Cléopâtre seule; d'autres, comme Macrobe, mettent tout sur le compte d'Antoine et de ses insatiables

appétits de jouissances. « *Eaque re captus de romano imperio facere vellet Ægyptium regnum.* »

Suétone est plein de ménagements dans les importantes Notices qu'il consacre aux rapports de la reine d'Égypte avec César et Marc-Antoine. On n'en peut dire autant de Florus, lequel, rédigeant son Histoire sous l'empereur Hadrien (un siècle et demi plus tard), y met une passion, une animosité évidemment puisées dans les documents qu'il compile, documents écrits au feu de la bataille, par quelque implacable adversaire possédé du besoin de grandir le vainqueur aux dépens des vaincus.

Antoine est accablé d'injures, il est « le brandon, le fléau de la période ayant suivi la mort de César, le bourreau des proscriptions; tandis que le doux Octave, se contentait, lui, de ne frapper que les meurtriers du grand Jules. Antoine à Philippes ne s'est point battu; lâchement il s'est tenu à distance: misérable imputatation dont Plutarque fait justice, et qui n'a pu sortir que des Mémoires d'Octave. Antoine fut « l'écueil, l'obstacle, la pierre d'achoppement du noble Octave, toujours empêché d'asseoir sur des bases solides la paix du monde, jusqu'au jour où ce brouillon, ce vantard et ce débauché, succombant à ses propres vices, délivra ses ennemis, ses concitoyens, et finalement tout son siècle de sa présence et de la peur qu'elle inspirait. » La guerre contre les Parthes, n'est qu'une extravagante entreprise, sottement combinée et pitoyablement exécutée; « quelque peine d'ailleurs que se donne le brillant général *egregius imperator* » pour se rengorger dans sa défaite comme dans son triomphe.

Cléopâtre n'est pas représentée sous des couleurs plus favorables. Son crime n'est point seulement d'avoir ensorcelé, asservi Marc-Antoine, de l'avoir fait descendre de sa majesté d'Imperator romain, au rang d'époux d'une femme égyptienne. Elle a, en se donnant à lui, exigé de ce monstre, abruti par les ivresses des sens, qu'il lui apporterait en dot l'Empire romain, comme s'il était plus facile de vaincre les Romains que les Parthes. Avili par elle, il ne lui reste pas même le sentiment de sa dégradation; il se montre avec impudence le sceptre d'or dans la main, le cimeterre des orientaux à la ceinture; sur les épaules un manteau de pourpre, ruisselant de pierreries et le diadème au front. « Car c'est en roi qu'il prétend embrasser sa reine. »

Dans le récit de la catastrophe, la tradition historique est également mise sens dessus dessous. Octave, « sans désemparer » poursuit le couple fugitif, Paretonium et Peluse, les deux grandes défenses de l'Égypte, sont enlevées haut la main. Antoine se frappe à l'instant, la reine tombe aux pieds d'Octave qu'elle cherche à séduire, mais en vain. « Car la chasteté du jeune prince dépasse encore sa beauté. » Ce qu'elle voulait n'était point simplement l'existence que d'ailleurs on lui offrit spontanément; elle voulait régner. Et quand elle vit qu'il lui fallait renoncer à persuader son vainqueur, qui ne la conservait vivante que pour la faire servir à son triomphe, trompant la vigilance de ses gardes, elle se réfugia dans le mausolée, et là, revêtue des ornements royaux, après avoir prié près du sarcophage d'Antoine, elle appliqua les serpents sur sa veine et s'endormit du sommeil de la mort.

Tout cela respire l'atmosphère d'un autre temps que celui où Florus écrivait. A ce jugement porté sur Antoine et sur Cléopâtre, les Mémoires d'Auguste ont dû servir, et c'est à ces documents, aux récits également intéressés, passionnés, d'écrivains à la dévotion, à la suite, à la solde du maître que Florus, un siècle et demi plus tard, emprunte les couleurs et le style dont il peint ces derniers grands antagonistes dans la lutte suprême pour la toute-puissance.

NOTE III

Page 16.

« Antoine en cette défaite se trouva en plusieurs nécessités et détresses grandes tout à coup, dont la plus pressante était la faim : mais il avait cela de nature qu'il se surpassait soi-même en patience et en vertu quand il se trouvait en adversité, et, plus la fortune le pressait, plus il devenait semblable à un homme véritablement vertueux. Aussi était-ce un exemple merveilleux aux soldats de voir Antoine, qui était accoutumé de vivre en délices et en si grande affluence de toutes choses, boire facilement de l'eau puante et corrompue, manger des fruits et racines sauvages : et dit-on encore plus, qu'il mangea des écorces d'arbres et des bêtes dont par avant jamais homme n'avait tâté, en passant les monts des Alpes. »

(PLUTARQUE.)

NOTE IV

Page 89.

Ce motif, assez corsé pourtant, ne suffit pas à l'auteur du poëme *de Bello Alexandrino*. Le rhapsode Rabirius, qui connait son public romain, profite de la circonstance pour *faire de l'horrible*. Cette scène qui ne pouvait se passer que dans l'intérieur du palais et n'avoir, avec Cléopâtre, qu'un seul témoin, son médecin Olympus, a lieu chez notre poëte, en plein marché, *coram populo*, et nous voyons quelques jours avant la prise d'Alexandrie, Cléopâtre assise sur un trône, se donner publiquement, officiellement le spectacle, ou plutôt la répétition générale de ce spectacle de tuerie.

> Delectum locum quo noxia turba coiret,
> Præberetque suæ spectacula tristia mortis!
> Qualis ab instantis acies cum tela parantur,
> Signa, tubæ, classesque simul terrestribur armis.
> Est facies ea visa loci, cum sæva coirent,
> Instrumenta necis vario congesta paratu.
> Undique sic illuc campo deforme coactum
> Omne vagabatur leti genus, omne timoris.
> Hic cadit incumbens ferro, tumet ille veneno,
> Aut pendente suis cervicibus aspide mollem
> Labitur in somnum, trahiturque libidine mortis.
> Percutit adflatu brevis hunc, sine morsibus anguis,
> Volnere seu tenui pars inlita parva veneni
> Ocius interemit. Laqueis pars cogitur artis
> In ac intersæptam animam pressis effundere venis,
> Immersisque freto clauserunt guttura fauces.
> Has inter strages solio descendit ....

NOTE V

Page 100.

Énobarbus, Ménas sont bien les soldats de ce temps. — « Je cesse de m'attacher à ta croulante fortune, dit Ménas à Sextus Pompée en voyant son hésitation. — Qui cherche et ne sait pas saisir ce qui s'offre à lui, ne le retrouve plus ! » Quel tableau que cette scène dans Shakespeare !

(A bord de la galère de Pompée, près du cap Misène. — Musique — entrent deux ou trois serviteurs portant une table servie.)

PREMIER SERVITEUR.

Ils vont venir, camarade ; déjà plusieurs ont la plante des pieds presque déracinée ; le moindre vent va les abattre.

DEUXIÈME SERVITEUR.

Lépide est haut en couleur.

PREMIER SERVITEUR.

Ils lui ont fait boire leur rebut.

DEUXIÈME SERVITEUR.

Quand les deux autres se piquent, il leur crie : Assez ! Et tout en les réconciliant avec sa prière, il se réconcilie avec la liqueur.

PREMIER SERVITEUR.

Mais il ne fait qu'envenimer la guerre entre lui et son bon sens.

DEUXIÈME SERVITEUR.

Tout cela pour être compté dans la société des hommes

supérieurs !. Moi, j'aimerais mieux avoir un roseau dont je pourrais me servir, qu'une pertuisane que je ne pourrais pas soulever.

PREMIER SERVITEUR.

Être admis dans les sphères hautes sans y faire sentir son action, c'est ressembler à ces orbites où les yeux ne sont plus et qui font un vide pitoyable dans le visage.

(Fanfares. — Entrent César, Antoine, Pompée, Lépide, Agrippa, Mécène, Énobarbus, Ménas et autres capitaines; tous se mettent à table.)

ANTOINE *(à César).*

C'est ainsi qu'ils font, Seigneur; ils mesurent la crue du Nil à une certaine échelle sur la pyramide, et ils savent, selon le niveau élevé, bas ou moyen de l'étiage, s'il y aura disette ou abondance. Plus le Nil monte, plus il promet; lorsqu'il se retire, le laboureur sème son grain sur le limon et la vase, et bientôt obtient moisson.

LÉPIDE *(d'une voix avinée).*

Vous avez-là d'étranges serpents?

ANTOINE.

Oui, Lépide.

LÉPIDE.

Votre serpent d'Égypte naît de votre fange, par l'opération de votre soleil, de même votre crocodile.

ANTOINE.

C'est vrai.

POMPÉE.

Asseyons-nous, et du vin ; à la santé de Lépide !

LÉPIDE.

Je ne suis pas aussi bien que je le devrais, mais jamais je ne serai hors de raison.

* * * * * * * * * * * * *

N'admirez-vous pas cette conversation d'Antoine et de Lépide, ce bavardage oiseux, banal, placé là pour occuper, amuser l'avant-scène, tandis qu'au second plan la vraie action se joue ?

MÉNAS (*à part*).

Pompée, un mot.

POMPÉE.

Dis-le-moi : qu'est-ce ?

MÉNAS (*à part*).

Quitte ton siége, je t'en supplie, capitaine, que je te dise un mot.

POMPÉE.

Attends ! tout à l'heure ! Cette rasade pour Lépide.

LÉPIDE.

Quelle espèce d'être est votre crocodile ?

ANTOINE.

Il est formé, Monsieur, comme lui-même, et il est aussi large qu'il a de largeur ; il est juste aussi haut qu'il l'est, et il se meut avec ses propres organes ; il vit de ce qui le nourrit, et dès que les éléments dont il est formé se décomposent, il opère sa transmigration.

LÉPIDE.

De quelle couleur est-il ?

ANTOINE.

De sa propre couleur.

LÉPIDE.

C'est un étrange serpent.

ANTOINE.

C'est vrai, et ses larmes sont humides.

CÉSAR (*à Antoine*).

Cette description le satisfera-t-elle ?

MÉNAS (*bas à Pompée*).

Au nom de mes services, si tu veux bien m'entendre, lève-toi de ton tabouret.

POMPÉE (*bas à Ménas*).

Tu es fou; de quoi s'agit-il ?
                    (*Il se lève et se retire à l'écart avec Ménas.*)

MÉNAS.

J'ai toujours eu le chapeau bas devant ta fortune.

POMPÉE.

Tu m'as toujours servi fidèlement... après.
                            (*Haut aux convives :*)
Soyez joyeux, Seigneurs !

ANTOINE.

Lépide, défiez-vous des bancs de sable, nous sombrons.

MÉNAS (*bas à Pompée*).

Veux-tu régner sur tout l'univers ?

POMPÉE (*bas à Ménas*).

Que dis-tu ?

MÉNAS.

Encore une fois veux-tu régner sur l'univers entier ?

POMPÉE.

Comment serait-ce possible ?

MÉNAS.

Accepte seulement, et tout pauvre que tu me crois, je suis homme à te donner tout l'univers.

POMPÉE.

As-tu beaucoup bu ?

MÉNAS.

Non, Pompée, je me suis abstenu de la coupe ; tu es, si tu l'oses, le Jupiter terrestre ; tout ce que l'Océan enserre, tout ce qu'embrasse le ciel est à toi, si tu le veux.

POMPÉE.

Montre-moi par quelle voie.

MÉNAS.

Les partageurs du monde, les triumvirs sont dans ton vaisseau, laisse-moi couper le cordage, et quand nous serons au large, sautons-leur à la gorge, tout est à toi.

POMPÉE.

Ah ! tu aurais dû le faire sans m'en avertir ! De ma part ce serait une vilenie ; de la tienne, c'eût été un bon service. Tu devrais savoir que mon intérêt ne guide pas mon honneur, mais est guidé par lui. Regrette que ta langue ait

jamais trahi ton action. Faite à mon insu, je l'aurais trou-
vée bien faite, mais maintenant, je dois la condamner ; or,
n'y pense plus et bois. (*Il revient près des convives.*)

MÉNAS (*à part*).

Puisque c'est ainsi, je ne veux plus suivre ta fortune
éventée!!....

Et ce Ménas, l'aventurier Ménas, n'a-t-il pas raison,
après tout, de planter là le chef qui voudrait tirer
profit d'une trahison, mais sans y mettre la main,
parce qu'il entend bien continuer de se donner les
airs d'un honnête homme aux yeux du monde et à
ses propres yeux ? — Au point de vue de la scène,
même disposition des groupes dans la conspiration
chez Brutus. (Voyez *Jules César*.)

DÉCIUS.

L'Orient est de ce côté : n'est-ce pas le jour qui pointe
là-bas ?

CASCA.

Non.

CINNA.

Oh! pardon, Seigneur; il se lève, et ces bandes grises
là-bas qui échancrent les nuages sont les messagères du
soir.

CASCA.

Vous serez forcés d'avouer que vous vous trompez tous
les deux. C'est ici sur le point où je dirige mon épée que
le soleil se lève, point qui est beaucoup plus au midi à
cause de la jeunesse encore récente de l'année. Dans deux
mois d'ici, il présentera ses feux plus haut vers le Nord, et
l'Orient se trouve droit ici dans la direction du Capitole.

BRUTUS (*s'avançant*).

Donnez-moi tous vos mains les uns après les autres.

CASSIUS.

Et jurons notre résolution.

. . . .

Et voilà la scène engagée. De pareils traits prouvent que Shakespeare n'était point simplement un poëte de génie, mais qu'il entendait mieux que personne ce que nous appelons : le Théâtre.

NOTE VI

Page 100.

Pour bien connaître Énobarbus, c'est dans Shakespeare qu'il faut le voir. Le caractère presque tout entier est de sa main. Plutarque ne mentionne Domitius Enobarbus que trois fois dans la vie d'Antoine. Au xxvi⁰ chapitre, nous lisons qu'il fut chargé d'apaiser, au nom du triumvir, une sédition provoquée dans l'armée par un traité peu honorable avec les Parthes.

« Antoine, persuadé par Domitius et quelques autres, donna l'ordre à Cléopâtre de faire voile pour l'Égypte et d'y attendre l'issue des événements. » Ce paragraphe du chapitre xxvi semble avoir fourni à Shakespeare le motif de la septième scène de son troisième acte :

(*Le camp d'Antoine près d'Actium*).

CLÉOPATRE.

Tu t'es opposé à ma présence dans cette guerre, et tu as dit qu'elle n'était pas convenable.

ÉNOBARBUS.

Voyons? l'est-elle? Votre présence ne peut qu'embarrasser Antoine, le distraire de son cerveau, de son temps. — ce qu'il ne doit pas aliéner. Il est déjà accusé de légèreté et l'on dit à Rome que ce sont ses femmes et l'eunuque Photin qui dirigent cette guerre [1].

CLÉOPATRE.

Que Rome s'effondre et que pourrissent toutes les langues qui parlent contre nous, je porte moi aussi le poids de cette guerre et je dois au royaume que je préside d'y figurer comme un homme. Cesse de me contredire, je ne resterai pas en arrière.

ÉNOBARBUS.

Eh bien, j'ai fini : voici l'Imperator.

Après quoi il n'est plus question du personnage qu'au chapitre soixante-trois. « Ce fut aussi contre l'avis de Cléopâtre qu'Antoine se montra toujours favo-

---

1. « Après que César eut suffisamment fait ses apprêts, il fit publiquement décerner la guerre contre Cléopâtre et abroger la puissance à l'empire d'Antoine, attendu qu'il l'avait préalablement cédée à une femme. Et, disait davantage César, qu'Antoine n'était pas maître de soi, mais que Cléopâtre, par quelques charmes et poisons amatoires, l'avait soustrait de son bon sens, et que ceux qui leur feraient la guerre (à eux les Romains), seraient un Mardian eunuque, une Iras, femme de chambre de Cléopâtre qui lui accoutrait ses cheveux, et une Charmion, lesquels maniaient les principales affaires d'Antoine. »   (PLUTARQUE).

rable à Domitius. » L'antipathie prononcée de Domitius pour le gouvernement des femmes — trait particulier du caractère dans Shakespeare — se trouve déjà dans Plutarque.

NOTE VII

Page 104.

« Or, y avait-il un jeune gentilhomme nommé Cornélius Dolabella, qui était l'un des mignons de César, et n'était point mal affectionné envers Cléopatra : celui-ci lui manda secrètement, comme elle l'en avait prié, que César *se délibérait de reprendre son chemin par la Syrie, et que dedans trois jours il la devait envoyer devant avec ses enfants.* Quand elle eut entendu ces nouvelles, elle fit requête à César, que son bon-plaisir fût de lui permettre qu'elle offrît les dernières oblations des morts à l'âme d'Antonius : ce qui lui étant permis, elle se fit porter au lieu de sa sépulture, et là, à genoux, embrassant le tombeau avec ses femmes, se prit à dire les larmes aux yeux : — O cher seigneur Antonius ! je t'inhumai naguères étant encore libre et franche, et maintenant te présente ces offertes et effusions funèbres étant prisonnière et captive, et me défend-on de déchirer et meurtrir de coups ce mien esclave corps, dont on fait soigneuse garde seulement pour triompher de toi : n'attends donc plus autres honneurs, offrandes ni sacrifices de moi. Tant que nous avons vécu, rien ne nous a pu séparer d'ensemble : mais maintenant à notre mort je fais doute qu'on ne nous fasse échanger les lieux de notre naissance : et comme toi, Romain, as été ici inhumé en Égypte, aussi moi, malheureuse Égyptienne, ne sois en sépulture en Italie, qui sera le seul bien que j'aurai reçu de ton pays. Si donc les dieux de là où tu es à présent ont quelque autorité et puissance, puisque ceux de par deçà nous ont abandonnés, ne souffre pas qu'on emmène vive ton amie, et n'endure qu'en moi on triomphe de toi, mais me reçois avec toi et m'ensevelis en un même tombeau : car, combien que mes maux soient infinis, il n'y en a pas un qui m'ait été si grief à supporter comme le peu de temps que j'ai été contrainte de vivre sans toi.

.» Après avoir fait telles lamentations, et qu'elle eut couronné le tombeau de bouquets, festons et chapeaux de fleurs, et qu'elle l'eût embrassé fort affectueusement, elle commanda qu'on lui apprêtât un bain, puis, quand elle se fut baignée et lavée, elle se mit à table où elle fut servie magnifiquement. Et cependant qu'elle dînait, il arriva un paysan des champs qui apportait un panier : les gardes lui demandèrent incontinent que c'était qu'il portait céans : il ouvrit son panier, et ôta les feuilles de figuier qui étaient dessus, et leur montra que c'étaient des figues; ils furent tous émerveillés de la beauté et grosseur de ce fruit. Le paysan se prit à rire, et leur dit qu'ils en prissent s'ils voulaient : ils crurent qu'il dît vrai, et lui dirent qu'il les portât céans. Après que Cléopatra eut dîné, elle envoya à César des tablettes écrites et scellées, et commanda que tous les autres sortissent des sépultures où elle était, fors ses deux femmes : puis elle ferma les portes. Incontinent que César eut ouvert ces tablettes et eut commencé à y lire des lamentations et supplications par lesquelles elle le requérait qu'il voulût la faire inhumer avec Antonius, il entendit soudain que c'était à dire, et y cuida aller lui-même : toutefois, il envoya premièrement en grande diligence voir que c'était. La mort fut fort soudaine : car ceux que César y envoya accoururent à grande hâte et trouvèrent les gardes qui ne se doutaient de rien, ne s'étant aucunement aperçu de mort ; mais quand ils eurent ouvert les portes, ils trouvèrent Cléopatra raide morte, couchée sur un lit d'or, accoutrée de ses habits royaux, et l'une de ses femmes, celle qui avait nom Iras, morte aussi à ses pieds ; et l'autre, Charmion, à demi-morte et déjà tremblante, qui lui raccoûtrait le diadème qu'elle portait à l'entour de la tête : il y eut quelqu'un qui lui dit en courroux : Cela est-il beau, Charmion ? *Très-beau*, répondit-elle, *et convenable à une dame extraite de la race de tant de rois.* Elle ne dit jamais autre chose, mais chût en la place toute morte près du lit.

» Aucuns disent qu'on lui apporta l'aspic dedans ce panier avec les figues, et qu'elle l'avait ainsi commandé qu'on le cachât de feuilles de figuier, afin que, quand elle penserait prendre des figues, le serpent la piquât et mordît, sans qu'elle l'aperçût première ; mais que quand elle voulut ôter les feuilles pour reprendre du fruit, elle l'aperçut et dit : Es-tu donc ici ? et qu'elle lui tendit le bras tout nu pour le faire mordre. Les autres disent qu'elle le gardait dedans une buie, et qu'elle le provoqua et irrita avec un fuseau d'or, tellement que le serpent courroucé

sortit de grande raideur et lui piqua le bras ; mais il
n'y a personne qui en sache rien à la vérité. Car on
dit même qu'elle avait du poison caché dedans une
petite râpe ou étrille creuse qu'elle portait entre ses
cheveux, et toutefois il ne se leva nulle tâche sur son
corps, n'y eut aucune apercevance ni signe qu'elle fût
empoisonnée, ni aussi d'autre côté ne trouva-t-on
jamais dans le sépulcre le serpent : seulement dit-on
qu'on en vit quelque frai et quelque trace sur le bord
de la mer, là où regardait le sépulcre, mêmement du
côté des portes ; aucuns disent qu'on aperçut deux
piqûres, en l'un de ses bras, fort petites et qui n'appa-
raissaient quasi point. A quoi il semble que César
ajouta foi pour ce qu'en son triomphe il fit porter
l'image de Cléopâtre qu'un aspic mordait au bras.
Voilà comme on dit qu'il en alla. Quant à César combien qu'il fut fort marri de la mort de cette femme, si
eut-il en admiration la grandeur et noblesse de son
courage et commanda qu'on inhûmat royalement et
magnifiquement son corps avec celui d'Antoine, et
voulut aussi que ses femmes eussent pareillement
honorables funérailles. Cléopâtre mourut en l'âge de
trente-huit ans, après en avoir régné vingt et deux et
gouverné avec Antoine plus de quatorze. »

(PLUTARQUE.)

NOTE VIII

Pages 129 et 130.

CLÉOPATRE.

Et bien ! Iras, qu'en penses-tu ? marionnette égyptienne.

tu vas être exhibée dans Rome ainsi que moi ! de misérables artisans avec des tabliers, des équerres et des manteaux crasseux, nous hisseront à la portée de tous les regards : leurs haleines épaisses, empuanties par une nourriture grossière, feront un nuage autour de nous, et nous serons forcées d'en aspirer la vapeur.

IRAS.

Aux Dieux ne plaise !

CLÉOPATRE.

Oui, cela est certain, Iras. d'insolents licteurs nous rudoieront comme des filles publiques, de sales rimeurs nasilleront sur nous des ballades ! des comédiens expéditifs nous parodieront en impromptus et figureront nos orgies d'Alexandrie et je verrai quelque garçon criard singer la grande Cléopâtre, dans la posture d'une prostituée.

IRAS.

O Dieux bons !

CLÉOPATRE.

Oui, cela est certain.

IRAS.

Je ne le verrai jamais, car mes ongles, je suis sûre, sont plus forts que mes yeux.

CLÉOPATRE.

Certes, voilà les moyens de déjouer leurs préparatifs et d'écraser leurs projets sous le ridicule.

(Entre Charmion).

Eh bien Charmion? mes femmes, parez-moi comme une reine, allez me chercher mes plus beaux vêtements : je vais encore sur le Cydnus à la rencontre d'Antoine... Vite Iras! Oui, ma noble Charmion, nous allons en finir, et quand tu auras achevé cette tâche, je te donnerai congé jusqu'au jour du jugement.

      (*A Iras*).

Apporte-moi ma couronne et le reste.

             (*Sort Iras. Rumeur au dehors*).

D'où vient ce bruit. (*Entre un garde.*)

LE GARDE.

Il y a ici un homme de la campagne qui veut absolument être admis devant Votre Altesse.

CLÉOPATRE.

Qu'il entre. (*Sort le garde.*) Quelle noble action peut s'accomplir avec un pauvre instrument! Il m'apporte la liberté. Ma résolution est fixée et je n'ai plus rien d'une femme en moi! Désormais, de la tête aux pieds, je suis un marbre impassible, désormais, la lune variable n'est plus ma planète.

      (SHAKESPEARE : *Antoine et Cléopâtre.*)

Les Romains de cette période recrutaient surtout en Syrie et en Andalousie ce que nous appelons aujourd'hui *le corps de ballet* : danseuses, figurantes et autres prêtresses du temple d'Aphrodite. Ces jolis vers que nous avons essayé de traduire, sont attribués à Virgile par Lampride.

> Au bruit rhythmé des tambourins,
> Coiffée à la milésienne,
> La ballerine syrienne,
> Lascive fait ployer ses reins.
>
> Ivre d'amour et demi-nue,
> Elle arrondit ses divins bras,

Chantant et dansant sur le pas
De la taverne bien connue :

« Pourquoi fuir et passer ainsi
Par la rue, ardente, affairée,
Quand, de sa voix énamourée,
Le Plaisir vous appelle ici?

» Ne vaut-il pas mieux qu'on s'étende
A l'ombre du platane épais,
Sur les coussins soyeux et frais,
Parfumés d'ambre et de lavande?

» Si vous êtes sages, venez
Chercher ici l'oubli des choses ;
Dans la coupe effeuillez les roses,
Et, de verveine couronnés,

» Livrez votre lèvre aux caresses
De la plus belle d'entre nous;
Laissez-la dénouer sur vous,
L'or et l'ébène de ses tresses.

» Et ne la quittez, blanche Hébé,
Que lorsque, sous sa main divine,
Le dernier souci qui vous mine,
De votre front sera tombé.

» Venez cueillir les anémones,
Venez rire et boire, en aimant ;
Est-ce pour votre enterrement
Que vous garderez les couronnes?

» Les dés et les femmes d'abord,
Honni soit qui gémit et pleure!
— Vivez, aimez, vous dit la Mort,
Vivez, car je viens à mon heure! »

NOTE IX

Page 142.

On sait peu de choses du père de Livie, et ce peu de choses ne dit rien de bon. Un procès scandaleux, où Cicéron le défendit et qu'il gagna pourtant, nous le représente comme un homme de concussion et de rapine. Ce qui n'empêche pas Velleïus Paterculus de faire honneur à sa souveraine, d'avoir pour père, un si noble. et si vaillant citoyen : *Livia nobilissimi et fortissimi viri Drusi Clodiani filia.* A l'époque de la mort de César, il était du parti républicain, et à ce titre, fut proscrit par Octave et les triumvirs ; à Philippes, Brutus le vit combattre à son côté. Trop fier pour aller, après la défaite, implorer la grâce du vainqueur, il imita l'exemple de son chef et se tua dans sa tente en se frappant de son épée. Au moment où, par cette mort héroïque, son père couronnait une existence moins que glorieuse, Livie, — née le 28 septembre de l'année 57, avant J.-C. — avait seize ans, et déjà elle était la femme de Tibère Claude Drusus Néron, lequel dépassait la cinquantaine.

Triste jeunesse que la sienne ! Depuis la mort sanglante de son père, quelques mois à peine s'étaient écoulés, lorsque le 16 novembre, dans sa maison du Palatin, elle accoucha d'un fils, celui-là qui devint plus tard l'empereur Tibère. Bientôt, éclatent les événements qui l'entraînent elle et son mari dans leur tourbillon.

Drusus Néron avait exercé la questure sous le grand
Jules, et commandé, non sans honneur, la flotte de
César devant Alexandrie, en récompense de quoi le
Dictateur lui conféra la dignité de grand-prêtre et
l'envoya à Narbonne et à Arles pour y diriger la colo-
nisation ; mais, comme tant d'autres, le Claudien se
montra, paraît-il, peu reconnaissant. César n'eut pas
plutôt rendu l'âme, que Drusus passa au camp de ses
meurtriers et proposa au Sénat de leur voter des récompenses. Nommé préteur par le Sénat, il prolongea
ses fonctions illégalement lors de la première rupture
entre Antoine et Octave, et finit, pendant la guerre qui
suivit, par se joindre au consul Lucius Antoine, frère
du triumvir, il se retira avec lui dans Pérouse. La victoire ayant tourné contre son parti, il gagna Préneste,
puis Naples, s'efforça de soulever les mécontents et d'ar-
mer les esclaves. Nouvel échec et nouvelle fuite.
Octave s'avançait triomphant; on se rendit en Sicile
près de Sextus Pompée : autres affronts ; loin de l'ac-
cueillir à bras ouverts, Pompée lui refuse les honneurs
des faisceaux, disant que sa préture ayant pris fin, il
n'y avait plus aucun droit. De Sicile, Drusus fit voile
vers la Grèce pour s'y rattacher à Marc-Antoine, dont
les rapports avec Octave étaient on ne peut plus ten-
dus.

La situation s'étant améliorée par le traité de Brindes, et la paix conclue aussi pour quelque temps
avec Sextus Pompée, il profita des circonstances pour
rentrer dans Rome.

De toutes ces traverses et de tous ces périls fut Livie,
la jeune épouse menant avec elle son mignon Tibère,
dont les cris risquaient à chaque instant de compro-

mettre les fugitifs et de dénoncer leurs cachettes à
l'ennemi. En Sicile, en Grèce, elle accompagna son
mari. A Lacédémone, une nuit, la bande fut prise dans
un bois en plein incendie, et Livie ne parvint à s'échapper que ses habits en flammes et les cheveux brûlés.
On peut croire que toutes ces angoisses ne firent
qu'exalter le sentiment de tendresse qu'elle montra
par la suite pour son premier-né.

A ce moment du retour à Rome, Livie avait dix-huit
ans. Sa beauté, les grâces de sa personne, l'intérêt qui
s'attachait à son aventureuse destinée, ne tardèrent
point à soulever dans la ville une certaine émotion, et
bientôt, à la tête des plus ardemment épris, figura le
jeune triumvir, très-accessible aux charmes de l'a-
mour, et même fort galant, quoiqu'en disent les panégyristes de sa chasteté. Marié depuis peu et pour des
motifs politiques à Scribonia, deux fois veuve et déjà
mère, Octave ne ressentait qu'un goût médiocre pour
sa femme ; les plaintes de Scribonia, ses fureurs jalouses irritèrent en lui la passion, il s'adressa directement à l'époux de Livie, lequel ouvrit à ses projets une oreille qu'il eut peut-être été dangereux
de trop vouloir tenir fermée. Quant à Livie, on allait
au devant de ses vœux. Jeune, ambitieuse et superbe,
elle quittait un homme âgé dont la carrière était finie,
un simple particulier, pour l'héritier de César, pour
Octave maître à vingt-quatre ans de la moitié du
monde. La séparation eut donc lieu ; Livie était à ce
moment grosse de six mois, mais Octave ne voulait
attendre, et la jeune femme vint s'asseoir au foyer de
son nouvel époux. Heureux les forts, il n'est contre
eux, droits, ni religion, ni scandale ! Le premier mari,

(cet homme magnanime et de haute culture, pour parler comme le capitaine Velleïus,) se fit un vrai devoir
d'occuper la place de père de famille à la cérémonie
nuptiale, et la société romaine, très-susceptible et ne
s'épargnant point aux vindictes publiques, eut ce fier
courage de chuchotter à ce sujet une épigramme :

C'est signe de bonheur d'accoucher à trois mois!

L'alliance fut célébrée l'an 38, peu avant la deuxième
guerre navale contre Pompée. Au banquet, un de ces
jouvenceaux blonds et roses que, plus tard, on nomma
des pages, et dont les nobles romaines goûtaient beaucoup la gentillesse et le babil, voyant Livie prendre
place près d'Octave et loin de Drusus, l'ancien *consort*,
qui siégeait à l'autre bout de la table, s'écria : « Mais
tu n'y penses pas, maîtresse, c'est là-bas et non ici
qu'est ton époux? »

Trois mois plus tard naissait Tibère. Octave a con-
signé le fait dans ses Tablettes :

« Aujourd'hui, ma femme Livie m'a donné un fils
que moi, César, j'ai fait remettre à son père Néron. »

Ce Néron était-il bien le père? L'opinion soutenait
le contraire, « *fuitque suspicio ex vitrico per adulterii
consuetudinem procreatum.* » Cinquante-deux ans dura
cette union, qui d'ailleurs fut des plus heureuses.
« Auguste, jusqu'à la fin, ne cessa de l'aimer et de
l'estimer; » ainsi continue Suétone, que sur ce point
nul témoignage de l'Histoire ne contredit.

Auguste eut en Livie une femme selon son cœur.
Passionné d'abord pour sa beauté, il vécut plus tard
sous le charme de ses vertus domestiques, de son es-

prit, de sa haute raison. Lorsqu'elle sentit que ses qualités physiques l'abandonnaient, son caractère, au lieu de se raidir, redoubla d'indulgence et d'aménité. Elle eut pour les faiblesses de l'époux des trésors de condescendance et n'en régna sur lui que plus sûrement. Un jour, comme on demandait à Livie la cause de cette influence à toute épreuve :

« Cela vient, répondit-elle, de ma modération et de ma probité. Tout ce qu'il a voulu, je l'ai fait avec joie, sans jamais chercher à m'entremêler dans ses affaires, ni lui témoigner la moindre jalousie à l'endroit de ses amours que je m'évertuais à paraître ignorer. »

L'histoire des Cours antiques et modernes est pleine de ces acquiescements pratiques. Du premier rang passer au second, mais n'abdiquer jamais ; ne point se retirer, s'interposer, grande maxime à l'usage des favorites qui veulent braver l'outrage des ans, et dont peut s'accommoder parfois aussi l'ambition d'une femme légitime !

Suétone n'affirme rien, mais il donne à supposer tout. Du reste, les écrivains latins ont de ces évolutions soudaines à déconcerter les plus intrépides ; au milieu d'un éloge des mieux sentis, ils se ravisent, se retournent et vous lancent un seau d'eau froide au visage du lecteur, tout chaud de leur enthousiasme. En pareil cas, un simple mot suffit : « *ut ferunt.* » *On raconte, je me suis laissé dire :* Il n'en faut pas davantage, et voilà l'honnête femme transformée en courtisane, en empoisonneuse, le héros devenu rufian. Tacite s'entend à jouer de cet air comme pas un. Parlant des jeunes princes Lucius et Caïus, il commence par attribuer leur fin prématurée à des causes toutes naturelles, et ne vous quitte qu'après avoir, à son ordinaire, ouvert le champ aux conjectures. « *Lucium Cæsarem ad hispanienses exercitus, Caïum remeantem Armenia et ex vulnere invalidum, mors fato propera, vel novercæ Liviæ dolus abstulit.* » En propres termes : ils sont morts de leurs blessures, ou de la fièvre quarte, à *moins* que ce ne soit leur marâtre Livie qui, traîtreusement, les ait fait disparaître.

NOTE X

Page 147.

La position, malgré ses difficultés, ne déconcerta point la superbe Claudienne qui, d'ailleurs, allait avoir affaire à d'autres périls.

A peine relevé de son deuil de famille, Auguste se reprit à ses plans; l'intérêt dynastique lui commandait de couper court au veuvage de la jeune princesse en qui reposaient les dernières espérances de son sang. Il s'agissait de donner à Julie un nouvel époux, et son choix se porta sur Agrippa, le vainqueur d'Actium. Mécène fut l'instigateur de cette alliance avec l'homme que Jules César, grand connaisseur de ses semblables, avait légué à son neveu, comme camarade et compagnon d'armes, et dont le dévouement ne s'était jamais démenti. Sans lui, peut-être que la main d'Octave n'eût point osé s'étendre sur l'héritage du Dictateur; sans lui, la Monarchie universelle n'eût pas été fondée. Il avait fait toutes les campagnes de terre et de mer, vaincu à Pérouse et dans les Gaules, battu Sextus Pompée, triomphé même d'Antoine. Ses immenses richesses, il les employait aux embellissements de Rome, heureux et fier d'orner la résidence de son ami, de son maître, auquel c'était sa joie d'obéir, comme c'était son bon-plaisir de commander aux autres. « *Aliis sane imperandi cupidus, parendique, sed uni, scientissimus.* » L'insigne préférence accordée d'emblée à Marcellus, un enfant qui ne se recommandait par aucun gage, l'avait d'abord assez mécontenté. Mais à la mort du jeune prince, Auguste, bien conseillé, eut un retour, et définitivement associa aux intérêts de sa dynastie, l'homme qui lui avait conquis l'empire du monde, et qui, d'ailleurs, était déjà de sa famille, ayant épousé en premier hyménée Marcella, fille d'Octavie. Agrippa, du même âge qu'Auguste, accomplissait sa quarantième année ; une réjouissante perspective de progéniture s'offrait aux yeux de l'Empereur. Caïus naît d'abord, puis Lucius, et tous deux aussitôt adoptés, sont investis du droit de succession à la couronne. Agrippa, toujours grandissant, marchait désormais l'égal d'Auguste ; si bien que dans ce soldat, ce politique hors de pair, le peuple s'accoutumait à voir l'héritier éventuel de l'empire au cas où César viendrait soudainement à quitter la place. Avec de pareils hommes, le mieux est de s'entendre, à moins de se sentir de force à les abattre. Livie prodigua les avances et rechercha pour l'aîné de ses fils, pour Tibère, la main de Vipsania, fille d'Agrippa, née d'un premier mariage. Puis, travaillée du besoin de s'introduire par tous les côtés dans la dynastie, de mêler le sang de Claude au sang de Jules, elle obtint, pour Drusus, une nièce d'Auguste, la jeune Antonia, issue de la courte union d'Octavie avec l'amant de Cléopâtre. Cette alliance, qui valut à Rome Germanicus et l'empereur Claude, consolidait la position de Livie dans la famille de César; mais où le génie de la femme intrigante frappa, ou crut frapper son coup de maître, ce fut lors de la mort absolument inattendue d'Agrippa.

Livie touchait donc enfin au comble de ses vœux; à sa droite, pour son ambition, elle avait Tibère qui décidément règnerait un jour; à gauche, du côté du cœur et pour ses clandestines prédilections maternelles, elle avait Drusus, celui qu'on supposait l'enfant d'Auguste; Drusus, non moins vaillant, non moins doué, mais plus ouvert, plus franc et meilleur compagnon que Tibère, en qui l'âcre sang des Claude coulait sans mélange. C'était par ce côté que le Destin allait entamer son œuvre. En l'automne de l'an 745, Livie et l'Empereur visitaient leurs provinces du Nord, quand un douloureux message leur parvint. Drusus, victorieux, se mourait au fond de la Germanie des suites d'une chute de cheval. Tibère, de retour de sa troisième campagne de Pannonie, se trouvait à Padoue, à la rencontre de ses parents. A cette nouvelle, il part, traverse les Alpes et le Rhin, et ne rejoint son frère que pour le voir expirer dans ses bras. Un dernier devoir lui reste : ramener le corps dans sa patrie. A pied, en plein hiver, il conduit par l'Italie les funérailles qui ne sont, sur tout le parcours, qu'une sorte de pompe triomphale : « *funus triumpho simillimum* » écrit Sénèque! De nouveau s'ouvrait le mausolée des Jules; mais au lieu de Marcellus, un enfant, c'était un jeune héros, c'était un homme qui se présentait. Auguste

ressentit cruellement le deuil ; la douleur de Livie fut
immense, bien que sobre de démonstrations. Les plaintes, les sanglots d'une Octavie ne convenaient point
à cette femme forte *(femina maxima)* — toujours Sénèque — qui savait, jusque dans ses misères, se souvenir
que Rome ne la perdait pas de vue. Un sage de l'intimité d'Auguste, l'alexandrin Arius, l'aida beaucoup de
ses consolations et souvent, dans la suite, elle recon-
nut la salutaire influence du moraliste sur les blessures de son âme.

A trois ans de distance, une autre épreuve l'attendait. Je veux parler de la retraite volontaire de Tibère
et de cet exil auquel il se condamna de son propre
mouvement, après s'être démis de toute situation dans
l'armée et dans l'État. A la fleur de l'âge, au plein de
son activité, de ses succès, Tibère, après deux consu-
lats et deux triomphes, abandonnait brusquement la
carrière, et Livie savait mieux que personne à quoi
s'en tenir sur le motif de cette détermination irrévo-
cable. L'intrigue du mariage portait ses fruits; qui
sème le vent recueille la tempête. « Son désastreux
mariage avec Julie fut la cause vraie, intime, de sa
retraite à Rhodes. » C'est Tacite qui nous le dit.
Alliance funeste dont Livie pouvait se reprocher d'avoir
été l'âme! Cette épouse répudiée par ordre, sa Vipsania
Agrippa, Tibère l'adorait à ce point que, l'ayant un
jour rencontrée, ses yeux fondirent en larmes, au
grand mécontentement de Livie et d'Auguste, lesquels,
ajoute Suétone, s'arrangèrent de manière à empêcher
le fait de se reproduire. En revanche, il ne ressentait
pour Julie que de l'éloignement. Peut-être l'avait-il
trop bien connue quand elle était la femme d'Agrippa.

Parmi ses nombreuses aventures, qui dès lors faisaient bruit, on se racontait certain caprice que la fille de César avait eu pour le fils de Livie, un des hommes les plus beaux et les plus robustes de son temps. Tibère, taciturne et farouche, négligea les avances. En place du lion qu'elle voulait, la chasseresse au bois ne trouva qu'un sanglier se rembûchant, et quitta le jeu sans pardonner.

A cinquante ans, le grand homme de guerre et de gouvernement disparaissait, laissant vide la première place auprès d'Auguste, et libre la main de sa fille Julie.

« Tibère, se dit Livie, héritera des deux, » ce qui advint.

Le plus récent historien anglais de la Rome impériale, Merivale, traite Livie d'intrigante consommée, *consummate intriguer*. Le choix des moyens en effet, lui importait peu, et son exemple est là pour nous montrer comment, par la persistance et l'habileté, sinon par le crime, on atteint chacun de ses buts. Trop d'habileté, pourtant, cette fois, nuisit, et l'excellente mère, en se dépensant de la sorte au profit de son fils, réussit à troubler son bonheur domestique, et par suite, à développer dans ce caractère naturellement sombre, cette hypocondrie atroce dont le Sénat et le peuple romain eurent plus tard à s'accommoder. Tibère aimait Vipsania, sa jeune femme, très-douée du côté de l'esprit et tenant de race, au dire de Cicéron. Elle avait eu pour mère, une fille de Pomponius Atticus. Et c'était cette honnête compagne, la mère de son fils Drusus, grosse dans ce moment, qu'il allait avoir à sacrifier aux menées tracassières de Livie, en proie à

cette seule idée de mettre Tibère aux lieu et place
d'Agrippa en lui faisant épouser Julie. Auguste, vieux
mari toujours sous le charme, voulut ce que voulait
sa femme; il intervint au nom de la raison d'État, et
Tibère, chapitré, harcelé, dut se conformer aux plans
de Livie, obéir à l'ordre du souverain, qu'une longue
habitude de soumission lui avait appris à respecter en
courbant la tête. Ombrageux et défiant envers tout le
monde, il se défiait d'ailleurs trop de lui-même pour
pouvoir résister longtemps. Il céda, mais sachant bien
et ce qu'il abandonnait et ce qui l'attendait. Ce fut
avec des larmes plein les yeux qu'il remit à sa chère
femme l'acte de divorce, puis se tourna vers celle qu'il
se sentait incapable d'estimer et d'aimer jamais. D'un
côté, ressouvenir amer, implacable rancune de l'outrage subi; — de l'autre, expérience anticipée, connaissance préventive, absolue d'un naturel vicieux,
frivole, indomptable, — c'était, on le voit, se donner
la main sous d'heureux auspices!

NOTE XI

Page 158.

Remarquons, en passant, ce goût particulier d'Auguste pour les petits billets. Épistolier et calligraphe,
il les multiplie à tout propos. C'est de lui que les Césars
modernes, en Autriche, doivent tenir l'usage qu'ils
en font dans la pratique du gouvernement.

NOTE XII

Page 182.

Progrès ou décadence, cette statue du *Gladiateur* marque un pas vers le vrai historique, national, typique. A la beauté abstraite du pur hellénisme, à l'idéal de la forme humaine généralisée, succède l'individuel, le caractéristique. Ce guerrier mourant est bien un Dace, un Gaulois ; sa moustache, la chaîne qu'il porte au cou, son large bouclier, sa trompe de combat, ses cheveux hérissés en broussailles et retombant touffus et bas sur la nuque, ne sont pas les seuls traits qui le distinguent ; tout l'ensemble de la physionomie est d'un Barbare. La force brute domine, rien qui rappelle le gymnase et son entraînement modérateur ; la peau, d'un grain plus rude et l'étoffe moins élastique, trahit l'âpre influence des climats du Nord, et la conformation de la tête ainsi que l'air du visage s'éloignent de la tradition grecque. Nous sommes sur la voie du naturalisme, du portrait. Lysippe et son école ont passé par là. L'homme réel va maintenant avoir son tour, et sans nul préjudice pour les dieux ; car cet art auquel la reproduction exacte d'un Barbare mourant ne paraît pas une besogne indigne, est le même qui, de longs jours plus tard, créera l'Apollon du Belvédère.

NOTE XIII

Page 261.

C'est ainsi qu'il écrivait de Dresde, en parlant des pompes musicales de l'Église catholique : « Jamais je ne me suis senti si profondément ému au plus intime de mon être; notre culte, à nous autres, n'est rien, il ne s'adresse qu'à la froide raison, tandis que le Catholicisme enflamme tous les sens. Au pied de l'autel, dévotement agenouillé, priait un brave homme, et avec quelle ferveur! le doute ne l'assiégeait pas ; il croyait. Un indicible besoin me possédait de m'humilier à son côté et de fondre en larmes. Hélas! mon Dieu! un grain d'oubli, un seul, et je me serais fait catholique avec joie! »

NOTE XIV

Page 269.

Voltaire avait donc raison, seulement, il a dit qu'il fallait à cette besogne un grand poëte, et nous voyons le comte Siméon s'inscrire en faux contre cette opinion, qu'il traite de boutade, et protester dans la préface même d'une traduction en vers au nom des droits imprescriptibles de la médiocrité : « Sans doute nous pensons que le mieux est de traduire en vers les œuvres d'un poëte, mais nous sommes loin d'admettre qu'il n'y ait qu'un grand poëte qui soit capable d'un tel travail. Un grand poëte ne l'entreprendra jamais ; peut-on supposer un Dante, un Arioste, un Corneille, un Racine, occupés durant de longues veilles à pâlir sur une expression souvent impossible à rendre ? Leur propre génie, leur inspiration personnelle, les excitent et les poussent ; ils ne peuvent condamner au néant les grandes et poétiques conceptions qui fermentent dans leur esprit. Non, jamais œuvre pareille ne sera accomplie par un grand poëte ; il laissera toujours à d'autres l'œuvre de la traduction. » J'avoue que le raisonnement me paraît singulier. Un grand poëte, dit-on, n'entreprendrait jamais un tel travail ; quelle idée ! Goethe passe généralement pour un assez grand poëte, et Schiller aussi, j'imagine ; nous ne sachions pas cependant que cette grandeur ait empêché l'un de traduire le *Mahomet* de Voltaire, et l'autre de mettre en vers allemands la *Phèdre* de Racine. Marot traduisant les *Psaumes*, Corneille l'*Imitation,* ont dû pâlir plus d'une fois « sur une expression impossible à rendre, » et Racine, dans les chœurs d'*Esther* et d'*Athalie*, oubliait son propre génie pour s'inspirer des Écritures.

Il n'importe, j'eusse aimé voir la muse d'un poëte parlant la langue de ce temps-ci s'exercer sur Horace. M. Leconte de Lisle a préféré s'en tenir modestement à la prose, ce qui n'empêche pas sa traduction d'être une œuvre d'art. On y sent l'honnêteté, le ferme propos, l'exactitude, et, d'un bout à l'autre, la main d'un homme habile à rendre, dans son mouvement et sa couleur, le texte dont il a d'abord pénétré l'esprit. Peut-être cette forme est-elle par instant un peu sévère ; quant à moi, je ne m'en plains pas. Une bonne tra-

duction ne saurait être absolument impersonnelle :
on prête à son modèle, on y met du sien, là est le
quid nimis inévitable, et mieux vaut, en pareil cas,
pécher par la dignité que par la gaudriole. Évitons
surtout de faire d'Horace une sorte de Désaugiers,
membre du Caveau. Plût à Dieu que M. Leconte de
Lisle n'eût point d'autre tort! Le malheur veut qu'il
s'entête dans une affectation qui semble inventée à
plaisir pour, l'agacement du lecteur. Qu'en traduisant
Homère ou Hésiode on écrive *Ephaïstos* au lieu de Vulcain, *Aphroditè* au lieu de Vénus, *Arès* à la place de
Mars, cela peut s'expliquer au besoin par certain sentiment d'ailleurs exagéré des restitutions historiques,
bien que, tout le monde sachant que la nomenclature
des dieux de la Grèce n'est point celle des dieux de
Latium, il fût parfaitement inutile, sinon puéril, de
venir tant appuyer sur ce sujet. Au point de vue de
l'érudition, c'était ce qu'on appelle enfoncer une porte
ouverte et taquiner toutes nos habitudes sans rien
nous apprendre de nouveau; mais lorsqu'il s'agit d'un
poëte latin, quelle raison d'être a cette fantaisie?
Écrire le *Capitolium* au lieu du Capitole, le *Tiberis* au
lieu du Tibre, *Roma* au lieu de Rome, voyez un peu la
belle avance! C'est tout simplement se donner la satisfaction de manquer à la syntaxe des deux langues, car
un substantif qui se décline ne comporte pas notre
article, et pour être dans la vérité du système, il faudrait dire, non pas comme vous dites : « Nous avons
vu le *Tiberis jaune*, » mais « Nous avons vu Tibe-
rim jaune. » — « Il aimait à vivre dans la débauche à
Roma et en savant à *Athenæ*. » Je cueille au hasard
cette phrase de la VIIe satire du livre II, et me demande

ce que M. Leconte de Lisle penserait d'un de ses confrères qui, traduisant de l'anglais, écrirait : « Il aimait
à vivre dans la débauche à *London* et en savant à
Venice. » Et jugez maintenant de la contradiction, le
même auteur qui s'ingénie à ne jamais prononcer que
Mæcenas, Augustus, Virgilius, Horatius, intitule son
livre « Œuvres d'Horace, » et nous annonce au dos
du volume une prochaine édition des « Œuvres de Virgile. » Le suprème de l'art serait de faire qu'une traduction eût l'air d'être le texte même du poëte transporté de sa langue originelle dans celle de son interprète. M. Leconte de Lisle s'acharne au contraire à
dérober cette illusion au lecteur ; il contourne sa phrase
à plaisir, recherche les mots inusités ; bref, il a son
système, et c'est là le point critique d'un travail
qui porte à maint endroit la marque du savoir et du
talent. D'ailleurs, tous ces noms propres, empruntés
au vieux langage du seizième siècle, sont aujourd'hui
trop entachés de ridicule ; qui les emploie a l'air de se
moquer ; laissons donc Apollo, Juno et Cupido s'en
aller du côté des *cascades*, et tenons-nous-en comme
source à la langue d'André Chénier :

Dieu dont l'arc est d'argent, dieu de Claros, écoute,
O Smynthée Apollon, je périrai sans doute,
Si tu ne sers de guide à cet aveugle errant...

Celui-là par exemple était fait pour traduire Horace.
Si j'étais un fidèle, un dévot, je ne cesserais de regretter
qu'un tel monument n'existe pas, et ce qui pousserait
au comble mon désespoir, ce serait de penser que Paul-

Louis Courier a pu mourir, lui de même, sans rien nous léguer de ce genre.

NOTE XV.

Page 283.

Une traduction en vers d'André Chénier, une version de Paul-Louis, quel double idéal! L'excellent comte Siméon l'eût-il seulement entrevu, lui, modeste à ce point qu'il se refusait à croire qu'une tâche à laquelle il se vouait avec tant de persévérance pût occuper des talents de premier ordre? Si la patience était le génie, l'auteur de cette nouvelle traduction en vers aurait des droits au laurier de Delphes. Dix ans de sa vie il s'y adonna tout entier, puis, son œuvre littéraire achevée, commencèrent les travaux de l'édition, car, pour mener à bout de telles entreprises, il faut deux conditions qui ne marchent pas toujours ensemble : le loisir et la fortune. « Vous êtes donc bien riche? »

Ce mot d'une Phryné du siècle à son galant de la veille réclamant un nouveau rendez-vous pour la nuit prochaine, la Muse, trop souvent, hélas! le répète à ses courtisans. Par bonheur, le comte Siméon était assez riche pour payer, non point sa propre gloire,— il avait pour cela trop d'esprit, — mais celle du poëte de ses plus délicates prédilections. L'ouvrage, incessamment surveillé, s'imprimait par ses soins en toute magnificence; deux volumes avaient paru, morceaux de choix, objets de luxe, lorsque, brusquement, la mort vint saisir cet honnête homme, qui s'en alla du moins avec la conscience d'avoir mis la dernière main à l'œuvre la plus chère de sa vie. Les satires, les épodes, les odes, il a tout versifié, tout annoté, multipliant les variantes jusqu'à ciseler en sonnet telle odelette déjà coulée en strophes ; « mais, ces odes variant de huit à vingt-quatre vers, il n'était pas toujours facile de les étendre ou de les resserrer dans les quatorze vers obligés du sonnet, sans rien ajouter au texte du poëte latin et sans rien en retrancher, il fallait quelquefois développer l'idée et quelquefois la rendre plus concise. »

NOTE XVI

Page 284.

Sa poétique est celle de Delille, comme sa rhétorique est de Fontanes. Il paraphrase et *périphrase*, ralentit le mouvement, cherche sa rime. La muse d'Horace, pendant ce temps, file et gagne au pied ; il arrive pourtant, quelque peu essoufflé, mais toujours exact. Son vers, sans avoir grand éclat, se tient sur ses jambes ; ses rhythmes, insidieusement choisis pour laisser au traducteur un plus libre espace où se mouvoir, ont de la tournure et du nombre. Vous êtes en présence d'un bon esprit, familiarisé de longue date avec la tablature, et qui, très-versé sur le sens, vous intéresserait encore par le sincère et profond

amour de son sujet. C'est l'enthousiasme du vrai
croyant, une admiration qui, du poëte, s'étend à
l'homme et ne fléchit pas même devant certaines
défaillances de caractère sur lesquelles il eût mieux
valu ne pas insister. « Horace a vécu à une époque
troublée par les guerres civiles, il s'était rangé
d'abord parmi ceux qui pensaient défendre la liberté;
dès qu'avec son admirable bon sens il eut reconnu que
l'ambition des uns et l'aveuglement des autres ne servaient qu'à entretenir les discordes civiles, il n'hésita
pas à se soumettre au chef heureux qui rendait enfin le repos au pays : » tant il est vrai qu'en ce bas
monde il n'y a que le point de vue qui compte, et
qu'un siége au Sénat, sous le dernier empire, était un
merveilleux poste d'observation pour envisager favo-
rablement diverses choses de l'antiquité romaine.
« Celui qui rendit le pouvoir stable fut donc un politique habile; on oublie trop ce détail quand on attaque Auguste; la saine raison d'Horace entrevit bientôt
la vérité, ses plus belles poésies sont la glorification
d'un pouvoir tutélaire. » Molière, à tout cela, répondrait : — Vous êtes orfévre, monsieur Josse ! — Le
comte Siméon a tellement le besoin de louer tout chez
Horace, qu'il lui fait un mérite de n'avoir nommé dans
ses vers aucune des grandes dames de l'époque,
attribuant à la réserve, au parfait bon goût, une
omission nullement volontaire, et que les mœurs de
la société romaine lui commandaient. L'ancien monde
n'admet au soleil, ne reconnaît que l'homme libre; la
femme demeure à l'écart, et c'est à qui ne soulèvera
pas le voile dont elle s'enveloppe. Le théâtre, la poésie lyrique, professent à son égard un égal respect.

Qui voyons-nous figurer dans les pièces de Ménandre, de Plaute, de Térence? Des ballerines, des citharèdes, des aulétrides, un pur fretin d'esclaves et de courtisanes. Les temps ne sont point nés encore où les grandes dames accueilleront les dédicaces des poëtes. Les noms d'une Livie, d'une Julie, ne se prononcent pas ainsi tout haut devant le public, et j'ai peine à comprendre qu'un homme, si au fait de l'Antiquité que l'était le comte Siméon, s'étonne d'un détail de cette importance et le relève avec un tel feu.

APPENDICE

JULES CÉSAR

APPENDICE

—

JULES CÉSAR

Dans cette trilogie antique : *Antoine et Cléopâtre*, *Jules César*, *Coriolan*, Shakespeare semble avoir résumé le symbolisme de l'Histoire. *Coriolan*, mérite un travail à part, nous l'essayerons peut-être un jour ; c'est la lutte des plébéiens contre le patriciat. On ne peut pourtant dire tout, et dans notre étude sur Cléopâtre, nous avons dû bien souvent, à regret, ne toucher que par allusion au grand drame qui sert de corollaire à l'Histoire. *Jules César* ferme la série ; ce combat de la république et de la monarchie, dont la Révolution française a fait revivre le spectacle aux yeux des générations modernes, et qui se poursuit devant nous sans que nous en sachions le dernier mot — Shakespeare le met en action, le dénoue, le résume avec l'imposante simplicité d'un Eschyle. Ses personnages, quelle que soit la langue qu'ils parlent, la religion, les mœurs dont ils relèvent, le costume qu'ils portent — appartiennent à l'idéal humain —

et nous intéressent, parce que les causes qu'ils agitent,
après dix-huit cents ans, n'ont cessé de nous passionner.
A la lecture, comme à la représentation de cette tragédie
philosophique, et si haut montée sur le cothurne, le sentiment nous vient que les choses en réalité n'ont pu se faire
autrement que nous le voyons-là ; et cependant, ces personnages sont des idées ; mais dans quelles figures vivantes,
humaines, s'incarnent ces abstractions ! Chez César, c'est
le prince de tous les temps qui se manifeste, et nul grand
citoyen n'exista jamais qui n'ait eu l'âme de Brutus. Quelle
force dans cette idée survivant au héros qui la représente,
dans cette opiniâtre et démoniaque influence d'une action
invisible sur les événements de la politique ! « L'esprit de
César crie vengeance par la bouche de ses vingt blessures ! » et c'est cet esprit qui, plus encore que les armes
d'Antoine et d'Octave, aura raison de Brutus en venant
troubler sa conscience. Aucun de ces épisodes malencon-
treux, qui trop souvent se rencontrent dans Shakespeare,
n'interrompt le cours solennel de la tragédie ; les femmes
même, Porcia, Calpurnie, ont l'accent rigide, la virilité ;
tout le monde paraît n'avoir à cœur qu'un intérêt : l'État.
Liberté ou servitude, que va-t-il retourner ? Tous sont à la
partie, affairés, haletants, jouant leur tête. En dehors de la
politique, un seul sentiment anime ces divers courages :
l'amitié. Brutus et Cassius sont deux frères. Le plus noble
trait du caractère d'Antoine est dans sa fidélité à son ami
renversé, et c'est encore cette amitié pour César qui fait le
plus douloureux du combat que les idées de vertu et de
liberté se livrent dans le sein de Brutus.

I.

Jules César est le premier des trois drames antiques de Shakespeare. Il prend sa date en 1602. *Antoine et Cléopâtre,* et *Coriolan,* ne viennent ensuite qu'à plusieurs années de distance. L'évolution fut donc tout à l'inverse de ce que nous voyons se produire chez Voltaire, qui, né parmi les Grecs et les Romains de la tragédie classique, ne soupçonna que sur le tard, et vaguement, quel parti se pourrait tirer d'un genre procédant de l'Histoire nationale, et par là s'adressant à la conscience même du pays. « Cette nouveauté pourrait être la source d'une espèce de tragédie qui, jusqu'à présent, nous a manqué, et dont le besoin se fait sentir. »

Shakespeare, avant d'aborder les Romains, avait épuisé la chronique d'Angleterre; évoqué, dramatisé avec leurs conséquences nationales, toutes les grandes catastrophes; recomposant le passé, incarnant les faits dans des figures tellement vivantes que ses tragédies resteront de l'histoire, non-seulement pour le peuple, mais pour quiconque étudie le jeu des passions et leur influence sur les événements. *Jules César,* comme les deux autres drames de cette série, fut emprunté au Plutarque de North. C'est à peine si l'on découvre trace d'invention dans la fable de ces drames plus étroitement encore rattachés à l'Histoire qu'aucune des pièces nationales. Shakespeare se contente d'organiser les matériaux, d'élever, par son dialogue, la simple narration au mouvement, à la couleur de la vie dramatique. Traits de mœurs, anecdotes, jusqu'aux moindres particu-

larités, jusqu'aux *mots*, tout est là fondu, amalgamé de
telle sorte qu'il arrive, aux plus connaisseurs, de prendre
pour du Shakespeare ce qui est de Plutarque même. Les
présages annonçant la fin du dictateur, les prédictions du
devin et d'Artémidore, la superstition de César au sujet
des femmes stériles qu'on effleure sur son chemin à la
course des Lupercales, la défection de Cicéron, les rapports
d'existence entre Brutus et sa femme, l'épreuve que s'in-
flige Porcia; ses discours, ses angoisses, sa mort, pas un
détail ne manque; ces mouvements, ces phénomènes qui
précèdent la catastrophe vous tiennent haletant : les artifices de Décimus Brutus pour engager César à sortir, les divers incidents de la scène du meurtre, et plus tard la discorde au camp des républicains, l'entretien des deux
généraux sur le suicide, l'apparition à Brutus de son
mauvais génie, les fautes commises pendant la bataille,
incertaine d'abord, reprise ensuite et perdue, la fin tragique et volontaire des deux amis, ce Cassius qui se tue
avec l'épée dont il a frappé César, l'Histoire vous déborde,
et le poëte n'en sera que plus merveilleux d'avoir su ma-
nipuler ces éléments de façon à produire une des pièces les
plus virtuellement dramatiques qui se puissent jouer au
théâtre.

Dirai-je qu'au premier coup d'œil cet art paraît n'en
pas être un, tant les coupures et les adaptations sont pratiquées comme sans y toucher, tant les morceaux se rejoi-
gnent, adhèrent les uns aux autres, formant ce que j'appellerais l'Histoire libre dans le Drame libre [1].

---

1. Comment un pareil chef-d'œuvre ne figure-t-il pas au Théâtre-
Français, alors qu'il en existe une traduction excellente de l'auteur des *Iambes*, et quand verrons-nous une administration supérieure,

L'action remplit un espace d'environ trois ans. Elle commence au milieu de cette fête des Lupercales, où Marc-Antoine offrait le diadème au dictateur. Plutarque observe que le caractère de César s'était, vers la fin, visiblement altéré. Shakespeare a tenu compte de l'indication, c'est pourquoi son Jules César ressemble si peu à celui des *Commentaires*. Le héros est relégué dans l'avant-scène; il faut le chercher dans les entretiens de ses amis qui nous le montrent tel qu'on l'a connu d'abord : simple, naturel, sociable, vivant avec ses légionnaires sur un pied d'égalité. De cette physionomie ouverte, sympathique, le César d'aujourd'hui n'a rien gardé, les victoires, le pouvoir, l'entourage l'ont gâté. Monté sur la cime, il hésite au seuil de l'usurpation. Adulé, applaudi, omnipotent, il n'a plus qu'à étendre la main pour saisir les insignes de cette royauté qu'il exerce de fait, et ce dernier acte l'effraie. Il en a toute l'ambition sans en avoir tout le courage. Il craint de s'être trahi pendant une attaque de haut-mal. En attendant, tous s'humilient à son passage, sa femme le traite en prince, le Sénat romain est *son* Sénat, et dans ses propres traits, dans ses discours, dans son costume, s'affirme la Majesté de

résolûment intelligente, couper court une bonne fois aux éternelles objections de la spéculation et du mauvais vouloir, éludant toujours et se dérobant par des *non possumus* systématiques? Le Théâtre-Français prétend avoir trouvé un tragédien; après avoir tant bien que mal réussi dans Oreste et Néron, ce tragédien voudrait voir un peu à s'essayer dans *Othello*. Mais on ne connaît et ne goûte là que l'*Othello* de Ducis, et quant à reprendre celui d'Alfred de Vigny, ou ce qui vaudrait mieux, à monter une traduction absolument moderne, l'État qui paye pour qu'on fasse à *Marion Delorme* une mise en scène de grand opéra. n'entre point dans ces questions d'art.

l'homme qui se sent, ou plutôt, veut faire croire qu'il se sent inviolable. Un malheur, dit-on, ne vient jamais seul. Une faiblesse en amène une autre. Avec les soupçons, les troubles d'esprit, les irrésolutions, arrivent les superstitions. Son orgueil s'en indigne, il se redresse, les combat, et tombe presque aussitôt dans une extrémité de confiance qui le perd. De là ces airs affectés de sérénité absolue, d'imperturbable équilibre, cette prétendue fixité d'étoile polaire, « sous laquelle se dérobent les désordres de son âme. »

César agrandit la puissance de Rome, et en même temps, à un égal degré, menace la liberté de l'État. Cet homme de génie, ce héros, il s'agit de le tuer; question, au demeurant, fort controversable, et qui prête aux scrupules de conscience bien autrement que le fait dont Hamlet meurt accablé. Si terrible qu'il soit, l'acte exigé du jeune prince de Danemarck répond à une idée de justice. Il ne l'invente pas, il en subit la loi fatale. Brutus, au contraire, agit volontairement, n'obéit qu'à son libre arbitre. Nulle voix de la tombe ne s'élève pour lui dicter sa conduite; en tuant César, il se venge, non pas du mal qu'on lui a fait dans le passé, mais du mal qu'on lui pourrait faire dans l'avenir. Son meurtre est un acte simplement préventif, il le sent; veut la fin, et renie le moyen, risque le premier pas, puis recule devant le second et le troisième.

Pour dire la vérité sur César, je ne me suis jamais aperçu que ses passions aient pris le pas sur sa raison. Mais c'est une chose bien connue que l'humilité est l'échelle de l'ambition à ses débuts, l'échelle que l'ambitieux grimpe la face de son côté, mais lorsqu'il a une fois atteint le faîte suprême, il tourne alors le dos à l'échelle, et regarde en haut les nuages, méprisant les vils degrés par lesquels il est monté. C'est ce que peut faire César;

pour qu'il ne le puisse, il faut donc le prévenir. » La justice humaine eut-elle jamais ce droit de procédure psychologique? Est-il permis à l'individu le plus honnête, le plus
pur, de saisir et d'incriminer nos pensées, de frapper
l'acte avant son accomplissement. Bacon a dit son mot
là-dessus comme Shakespeare. « Dans un banquet auquel
assistent Brutus et Cassius, cet argument est discuté. A la
demande : s'il est légitime de tuer les tyrans? plusieurs ont
répondu : Oui, par cette conviction que la servitude est le
pire des maux; d'autres, cependant, se plaisent à rechercher si, pour le bien de la patrie, ou quelque grand intérêt à venir, il peut être permis de s'écarter de la justice?
A quoi le thessalien Jason avait coutume de répondre
qu'il faut savoir, au besoin, commettre l'injuste, quand le
juste doit en résulter ; ce qui, de toutes les propositions, est
la plus erronée. De ce qui est juste dans notre temps,
nous en sommes juges; mais qui peut se porter garant
pour l'avenir? C'est affaire aux hommes de se conduire
selon la notion du bien et du juste qui règne dans le présent, et de laisser l'avenir à la Providence divine. » Que
Brutus n'attendait-il? Qui sait ce que la destinée aurait
fait de César avant peu? Avec ce corps flétri, usé, ce tyran
démasqué, la maladie, une révolution inattendue, pouvait
en finir d'un jour à l'autre. Le crime — par combien
d'exemples l'Histoire nous le montre — le crime tombe
de son propre poids, et le gouffre où lui-même se rue
aveuglément, rend inutiles et les conjurations et le coup
de poignard d'un ami.

« Je tiens pour pure vérité, dit Schiller, et je mets en
fait que le plus honnête, le plus pur, le plus noble des
hommes, s'il se monte la tête pour un certain type imagi-
naire de vertu et de bonheur, en arrivera bientôt, par

simple enthousiasme pour son idéal, à commettre envers
ses semblables des actes non moins arbitraires que ceux
du plus égoïste des despotes. Attendu que le sujet de leur
double aspiration réside en eux, et non point en dehors d'eux ; et que l'homme qui modèle ses actions sur un
type absolu qu'il nourrit au fond de sa conscience, n'est
pas moins dangereux pour la liberté d'autrui que l'individu qui fait de son propre *moi* son dernier terme. »
D'Oreste à Hamlet, de Brutus au marquis de Posa, à Guil-
laume Tell, vous retrouvez ce conflit, élément d'un effet
tragique si puissant. Chez Brutus, nature énergique et résolue, la crise a bientôt fait d'aboutir ; tout de suite la
pensée et la volonté sont d'accord. Chez Hamlet, c'est le
côté négatif du problème qui se développe, et nous assistons à la dissolution de l'individu sous l'action d'un esprit
non moins audacieux, non moins vaste dans la théorie qu'il
est impuissant dans la pratique. Brutus n'a pas eu le temps
de se reconnaître, que le torrent l'emporte sans retour : le
dieu habite dans son sein ; il ne s'appartient plus. Misère
commune à tous ces Titans réformateurs de mondes ; il
tombe en proie aux influences du dehors, compte avec
les préjugés les plus infimes. Lui, le stoïcien imperturbable, il se préoccupe tout à coup des ides de mars,
prend, pour la voix de Rome elle-même, d'anonymes aver-
tissements. « Il n'a plus dormi depuis que Cassius l'éperonna
contre César. » Quel tableau de cette lutte dans ce passage
saisissant : « Entre le premier mouvement et la consomma-
tion d'un acte d'épouvante, le temps qui se passe est
comme un fantôme, un horrible rêve. Le génie et les organes physiques tiennent conseil ; et la constitution de
l'homme est comme un royaume en état d'insurrection. »
A ce cœur que le trouble enténèbre, l'ange de l'humanité

vient frapper au nom des pieux et calmes souvenirs d'une
existence jusqu'alors sans reproche. Il s'effraye du sinistre
aspect de la conjuration « à laquelle la porte de sa maison
va s'ouvrir », mauvais allié qu'un penseur pour ceux
qu'on appelle des hommes d'action! Les conséquences du
fait qui roule ce désordre en lui-même, il ne se les déguise
pas, c'est « l'esprit de César qu'il voudrait pouvoir poi-
gnarder, et son cœur s'affecte à l'idée que le sang de
l'homme va couler pour le principe. Le moment où le sacrifice vient d'être consommé nous montre la figure de
Brutus dans toute sa grandeur. La scène de la catastrophe
n'est que bruit, orage, furie, mais par quelles grada-
tions le drame s'y achemine : l'inquiétude des conjurés,
les avis perdus, les augures inutiles, et, avant tout, l'attitude olympienne de ce héros bien aimé fils des dieux,
qu'il adjure alors que déjà la foudre gronde.

Je doute qu'une matière épique ait jamais été dramati-
sée avec un tel éclat, et le livre des Psaumes, à l'endroit
du détachement des biens de ce monde, ne prêche pas plus
haut que cette scène, qui nous représente la plus magnifique existence, s'écroulant tout à coup dans la pleine conscience des obstacles vaincus, des périls surmontés, du
but atteint; le poëte, assurément, ne pouvait rencontrer
thème plus digne de lui, ajoutons qu'une part d'honneur
revient à Plutarque, si admirable dans la peinture de son
héros à l'instant de la catastrophe : « Lorsque César eut
pris place, les conjurés l'entourant, poussèrent vers lui un
des leurs qui, très-humblement, le supplia pour le rappel
de son frère exilé. Tous alors l'imitèrent, et, faisant mine
de se joindre à sa supplique, s'emparaient de la main de
César, et le baisaient au front et à la poitrine. César d'abord
repoussa doucement leurs caresses et leurs prières; mais

enfin, se voyant toujours pressé davantage, il les rejeta
violemment. »

On comptait sur la liberté, c'est la guerre civile qui re-
commence. La ville, qui, tantôt, acclamait un idéal de liberté
tombe aux mains de la démagogie. Et tandis que les
chefs de la conspiration livrent les provinces de l'Ouest à
la dévastation, les généraux, de complicité avec le neveu
du tyran immolé, trafiquent dans Rome de la vie et du
patrimoine des citoyens. Amis, ennemis, tout y passe.
Brutus, l'homme de l'idée et du droit, regrette alors, mais
trop tard, de s'être mis à la tête de ces spéculateurs politiques. Sous la force naturelle des choses, sans laquelle il
avait compté, il voit l'échafaudage de ses rêves s'écrouler ;
mais son caractère ne fléchit pas et justifie ce mot fameux,
suprême éloge dans la bouche d'un ennemi, et par lequel
l'ouvrage se termine : « C'était un homme ! »

Si Brutus est le porte-respect de la conjuration, Cassius
en est l'âme. « Cassius, écrit Plutarque, était un homme
passionné et résolu, qui ne se gênait pas pour sacrifier le
devoir à ses intérêts, et s'il faisait la guerre, voyageait,
s'exposait au danger, c'était moins pour la liberté de ses
concitoyens que pour le service de son ambition personnelle. » La gloire de César, disons mieux, son *avancement*
l'offusque. C'est entre lui et le maître du monde une riva-
lité de corps de garde ; ils ont fait carrière ensemble, César
l'a distancé, de là sa haine, haine de grand seigneur pourtant, et qu'on aurait tort de comparer aux bassesses de
Iago. Cassius ne trahit pas, il se détache ouvertement,
avoue son jeu. Brutus déteste la tyrannie, Cassius le tyran.
Il n'admet pas que César, moins bon nageur que lui, Cé-
'sar qu'il a vu malade dans son lit, et voit tout valétudi-
naire, puisse être ce colosse au pied duquel l'univers se

prosterne. On se le figure de taille élancée, l'air hautain, amer, la lèvre sèche, l'œil captateur et dur. Les hommes le recherchent, un seul évite sa rencontre : César, qui se défie de ce long visage amaigri, et selon le catéchisme des tyrans, aime mieux s'entourer de gens gros, à tête chauve, bien digérant et dormant bien. « L'homme est presque toujours le maître de son propre destin ; ce n'est point la faute aux étoiles, cher Brutus, c'est la faute à nous si nous sommes des êtres sans volonté. » Le démon de la vie publique le possède : du repos, du plaisir, il n'en fait cas ; n'aime ni le jeu, ni la musique, et lorsqu'il rit, c'est pour se moquer de lui-même. Aussi, rien ne le détourne de ses plans, et les moyens ne l'effraient guère. Antoine, s'il ne tenait qu'à lui, serait tout de suite sacrifié. L'esthétique magnanimité de Brutus exige le contraire. — « Soit, que Marc-Antoine vive, mais souviens-toi que c'est par lui que finalement s'écroulera l'œuvre de la conjuration. » Grand connaisseur de ses semblables, Cassius s'entend à jouer du cœur humain, il saisit la corde vibrante, la pince jusqu'au grincement. C'est le recruteur par excellence. Il prend Brutus par les beaux sentiments, Cicéron par la vanité, et le superstitieux Casca, pendant la tempête et les désordres de cette nuit effroyable, dont il attribue les épouvantes au nécroman César.

La guerre civile a ses nécessités, Cassius les déplore et s'y résigne. En campagne, il prend l'argent où il le trouve, renvoie ses officiers, et subordonne les lois de la morale aux exigences pratiques du moment ; tandis que Brutus n'a foi qu'en la bonne cause, il ne compte, lui, que sur l'habileté de ses manœuvres. De là ces tiraillements, ces désaccords amenant la rupture, et, par suite, la réconciliation de cette admirable scène du Conseil de guerre, qui vient rétablir chacun des personnages dans la vraie grandeur de son caractère. La nouvelle de la mort de Porcia ajoute à cette fin une émotion profonde, et tout de suite Cassius réclame sa part d'affliction dans le sort de son ami. Cet élan chaleureux, attendri, vous remet en sympathie avec l'ambitieux agitateur. « Comment ne m'avez-vous pas tué, s'écrie-t-il, moi qui ai dû si vivement vous exaspérer. » La réconciliation, toutefois, n'a de beau que son côté moral, comme tactique, c'est une faute. Cassius, en épargnant la vie d'Antoine, a commencé par payer cher l'alliance de Brutus, et maintenant, c'est la défaite de Philippes que va lui coûter sa réconciliation avec Brutus. Il le sent et le dit : « Rends-moi ce témoignage que j'ai la main forcée, et que de même que Pompée, autrefois, c'est contre mon gré que je vais jouer notre liberté dans le sort d'une bataille. »

Porcia est le reflet de Brutus ; le côté sentimental, féminin de cette organisation inflexible. Rapidement dessinée, *enlevée* en quelques touches, sa figure complète ce type de de superbe et dangereux idéaliste, et s'y rattache, non pas comme le lierre au chêne, mais comme un vigoureux rejeton d'égale souche. La femme de Brutus n'a rien d'une Juliette ; dans son amour tout intellectuel et moral, les ardeurs de jeunesse n'interviennent point. Ce n'est pas un tempérament, c'est un caractère. Pour le mieux retracer à l'antique, Shakespeare emprunte à l'historien l'anecdote de la blessure volontaire, dont la douleur virilement supportée mérite à l'épouse la confiance de l'époux. La voilà conjurée passive. Ici la femme reparaît. Elle, en se poussant de force dans le complot, lui en s'y laissant engager, se sont promis d'eux-mêmes plus qu'ils ne pouvaient tenir. Très-peu de rôles, étant si brefs, contiennent tant de vie ; tout dans cette nature est héroïque jusqu'à ses transes. Qu'on se rappelle l'émotion de Porcia, ses angoisses à l'heure décisive, lorsqu'elle envoie message sur message au Capitole, éperdue, haletante, sous le poids d'un secret qui l'étouffe. On la voit, on l'estime, on l'admire. « Qui d'entre vous a vu la vertu pour oser prétendre ainsi qu'elle est toujours laide et repoussante ? » disait le père Lemoine aux pharisiens de son temps. Contemplez Porcia, ce beau marbre, et voyez si le jésuite n'avait pas raison. Porcia se déconcerte, son cœur se brise, et c'est par le suicide qu'elle finit. Dès l'entrée en scène d'Antoine, Brutus a quitté Rome avec Cassius. Cette fuite cause le désespoir de la fille de Caton et sa mort, qui, par contre-coup, amène la ruine de Brutus. C'en est fait désormais pour le représentant d'un état politique à jamais disparu, — c'en est fait de tout retour possible vers les consolations de la vie de famille. « Nous sommes tous mortels, Messala, bien souvent j'ai réfléchi qu'elle aussi devait mourir un jour, et c'est de là que me vient à cette heure ma force de résignation. » Son chagrin réagit sur la marche des affaires; il devient distrait, oublieux, fantasque, lui qui naguère déclamait contre le suicide de Caton, et jugeait avec rigueur « les hommes assez lâches pour abréger le cours de leur existence par crainte de ce qui doit arriver », il n'a d'autre recours qu'une mort volontaire. Ainsi se déchire au contact du réel, ce voile nuageux dont s'enveloppaient les abstractions de l'idéologue, et Brutus reconnaît, trop tard, l'existence effective, l'*objectivité* d'un ordre de choses moral vis-à-vis duquel, si nos pensées et nos sentiments sont libres, nos actes ne le sont point, et que nul beau raisonnement n'a qualité pour ennoblir le crime et réduire à néant ses conséquences. Les conjurés ont recherché dans Brutus une sanction, un couvert d'honorabilité pour leurs projets, et Brutus, en donnant ce qu'on lui demande, perd l'entreprise, puisqu'avec le crédit de sa vertu il apporte son incapacité politique. Tout s'écroule. Les uns comme les autres roulent dans l'abîme; mais ne croyons pas que Shakespeare en estime davantage ceux-là qui se sont abstenus. Son appréciation de Cicéron ne laisse aucun doute à ce sujet.

De cette liberté, le peuple romain était-il digne à cette heure, et au point de dégradation où l'Histoire noùs le représente? Plutarque ne le pense pas, et Shakespeare semble adopter l'opinion de Plutarque. On a voulu faire de Shakespeare un monarchiste, comme on a essayé de faire de lui un catholique. Shakespeare est impartial. Il ouvre l'ère poétique moderne, mais en même temps, il a reçu du Moyen Age à débrouiller un immense héritage, dans lequel la foi monarchique entre pour beaucoup.

Nous avons parlé déjà d'Antoine, et tout à notre aise; sa figure ne saurait pourtant être absolument écartée de cette discussion. N'est-ce pas lui qui prononce la fameuse harangue? Antoine est le plus radical des contrastes qui se puissent opposer à Brutus; il représente la force intellectuelle joyeusement mise au service des sens. Le pouvoir, la gloire, ne viennent qu'en seconde ligne, ce ne sont là que des moyens. Le vrai but, l'unique, c'est jouir. Nous apprenons à le connaître, à la gauche de César qu'il accompagne en tous lieux, traduisant ses gestes, ses volontés, racontant, publiant, non point tant ce que le maître dit, que ce qu'il pourrait dire. Antoine est l'ami de César, tranchons le mot, son faiseur. Dans tout ce qui concerne la vie pratique, Brutus ne lui va pas à la cheville. Politique avisé, il possède aussi cette faculté d'émotion particulière

aux hommes de plaisir. La mort infâme de son général le
remue au fond du cœur; et c'est cette pathétique indignation qui, mêlée aux efforts calculés de l'égoïste dont les
plans semblent déjoués, aux hasards d'un tempérament
rompu à toutes les audaces, c'est ce mélange heureux de
passion et d'hypocrisie qui prépare, enlève son triomphe
au milieu du peuple dans la grande scène du troisième
acte. Que de fois n'ai-je pas entendu lord Brougham
s'extasier devant cet admirable morceau! Comme tous les
grands politiques anglais, lord Brougham savait par cœur.
Shakespeare, il en était nourri, et prenait plaisir à le montrer. « Vous aimez, nous disait-il souvent, à revenir sur
les beautés poétiques de cette scène, et je vous approuve;
mais il est un point qui me semble vous trop échapper,
et sur lequel j'ai, peut-être, moi, des raisons toutes par-
ticulières d'insister. Je veux parler de la somme énorme
d'éloquence *virtuelle* que tout cela contient, de la merveilleuse habileté *professionnelle* que déploie Antoine dans
ce plaidoyer. Chef-d'œuvre de littérature, je vous l'accorde, mais chef-d'œuvre aussi d'art oratoire, et dont tout
homme habitué à s'adresser aux foules, à les manier, de-
vra éternellement se préoccuper. »

Parlerai-je du poëte Cinna que la populace veut mettre
à mal et comme complice et comme rimeur. « Qu'on
l'écharpe à cause de ses mauvais vers ! » du conjuré Casca,
un de ces humoristes aristocrates dont Shakespéare aime à
reproduire le type, à ses seconds plans, et qui, sous un
masque de rudesse et de gouaillerie, cachent beaucoup de
cœur et de fermeté? Ce que Shakespeare savait de l'Antiquité, il le devait moins à un système d'études qu'à ses
lectures constamment dirigées dans un sens poétique et
moral. « Un papier du temps de César, remarque Voltaire,

à propos d'une phrase de Cassius, n'est point dans le costume », et il ajoute avec la tendre compassion du crocodile : « Mais il n'y faut pas regarder de si près, il faut songer que Shakespeare n'avait point eu d'éducation. » Voltaire se trompe, Shakespeare n'était rien moins qu'un ignorant ; il était, au contraire, au niveau de toutes les connaissances de son temps. Ses anachronismes, lorsqu'il en commet, ce qui lui arrive assez souvent, se perdent dans le courant du dialogue sans intéresser l'action [1] ; le vrai qu'il représente, c'est le vrai humain. Prenons les personnages de *Jules César*, transportons-les dans la vie moderne, et nous reconnaîtrons en eux des contemporains.

J'ai nommé tous les personnages, et j'allais oublier le peuple ! océan qui fait fond au tableau, le peuple, partout le même, héroïque, humoriste, brutal, incapable d'une idée politique, masse d'individus où fermentent des appétits féroces, toujours prête à obéir à l'influence dominatrice qui lui insuffle d'en haut l'âme qui lui manque ; proie révolutionnaire aux mains de Brutus, et réactionnaire aux mains d'Antoine ; le peuple ! entraînement, furie, inconséquence : « Bravo ! Brutus, ta main a frappé le tyran, tu viens de nous rendre la liberté ; fais-toi empereur ! »

De cette liberté le peuple romain était-il digne à cette heure et au point de dégradation où l'Histoire nous le représente ?

1. Une fois lancée sur cette piste, la critique n'a qu'à s'égayer, et des horloges qui sonnent, dans *Jules César*, et des *Côtes* de Bohême et de tant d'autres thèmes récréatifs. Voltaire en eut découvert bien davantage, s'il eût connu les comédies, qu'il n'ouvrit jamais ; et qui, à titres de féeries et de contes bleus, abondent plus que tout le reste en licences géographiques et chronologiques.

Plutarque ni Shakespeare ne le pensent.

Un peuple arrivé à cet abaissement ne méritait plus que la servitude. Quels hommes que les Romains de cette période! Ils ont acclamé Pompée, et, quand César le jette à bas et triomphe sur ses dépouilles, ils acclament César, Brutus égorge César, ils ne se contentent pas d'applaudir Brutus, ils lui votent des statues, ils le veulent couronner : tant l'idée de victoire est déjà pour eux inséparable de l'idée de dictature. Brutus évidemment rêvait l'impossible, et Marc-Antoine est bien plus dans le vrai lorsque, parlant à cette vile multitude, il s'écrie : « Quelle catastrophe, citoyens! Avec lui, vous, moi, nous tombons tous! » Si dans ce ramas humain, la moindre étincelle eût survécue, la conception de Brutus se réalisait : tuer l'esprit de César sans tuer son corps; mais rien n'a survécu, et la mort du tyran reste inefficace. On a tué le corps, et c'est l'esprit qui revient : le fantôme, plus puissant que César lui-même. Comme dans ses drames empruntés à la chronique d'Angleterre, Shakespeare voit les choses d'ensemble, les guerres civiles de Rome lui fournissent ses éléments, qu'il manipule avec la puissance d'un Michel-Ange, ayant soin, pendant qu'il traite un épisode, que son tableau prenne vue de tous côtés sur la grande histoire. Nulle part n'éclate davantage cette idée de justice rétributive et de conséquence qui toujours le préoccupe.

César a fait tomber Pompée, et le voilà qui tombe à son tour victime des événements auxquels il doit son élévation. C'est sous le portique de Pompée que les conjurés se rassemblent, c'est au pied de sa statue que César est immolé; de la guerre civile, sa mort résulte, de sa mort renaît la guerre civile, et nous voyons la prophétie d'Antoine s'accomplir. « L'esprit de César, chassant à la vengeance, sortira la javeline au poing, pour déchaîner le chœur de la guerre. » Ensuite, dans *Antoine et Cléopâtre*, cette malédiction retombera sur Antoine en personne, juste châtiment de son ingratitude envers les républicains qui l'avaient épargné : Actium vengera Philippes ! Chasse à la vengeance, en effet, terrible et suprême revendication des choses ! Le monde à cette heure nocturne est comme une forêt que la meute infernale emplirait de ses aboiements. Les mânes de Pompée hurlent après César, le spectre de César poursuit Brutus, qui tout sanglant, la torche des Euménides dans une main, de l'autre ressaisit Antoine.

TABLE DES MATIÈRES

Fontainebleau. — Imprimerie E. BOURGES.

www.ingramcontent.com/pod-product-compliance
Lightning Source LLC
Chambersburg PA
CBHW071958270326
41928CB00009B/1474